재무관리원론

황규진

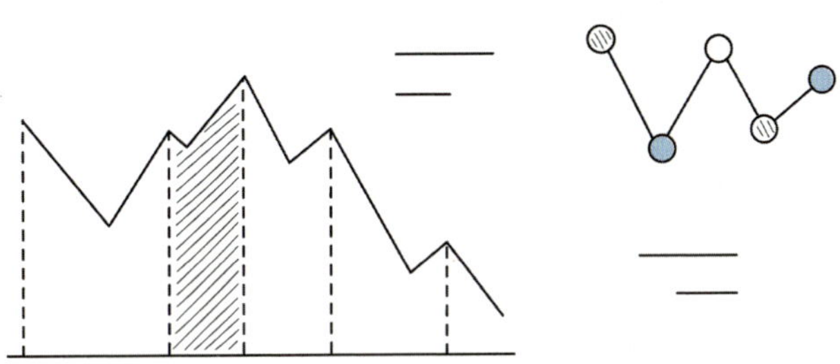

신영사

머리말

재무관리는 마케팅, 조직행위론, 인적자원관리, 생산관리, 경영전략 등과 같이 경영학의 여러 분야 중 하나이다. 기업경영에 있어서 가장 기본이 되는 분야로 생산관리 분야와 마케팅 분야가 먼저 떠오를 수 있다. 제품을 제조하여 판매하는 활동이 기업에서 가장 중요하며, 이 영역이 생산관리 및 마케팅 분야와 관련되기 때문이다. 조금 더 나아가면 기업을 움직이는 것은 실질적으로 사람이기 때문에 인적자원관리 분야의 중요성도 매우 크다고 여겨질 수 있다.

이와 같이 필수적인 경영활동에 비해 재무관리 분야의 중요성은 상대적으로 낮게 평가되어 왔다. 재무관리는 기업의 활동에 도움을 주기는 하지만 기업운영에 필수적인 가치를 지니는 것으로 보지는 않았기 때문이다. 그러나 점차 기업이 대형화되고 재무관리 기법이 발달하면서 이제는 재무관리도 기업의 생존에 필수적이며 기업의 활동에 가장 중요한 영역 중 하나로 자리매김하고 있다.

현대 기업은 아무리 판매활동을 잘하고 많은 이익을 실현한다 하더라도 재무관리를 소홀히 하면 부실화될 위험에 처할 수 있다. 분명히 흑자기업임에도 불구하고 현금회전이 원활하지 않을 수 있으며, 아무리 대기업이라 하더라도 대규모 투자를 기업 내부에 유보된 자금만으로 이행하기는 어렵다. 즉, 재무관리 측면에서 경영이 적절히 이루어지지 않으면 신규 공장이나 신규 제조라인에 투자할 수 없게 되고, 이렇게 하여 제조가 이루어지지 못하면 판매도 할 수 없게 되므로 이 기업을 위하여 일하는 직원들에게 급여를 제공할 수 없어 직원들이 기업을 떠날 것이다.

이와 같이, 재무관리는 현대 자본주의 사회에서 기업의 생존과 활동에 필수적인 분야가 되었다. 아무리 좋은 제품을 만들어내고 판매를 잘한다 하더라도 재무관리가 제대로 이루어지지 않으면 기업의 생존이 불가능하다. 양질의 외부 자금을 어떻게 끌어들이는가가 기업의 경쟁력을 결정하는 중요한 요소가 되었고, 그 자금을 어떻게 효율적으로 운영하는가가 기업의 성장을 결정짓는 중요한 요인이 되었다. 따라서 현대 경영학에서 재무관리의 기능과 역할은 계속 증대되고 있는 중이다.

본 교재는 이러한 재무관리의 분야에서 알아야 할 기본적인 사항을 전달하고자 하는 목적으로 만들어졌다. 본 교재의 주된 수요자는 경영학원론 정도의 지식을 가진 학생이나 일반인들이다. 즉 경영학에 대해서 기본적인 지식을 갖추고 있지만, 아직 재무관리에 대한 깊은 지식은 갖추지 못한 학습자가 본 교재의 주 대상이다. 따라서 본 교재의 내용은 재무관리에 대한 기본적인 입문서라 할 수 있다.

재무관리는 경영학의 다른 분야와 비교할 때 평균적으로 그 내용을 이해하고 습득하기 다소 어렵다는 특성을 갖는다. 재무관리가 여타 분야보다 다소 어려워 보이는 이유는 그 세부사항 중에 수학적 개념과 수식이 가미되기 때문이다. 재무관리는 자금에 대한 것이고, 자금은 항상 숫자로 표시된다. 따라서 자금에 대한 분석에서는 수리적·수학적 계산이 필수적으로 이루어질 수밖에 없다. 일차방정식, 이차방정식뿐 아니라 미적분과 다차방정식의 개념을 알고 있어야 이해될 수 있는 수식과 그래프가 다수 존재한다. 재무관리는 경영학 분야에서 수학적 개념이 많이 적용되는 분야이며, 따라서 수학에 익숙하지 않은 사람들의 경우 재무관리는 어려운 과목으로 생각될 수 있다.

그러나 재무관리 전문가가 될 것을 목적으로 하지 않는 한 재무관리 학습에서 중요한 것은 수식 그 자체가 아니라, 그 수식이 지니고 있는 의미를 파악하는 것이다. 본 교재는 수식 그 자체보다는 재무관리의 기본적 개념과 의미에 초점을 맞추어 재무관리 초보자라 하더라도 그 내용을 이해하는 데 크게 어렵지 않도록 구성되어 있다. 본 교재는 최소한의 수식을 제시하면서 수식이 갖는 의미를 말로 풀어 설명하고 있다. 따라서 본 교재를 통해 독자가 원하는 수준의 내용을 습득할 수 있다.

수식을 무시하고 재무관리의 기본개념만을 파악하여 재무관리의 기본을 충분히 학습할 수 있으며, 수식을 이용한 심화 학습을 원하는 독자라면 본 교재에서 제시되는 수식을 기본으로 하여 중급 이상 수준의 교재를 추가 학습함으로써 높은 수준의 재무관리 심화 학습이 가능하다.

아무쪼록 본 교재가 재무관리를 배우고자 하는 학습자에게 재무관리에 대한 기본적 개념을 습득하고 재무관리의 중요성을 인식하는 데 도움이 되기를 바란다. 나아가 재무관리와 관련된 경영상의 문제들을 파악하고, 언론, 방송에 나타나는 기업의 재무관리 관련 사항들을 쉽게 이해하는 데 일조할 수 있기를 기대한다.

2022년 8월
저자

차 례

CHAPTER 5 자본예산편성과 투자의사결정

CHAPTER 6 포트폴리오 이론

CHAPTER 7 CAPM(자본자산가격결정모형)

CHAPTER 8 자본비용 및 자본구조이론

CHAPTER 9 주주에 대한 배당정책

CHAPTER 10 자본조달 의사결정

CHAPTER 11 운전자본관리

CHAPTER 12 인수합병(M&A)

CHAPTER 13 파생상품을 이용한 재무관리

CHAPTER

1

재무관리의 목표 및 금융시장에 대한 이해

1.1 재무관리의 의의

재무관리(Financial Management)에서는 기업이 자금을 합리적으로 조달하고 조달된 자금을 효과적으로 운용하여 기업의 가치를 극대화하려는 과정에서 필요한 경영학적 내용을 다룬다. 기업의 경영활동은 기능에 따라 크게 생산관리, 마케팅, 인적자원관리, 회계, 재무관리 등 여러 분야로 분류할 수 있다. 이 중 재무관리는 경영활동을 위하여 필요한 자금을 합리적으로 조달하고, 조달된 자금을 어떻게 운용할 것인가 하는 문제를 다루는 것이다.

상식적으로 기업이라면 제품을 잘 만들고 잘 판매하는 것이 제일 중요하다. 생산관리와 마케팅에서 이를 다루고 있다. 또한 직원들과 관련되는 내용도 중요한데, 이는 인적자원관리에서 다룬다. 하지만 기업경영에 있어서 생산, 마케팅, 인적자원관리의 영역을 아무리 잘 수행하더라도 효율적인 자금조달과 자금운용이 이루어지지 않는다면 기업가치 극대화가 어려울 수 있다.

한편, 경영학 중 재무관리와 (재무)회계[1]의 차이에 대해서 확실히 이해해야 한다. 회계는 기업에서 이루어지는 일들을 회계기준에 의해 재무제표로 표현하는 구조에 대해 주로 학습한다. 이렇게 작성된 재무제표(회계정보)가 주로 금융시장에서 재무활동에 많이 이용되기 때문에 재무회계라고 불리는 것이다. 그러나 재무관리의 내용은 재무제표 등 회계자료를 만드는 작업에 대한 것이 아니다. 금융시장과 관련하여 자금조달과 자금운용을 합리적으로 관리하는 방법에 대한 내용이 재무관리의 영역에 포함되고, 이를 위한 여러 주제 중 하나로 이미 만들어진 재무제표(회계정보) 등을 금융시장에서 활용하는 방법에 대한 내용도 다룰 뿐이다.

1) 회계원리에서 다루는 내용은 일반적으로 '회계'라고 불리며, 세부적으로 세무회계 및 원가회계 등 분야와 구별할 때 '재무회계'라고 불린다. 재무관리와는 다른 내용이다.

1.2 재무관리는 왜 필요한가

기업의 자금조달 및 자금운용 활동은 구체적으로 ① 투자를 위하여 필요한 자본을 어떤 방법과 형태로 조달할 것인가 하는 자본조달결정과 ② 계획한 기업의 규모와 성장률을 달성하기 위하여 어디에 얼마만큼의 자금을 투자할 것인가 하는 투자결정(자금의 운용 관련)에 관련된다. 재무관리의 주된 기능은 〈표 1.1〉과 같이 기업의 재무상태표에 의하여 설명될 수 있다.

〈표 1.1〉 재무의사결정과 재무상태표

<table>
<tr><th>차 변</th><th>대 변</th></tr>
<tr><td>유동자산</td><td>유동부채</td></tr>
<tr><td rowspan="2">비유동자산</td><td>비유동부채</td></tr>
<tr><td>자기자본</td></tr>
<tr><td>합 계</td><td>합 계</td></tr>
</table>

투자결정　　　　자본조달결정

1.2.1 투자결정

투자결정은 취득해야 하는 자산의 종류와 비율 등을 결정하는 것이며, 기업활동에 있어서 기업의 수익성, 성장성, 위험 등에 중대한 영향을 미친다. 특히 투자결정 중 자본예산(Capital Budgeting) 분야는 생산라인의 확장, 기계장비 도입, 신제품 개발 등 장기적인 투자와 관련된 것으로 재무상태표의 비유동자산과 관련된다. 투자규모가 거액이고 투자기간이 장기간이기 때문에 기업에 미치는 영향이 특히 중요하다. 투자의사결정에 관련되는 포트폴리오 이론, 자산가격결정 이론 등 역시 재무관리의 주요한 내용을 구성한다.

또한 운전자본관리(Working Capital Management)는 단기성 자산의 취득과 관리에 대한 투자의사결정과 관련되며, 재무상태표의 유동자산에 그 내용이 주로 나타난다. 운전자본관리 중 현금을 어떻게 관리하는가가 중요하다. 기업에서 현금은 실질적인 지불수단이기 때문에 지급불능 위험에 빠지지 않도록 현금을 적절히 보유해야 한다. 하지만 현금은 그 자체로는 수익이 발생하지 않기 때문에 지나치게 현금만을 많이 보유하고 있어서는 안 된다. 현금을 어느 정도 보유하고, 나머지 현금을 어떻게 운용할 것인가가 중요하다. 운전자본관리에서는 이러한 사항을 다룬다.

1.2.2 자본조달결정

자본조달결정은 투자하는 데 필요한 자금을 어떻게 조달할 것인가에 대한 내용을 다룬다. 필요한 자금을 조달하는 데 있어서 자기자본과 타인자본의 비율, 단기부채와 장기부채의 비율 등을 결정하는 것으로, 재무상태표의 부채와 자기자본 부분에 나타난다.

기업의 자금조달은 주로 타인자본(부채)과 자기자본에 의하는데, 타인자본을 조달하게 될 경우에는 이자를 지급하게 되고, 이자는 비용으로 인정되기 때문에 법인세가 감소되는 효과가 있다. 법인세가 감소될 경우 기업의 이익이 증대되기 때문에 기업 측에 유리한 측면이 존재한다. 하지만 타인자본에 대한 의존도가 지나치게 높은 경우에는 채무불이행의 위험이 증가하고, 재무적 융통성이 위축되는 등 기업의 위험 수준이 높아지게 된다. 따라서 기업은 기업가치를 극대화할 수 있는 자기자본과 타인자본의 구성비율인 최적자본구조(Optical Capital Structure)를 찾을 수 있는지 고민할 필요가 있다.

그리고 자기자본과 관련해서는 기업의 이익 중에서 얼마를 주주에게 배당으로 지불하고 사내에 유보할 것인가 하는 배당정책 역시 자본조달결정의 주요한 사항으로 검토해야 한다.

1.3 재무관리의 목표

기업은 급변하는 경영환경의 변화에 적절하게 대응하기 위하여 분명한 목표를 수립해 놓고 있어야 한다. 기업의 재무관리 부문에서도 그 기능을 효율적으로 수행하기 위한 의사결정기준과 목표가 필요하다. 재무관리의 목표로 제시되는 것으로는 이익극대화, 시장점유율 극대화, 지속적인 이익성장의 유지, 기업가치의 극대화 등이 있다. 이 중 현대 재무관리에서 가장 중요하게 다루는 목표는 기업가치의 극대화이다.

1.3.1 기업가치의 극대화

기업가치(V)는 일반적으로 주식의 가치로 평가받는다. 그리고 한 기업의 주식은 기업이 향후 벌어들일 수익의 현재가치로 평가되는 것이 일반적이다. 따라서 기업의 가치, 그리고 주식의 가치는 다음의 식 1.1의 현재가치로 정의된다. 기업의 가치 V는 기업이 미래의 기간(n) 동안 벌어들인 현금흐름(CF_t)을 불확실성이 고려된 할인율(r)로 할인한 현재가치(Present Value)이다.

$$V = \sum_{t=1}^{n} \frac{CF_t}{(1+r)^t} \tag{1.1}$$

기업가치는 기업의 미래현금흐름(CF_t)이 클수록 또는 미래의 현금흐름에 대한 불확실성(r)이 낮을수록 증가한다. 이를 위해서 기업은 수익의 극대화, 원가의 극소화, 자본비용의 극소화 등을 위하여 노력하게 된다. 한편, 기업가치의 극대화는 주주 부의 극대화라고 표현되기도 한다.

1.3.2 기업의 사회적 책임

기업의 목표가 기업가치의 극대화이고 기업가치의 극대화는 주주 부의 극대화이다. 그러나 최근 이와 같이 기업과 주주를 동일시하고자 하는 개념은 많은 도전을 받게 되고, 기업의 사회적 책임 문제가 대두되었다.

기업의 목표는 기업가치 극대화이지만, 기업이 수단과 방법을 가리지 않고 기업가치를 극대화할 경우 비정규직 문제, 하청업체와의 부당한 관계, 독과점 등의 부작용으로 인해 사회적 문제점이 나타나게 된다. 따라서 기업은 개별 경제주체로서 기업가치의 극대화를 추구할 뿐만 아니라 사회적인 주체로서 사회적 책임을 다할 것도 요구받게 되었다.

기업의 사회적 책임(CSR : Corporate Social Responsibility)은 기업이 생산 및 영업 활동을 하면서 법률적 · 경제적 의무를 넘어 환경경영, 윤리경영, 사회공헌, 노동자 복지, 지역사회 공헌 등 사회 전체의 이익을 동시에 추구하는 경영활동을 하는 것을 의미한다. 현대사회에서 기업의 사회적 책임은 소비자의 안전, 환경의 보전, 고용의 유지 등 매우 다양해지고 확대되는 추세에 있으며, 그 중요성이 점점 증가하고 있다. 만약, 기업이 사회적 책임을 무시하면서 기업가치를 극대화할 경우 사회적으로 많은 반발을 가져올 수 있고, 기업의 이해관계자간 갈등이 심화되면서 기업가치가 하락할 가능성이 존재한다. 따라서 최근 국내 기업들은 사회적 책임을 다하기 위해 〈표 1.2〉와 같은 활동들을 강화하고 있다.

〈표 1.2〉 국내 기업들의 사회적 책임과 관련된 주요 활동

구 분	사회적 책임
윤리경영	윤리경영의 선언, 이사회 기능 강화, 공정거래 자율 준수 프로그램 운영 등
사회공헌	장학사업, 불우이웃돕기, 장애인 돕기 등
협력회사지원	현금 결제비율 및 납품대금 조기결제 지원 등을 통한 중소기업 및 협력회사의 부담 경감
투자부문	시설투자 및 R&D투자 활성화로 국민경제에 기여하고 고용증가를 통한 신규고용 창출 등
법률준수	독과점규제법, 공해방지시설법 등 법률준수

그러나 기업이 사회적 책임을 이행하기 위해서는 그에 따른 비용이 수반되기도 하고 기업의 사회적 책임이 경영활동의 제약이 될 수 있기 때문에 기업가치의 극대화라는 목표와 상충될 수도 있다. 따라서 기업가치의 극대화와 사회적 책임은 양자를 조화롭게 추진할 때 그 효과가 상승될 수 있다.

1.3.3 대리인 비용

대리인 문제(Agency Problem)란 기업이 전문경영체제로 유지될 경우, 전문경영인과 주주의 이해관계가 상충될 때 전문경영인이 주주의 이익보다는 자신의 이익을 먼저 추구함으로써 발생되는 문제이다. 즉, 주주는 주식가치 또는 기업가치의 극대화를 목표로 하고 있지만 전문경영인은 매출액의 극대화 등 기업의 외형적 확장을 추구하여 본인의 능력을 인정받기를 원하기 때문에 기업가치의 극대화가 주주 부의 극대화와 동일하지 않을 수 있다는 것이다.[2)]

대리인 문제는 현대 경영에서 소유와 경영이 분리되면서 주주는 자본을 투여하고 경영과 관련된 의사결정권을 위임하는 위임자(Principal)이고 실제 경영은 대리인(Agent)인 전문경영자가 담당하기 때문에 발생한다. 이러한 대리인 문제는 ① 경영자가 자신을 위한 특권적 소비(개인사무실을 과도하게 화려하게 장식하거나 출장비용 등을 과도하게 책정하는 경우 등)를 증가시키는 형태, ② 경영자의 과도한 위험회피성향 등에 따른 과잉투자 또는 과소투자 유발, ③ 경영자의 재임기간에 맞는 단기적 이익추구 등과 같은 형태로 나타나 기업의 가치가 감소되는 결과를 가져온다. 이러한 문제를 해결하기 위하여 〈표 1.3〉과 같은 감시비용, 확증비용 등과 같은 대리인 비용(Agency Cost)이 발생한다.

대리인과 관련된 문제점을 해결하기 위하여 경영자가 주주의 이익을 위하여 행동하도록 하는 제도적 장치를 두고 있는 기업들이 있다. 승

2) 이러한 대리인 문제는 채권자와 주주의 관계에서도 발생할 수 있다.

〈표 1.3〉 대리인 비용의 주요 사례

대리인 비용	내 용
감시비용	대리인의 경영활동이 위임자의 이익을 감소시키지 않는지를 감시하는 데 소요되는 비용(각종 감사 등에서 발생하는 비용)
확증비용	대리인의 경영활동이 위임자의 이익을 증가시키기 위한 것임을 확인하기 위해 소요되는 비용(재무제표 작성 비용)

진, 연임, 보너스, 주식선택권(Stock Option) 등의 보상책을 경영자에게 제시하는 방법이 있고, 이 외에 주주총회에서 경영자의 책임을 추궁하거나 경영자를 교체하는 이사회의 견제기능이 있다.

1.4 개인의 재무의사결정

최근에는 기업이 아닌 개인의 재무의사결정에 대한 관심도 증가하고 있다. 특히 고령화 사회로의 진입 등 금융환경의 변화에 따라 개인 재무의사결정의 중요성이 더욱 부각되고 있다. 이러한 개인의 재무관리 문제 역시 기업에 적용되는 재무관리이론 기법과 연관된다. 따라서 재무관리 기법과 이론을 바탕으로 개인의 재무관리를 해결하고자 하는 직업군도 새로이 등장하게 된다.

개인은 주택 구입이나 교육 등 소득 대비 많은 지출이 발생하는 경우에 비용과 위험을 최소화하는 방식으로 자금을 조달해야 한다. 또한, 주어진 소득을 소비와 저축에 어떻게 분배하는가에 대한 자금운용과 관련해서도 미래의 수익을 극대화하면서 위험을 최소화하는 방법이 강구되어야 한다. 이러한 재무의사결정은 결국 개인의 평생에 걸친 효용의 극대화 또는 개인 자금의 조달과 운용의 효율화와 관련된다.

재무관리는 궁극적으로 자금이라는 매개체를 통하여 기업뿐만 아니라 개인의 재무의사결정에 중요한 영향을 미치게 되는 학문으로서 현대생활에서 반드시 습득해야 할 지식에 해당된다. 본 교재에서는 주로 기업의 관점에서 각종 재무 이론과 기법들을 설명하고 있으나 이러한 학습은 하나의 경제주체로서 개인에게도 중요한 의미를 갖는다고 할 수 있다.

1.5 금융시장에서 이루어지는 일

일반적으로 시장은 어떤 상품을 팔고자 하는 공급자와 사고자 하는 수요자들이 서로 만나서 거래가 되는 장소를 말한다. 금융시장은 이러한 시장 중 자금이 거래되는 시장이다. 즉, 여유자금을 가지고 있는 자금의 공급자와 자금을 사용하고자 하는 자금의 수요자가 모여서 거래를 하는 시장이다. 기업은 금융시장을 통해 자금을 효율적으로 조달하고 운용함으로써 이윤을 극대화하고, 부도의 위험을 감소시키며 기업의 지배구조를 적절히 유지해야 한다는 목적을 달성한다. 따라서 금융시장은 기업의 재무활동에 있어서 중요한 역할을 한다.

재무관리 측면에서 금융시장의 주요 기능은 다음과 같다.

첫째, 금융시장은 자금의 수요자와 공급자가 만나는 곳이며 자금의 가격이라 할 수 있는 이자율이 여기서 결정된다. 이자율은 주식 및 채권의 가격결정, 투자의사결정, 자본조달결정 등에 중요한 영향을 미치며, 이에 따라 금융시장 참여자의 자금운용 또는 자금조달의 규모 및 방식이 달라질 수 있다.

둘째, 금융시장에 참여하는 자금의 공급자에게 유동성을 확보할 수 있게 해 준다. 금융시장의 발달에 따라 금융상품의 거래가 원활해졌기 때문에 자금의 공급자는 언제든 시장에 자금을 투자할 수 있으며, 필요한 경우 언제든지 해당 자금을 회수할 수 있다. 이러한 유동성이 제공되지 않는다면 자금의 공급자들이 투자를 꺼릴 것이고 경제사회에 자금의 흐름이 제약받을 것이다.

셋째, 금융시장은 다양한 금융상품과 거래기회를 제공함으로써 금융거래와 관련된 위험을 분산시키는 역할을 담당한다. 즉, 유동성위험, 채무불이행위험, 자산가격 변동에 따른 시장위험 등에 대하여 기업이 갖는 위험선호도와 자금운용전략에 따른 차별적인 자금운용을 가능하게 한다.

넷째, 금융시장은 여유자금을 시장에 공급한다. 이로써 자금을 필요로 하는 기업에 자금을 공급하는 중개기능을 담당한다. 즉, 금융시장은 자금에 여유가 있는 경제주체로부터 자금을 모아 자금을 필요로 하는 생산주체인 기업에 공급한다. 금융시장은 이러한 자금의 연결기능을 통하여 여유자금이 생산성이 높은 사업에 투자되도록 유도함으로써 자원배분의 효율성을 높인다.

재무관리 담당자는 이러한 금융시장의 흐름과 규칙을 잘 이해하면서 금융시장의 긍정적 기능들을 잘 활용할 수 있도록 해야 한다.

1.6 금융시장의 분류

금융시장은 금융상품의 만기, 거래단계 등에 따라 여러 형태로 분류할 수 있다. 이하에서는 금융시장의 유형과 그 특성에 대하여 살펴본다.

1.6.1 화폐시장과 자본시장

금융시장은 거래되는 금융자산들의 만기에 따라 [그림 1.1]과 같이 화폐시장과 자본시장으로 구분한다. 화폐시장은 1년 이하의 만기를 지닌 단기채권을 거래하는 시장으로 단기금융시장이라고도 한다.

화폐시장은 일시적인 여유자금을 운용하거나 부족자금을 조달하는 데 유용하고, 자본시장에 비해 금융자산의 위험도가 낮다. 화폐시장의 구체적 예로는 콜시장, 양도성예금증서(CD), 기업어음(CP), 환매조건부채권(RP), 통화안정증권이 거래되는 시장 등이 있다.

반면, 자본시장은 1년 이상 장기적으로 필요한 자금을 조달하는 데 활용되는 시장으로 장기금융시장이라고도 한다. 자본시장은 주식시장, 채권시장, 자산유동화증권시장 등으로 구성된다.

통상적으로 자본시장과 금융시장을 혼용하여 사용하는 경우가 많다. 하지만 원칙적으로 자본시장은 화폐시장과 구분되며, 금융시장은 자본시장과 화폐시장을 포괄하는 의미를 갖는 것이 원칙이다.

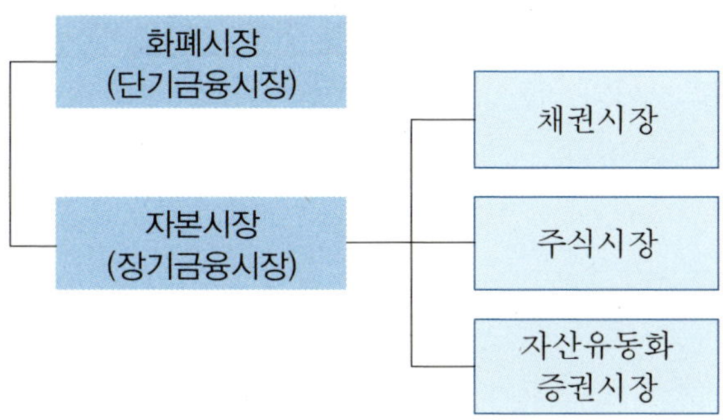

[그림 1.1] 화폐시장과 자본시장

1.6.2 발행시장과 유통시장

금융시장은 거래단계에 따라 발행시장과 유통시장으로 구분된다. 발행시장은 국채, 회사채 등의 채권과 주식 등의 금융상품들이 최초로 발행되는 시장으로 제1차 시장이라고 한다. 발행시장은 신규자금이 투자자로부터 금융상품 발행자에게 공급되는 기능을 수행한다.

유통시장은 이미 발행된 금융상품이 거래되어 투자자들간에 소유권이 이전되는 시장으로 제2차 시장이라고 한다. 유통시장은 이미 발행된 채권과 주식의 현금화를 용이하게 하여 유동성을 높여줌으로써 발행시장이 활성화되는 역할을 수행한다. 또한 유통시장에서는 금융상품의 유통가격이 결정되는데, 이를 통하여 새로 발행되는 금융상품의 기준가격을 합리적으로 추정하는 것이 가능해지고, 발행시장이 원활하게 운영될 수 있는 기반을 제공한다.

만약 유통시장이 존재하지 않는다면 주식발행시 소수의 발행주체에 의해 추정된 가격이 적용될 것이며, 이는 새로 발행되는 주식의 가치를 결정하는 데 부적절하다. 또한 유통시장에서 형성되는 가격은 기업의 효율적인 경영에 대한 압력으로 작용한다. 기업이 방만하게 운영되거나 잘못된 의사결정을 내리게 된다면 해당 기업의 이윤은 감소할 것이며, 결국 주식가격은 하락하게 될 것이다.

유통시장은 발행시장이 없다면 존재할 수 없다. 또한, 유통시장에서 자유로운 소유권 이전이 보장되지 않는다면 발행시장이 제 기능을 하기 어려울 것이다. 즉, 두 시장이 동시에 존재함으로써 금융시장이 유지될 수 있는 것이다.

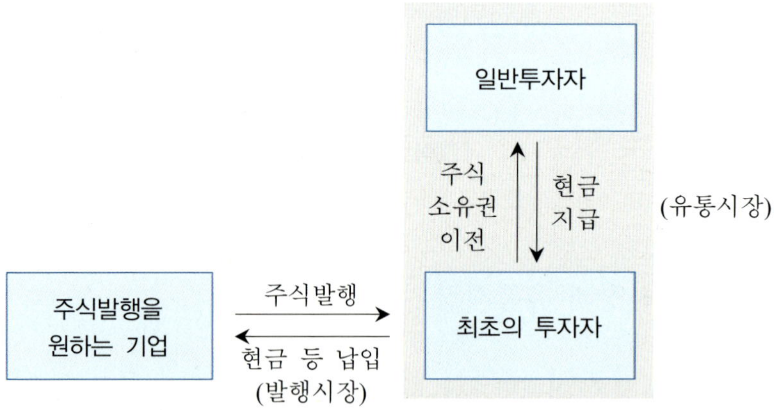

[그림 1.2] 발행시장과 유통시장의 의존관계

1.6.3 간접금융시장과 직접금융시장

금융시장은 자금의 수요자와 공급자를 매개하는 금융중개기관의 존재 여부에 따라 간접금융시장과 직접금융시장으로 구분한다.

(1) 간접금융시장

간접금융시장은 자금의 수요자와 공급자를 매개하는 금융중개기관이 존재하는 시장이다. 은행, 보험사와 같은 금융중개기관이 개인들로부터 자금을 위탁받아(수신) 기업에 빌려주는(여신) 역할을 수행한다. 즉, 자금의 공급주체인 예금·보험의 가입자와 자금의 수요주체인 기업 간에 직접적인 계약관계가 형성되지 않는다. 일반적으로 개인들은 정보수집의 제약과 분석능력의 제약이 있는 반면, 금융중개기관은 정보의 수집과 분석에 따른 비용을 절감할 수 있기 때문에 간접금융시장이 활성화되어 있다.

(2) 직접금융시장

직접금융시장은 자금을 공급하는 투자자가 기업이 발행하는 주식이나 채권을 직접 구입하여, 투자자와 기업 간에 증권을 매개로 자금이 직접 전달되는 시장이다. 직접금융시장에서는 주로 주식과 채권이 거래된다. 주식투자자는 기업이 사업을 통해 벌어들이는 수익을 배당의 형태로 청

〈표 1.4〉 채권과 주식의 비교

	주 식	채 권
자본의 성격	자기자본	타인자본
소유자의 지위	주주	채권자
소유자의 권리	• 의결권 • 배당청구권 • 잔여재산청구권	• 확정이자 • 만기에 원금 상환 • 주식에 우선하는 잔여재산청구권
증권의 존속기간	만기가 없는 영구 증권	만기가 있는 시한부 증권

구할 수 있는 권한을 가진다. 반면 채권투자자는 채권자로서 확정된 이자와 원금을 돌려받게 된다. 만약 기업이 사업을 영위하지 못하게 되는 경우 기업의 자산을 처분하여 주주와 채권자에게 돌려주게 되는데, 이때 채권자가 주주에 우선하여 청구권을 행사한다. 채권과 주식의 주요 차이점은 〈표 1.4〉와 같다.

직접금융시장에서 투자자는 증권의 공급자인 기업의 향후 수익창출 능력과 현재의 자산보유 상황 등을 자체적으로 판단해야 하며, 이를 기반으로 최소한의 위험으로 최대한의 수익을 얻는 대안을 스스로 탐색하게 된다.

(3) 간접금융시장과 직접금융시장의 관계

과거에는 기업자금의 조달이 은행차입과 같은 간접금융시장 중심이었으나, 증권시장의 발달로 주식과 회사채 발행이 활성화되어 투자자로부터 직접 자금을 조달받는 직접금융시장이 중요한 위치를 차지하게 되었다.

간접금융시장에 자금을 공급하는 투자자는 자금이 어떠한 기업에 투자되는지와 무관하게 은행이 정한 이자와 원금을 돌려받게 된다. 즉, 개인의 돈이 부실기업으로 대출되었어도 은행이 책임지고 해당 투자자에게 돈을 돌려준다. 그러나 직접금융시장인 주식시장에서의 투자자는 투자한 기업이 부도가 나면 돈을 거의 돌려받지 못한다.

투자자 입장에서 직접금융시장과 간접금융시장의 핵심적인 차이는 투자자에게 투자에 따른 책임(위험)이 전가되는지 여부이다. 즉, 투자자가 투자에 대해 직접적인 책임과 높은 위험을 부담하는 직접금융시장에서 투자를 할 때에는 더 높은 수익률을 기대하는 것이 일반적이다.

자금의 수요자인 기업은 간접금융시장에만 의존할 경우 자금조달의 기회가 제한된다. 금융중개기관이라는 한정된 대상 이외에도 개인을 포함한 불특정 다수의 투자자를 직접금융시장에서 모집함으로써 자금의 조달을 효율화할 수 있다. 서로 다른 성격의 간접금융시장과 직접금융시장을 필요에 따라 적절하게 활용함으로써 자금조달을 원활하게 할 수 있는 것이다.

1.7 금융시장은 '효율적 시장'인가

1.7.1 금융시장의 역할

주식 및 채권 등의 가치를 판단하기는 쉽지 않다. 예를 들어 A기업의 주식을 구매한 투자자는 해당 기업이 장래에 많은 이윤을 창출하고 이를 기반으로 높은 배당수익을 제공할 것이라고 예상하였을 것이다. 그러나 실제 A기업은 사업환경의 변화로 인해 부실화될 수도 있다. 이 경우 투자자에게는 추가적인 수익은 물론 본래 투자한 금액 자체도 회수하지 못하는 상황이 발생할 수 있다.

이러한 특성은 채권에서도 발생한다. 미래에 이자와 원금을 제공함을 명시하고 있는 채권의 경우에도 발행한 기업이 부실화될 경우 약속된 금액을 받지 못하게 된다. 실제 금융시장에서 예상치 못한 경제상황의 악화로 큰 재산상의 피해를 보는 경우가 많다. 특히 주식이나 선물, 옵션 등 다양한 고위험 금융상품들이 거래되면서 이러한 손실을 경험하는 투자자들이 많으며, 따라서 금융시장에 대해 부정적인 견해를 갖는 사람들도 있다.

그럼에도 불구하고 금융시장이 존재하는 이유는 자금이라는 희소한 자원이 효율적으로 배분될 수 있기 때문이다. 개인들은 현재 소비하고 남은 자금을 미래의 소비를 위해 보유한다. 한편에서는 높은 수익을 창출할 수 있는 생산기회가 존재함에도 이를 실현할 수 있는 자금이 부족한 기업들이 존재한다. 그래서 여유자금이 이러한 생산기회에 투입될 수 있도록 연결해 주는 기능이 필요하며, 이를 금융시장이 담당하는 것이다.

만약 금융시장이 효율적으로 작동되지 않아 투자자들이 높은 수익률을 발생시킬 수 있는 투자기회를 파악하지 못하고, 기업은 필요한 자금을 조달하지 못한다면 투자자 개인의 기회상실은 물론 경제 전반에 손실이 발생하게 된다. 극단적으로 금융시장이 마비될 경우 현대의 기업들은 거의 살아남을 수 없고 원시 물물교환의 시대와 같은 상태에 놓이게 될 수도 있다.

1.7.2 거래비용 절감을 통한 금융시장의 효율성 추구

금융시장의 기능은 자금의 수요와 공급을 연계하는 데 있다. 시장의 효율성은 결국 이러한 시장의 본질적인 기능이 원활히 수행될 수 있는지에 의해 판단된다. 효율성 개념에는 여러 가지 의미가 포함될 수 있다. 우선 주식이나 채권이 수요자와 공급자 사이에서 적정한 가격으로 거래가 이루어져 자금의 배분이 최적으로 이루어질 때 시장이 효율적이라고 할 수 있다. 이러한 관점에서의 효율성을 배분적 효율성이라고 하는데, 이 배분적 효율성은 시장 참여자들의 이득이 극대화되는 상황에서 달성된다.

또한 주식이나 채권의 거래를 제약하는 요인들이 적어 시장에서 거래가 순조롭게 이루어져야 하는데, 이를 운영의 효율성이라 한다. 이러한 운영의 효율성은 거래비용이라는 개념으로 설명할 수 있다. 거래비용은 첫째, 자신이 원하는 재화를 공급하거나 소비하려는 상대방을 찾는 데 소요되는 탐색비용, 둘째, 거래의 계약조건을 결정하기 위한 협상비용, 셋째, 상품을 인도하고 확인하기 위한 수송비용, 마지막으로 계약조건의 이행을 감시하고 강제하기 위한 강제비용의 네 가지 유형으로 구분된다.

금융시장의 경우 주식시장이나 채권시장에 상장되어 있는 증권의 종류, 가격, 그리고 그 발행주체와 관련된 각종 정보들이 공시제도 등을 통해 유통되고 있다. 또한 시장에서 유통되고 있는 주식이나 채권들은 그 권리가 매우 정형화된 형식을 가지고 있어 실물시장의 재화들과 비교할 때 품질과 특성의 차이가 매우 적으며, 그 특성을 파악하기 용이하다. 따라서 탐색비용과 관련해서 매우 효율적인 시장이라고 판단할 수 있다. 특히 주식이나 채권은 자체적인 가치를 가지는 실물재화가 아닌 청구권이라는 권리의 형태이며, 데이터화될 수 있는 정보재의 성격을 가진다. 따라서 정보통신기술의 발전에 따라 탐색비용은 급격히 감소되고 있다. 다만, 주식이나 채권의 가치가 발행주체의 신용도 또는 수익창출능력에 의해 결정되는데, 이런 신용도와 수익성에 영향을 미치는 요인은 매우 광범위하며 파악하기 어렵다. 즉, 주식이나 채권의 종류나 계약조건 등에 대한 탐색비용은 낮은 반면, 발행주체의 신용도 및 수익창출능력에 대한 탐색비용은 여전히 높은 편이다.[3]

협상비용의 관점에서 본다면 금융시장은 계약조건이나 계약체결 절차가 매우 정형화되어 있어 효율적이라고 볼 수 있다. 다만 이러한 정형화된 거래시스템을 유지·관리하기 위해 거래소는 수수료를 거래의 당사자들에게 청구하게 되며, 이러한 요인은 거래비용으로 작용한다. 그러나 이러한 거래비용은 실물시장의 비용에 비해 매우 낮은 수준이다.

다음으로 수송비용의 관점에서 살펴보면, 증권시장에서 정보통신기술의 활용은 수송비용을 매우 낮은 수준으로 낮추고 있다. 과거에는 실제 인쇄된 주식이나 채권이 거래되었는데, 현재에는 데이터베이스상의 정보 이전으로 나타난다. 실물이 아니라 전자 신호로 거래가 이루어지기 때문에 수송비용은 거의 무시할 수 있는 수준이다.

마지막으로 강제비용 또한 매우 낮다고 할 수 있다. 채권과 같은 증권은 의무가 매우 명확히 정의되어 있으며, 그 의무를 이행하도록 하는 시스템이 충분히 구축되어 있다.

1.7.3 시장의 구조

금융시장에서 화폐수요는 화폐를 조달하고자 하는 수요자들이 희망하는 이자율을 반영하고, 화폐공급은 화폐를 제공하는 공급자들이 희망하는 이자율을 반영한다. 이러한 수요자와 공급자의 희망이자율이 조정과정을 거쳐 [그림 1.3]에서와 같이 균형이자율이 결정된다. 이때 균형이자율은 화폐거래에 있어서 효율적인 가격의 역할을 함으로써, 배분적 효율성이 극대화될 수 있다.

---

3) 재무제표 등 회계자료를 통해 탐색비용을 어느 정도 낮추고 있지만 여전히 수익창출능력 등에 대한 분석은 각 금융기관들이 분석 전문 부서에 적지 않은 비용을 투입해 파악하고 있다.

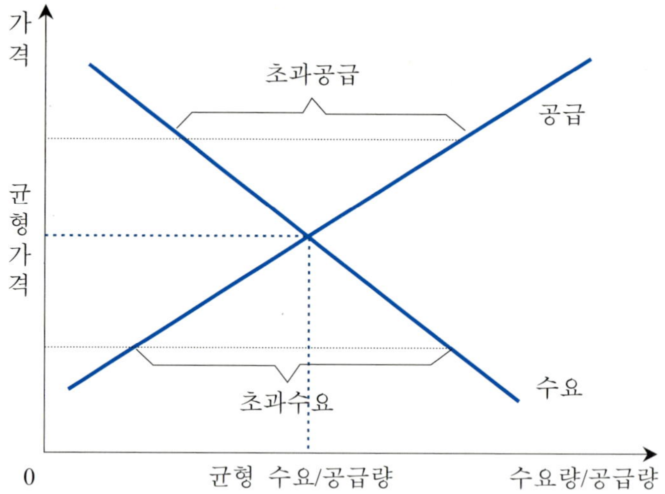

[그림 1.3] 이자율의 결정원리

그런데 경쟁시장의 논리상, 다수의 수요자와 다수의 공급자가 시장에 참여하는 완전경쟁적인 상황에서만 이러한 이상적인 균형이자율 성립이 가능해진다. 만약 구매하고자 하는 사람은 많은데 팔려는 사람은 한 명만 있다면 그 제품의 가격은 상당히 높게 결정될 수 있다. 반면 판매자는 많으나 수요자가 한 명인 경우에도 판매자는 적자를 보면서라도 판매해야 하는 상황이 발생하여 이때 형성된 가격은 올바른 균형가격이라 할 수 없다.

경제학에서는 시장을 완전경쟁시장, 독점시장, 과점시장 등으로 구분한다. 다시 말해 시장을 수많은 수요자와 수많은 공급자가 존재하여 어느 누구도 가격결정에 혼자서는 영향을 미칠 수 없는 완전경쟁시장, 수많은 수요자와 한 명의 공급자가 있는 독점시장, 수많은 수요자와 몇 명의 공급자가 있는 과점시장으로 구분하는데, 이 중에서 가장 효율적인 가격을 형성시키는 시장은 완전경쟁시장이다.

우리나라 금융시장의 경우 경제 내의 모든 경제주체들이 화폐의 공급자이자 수요자로서 금융시장에 참여하고 있다고 볼 수 있다. 따라서 다수의 수요자와 공급자가 경쟁하는 시장으로 구조적 측면에서 효율성의 조건을 만족한다고 할 수 있다.

1.7.4 효율적 시장가설

주식시장에서 주식가격의 움직임을 예측하는 것은 어렵다. 주식가격은 특별한 패턴 없이 무작위적으로 움직이는 것으로 보인다. 현대 재무관리이론에서는 이러한 주가의 무작위한 움직임을 시장의 모든 관련 정보들이 주식가격에 효율적으로 반영되었기 때문에 나타나는 결과로 해석하고 있다. 즉, 효율적인 시장에서는 모든 관련 정보들이 현재 증권가격에 반영되어 있으므로 증권가격의 변화는 새로운 정보에 의해서만 발생된다. 어떤 새로운 정보가 나타날지 알 수 없으므로, 주가의 변화도 예측하기 어렵다. 이러한 논리는 파마(Fama)에 의해 주창되었는데, 이를 효율적 시장가설이라고 한다.

만일 금융시장에서 공정한 규칙에 의해 정보가 신속히 확산될 수 있는 조건을 갖추고, 보다 많은 수익을 얻고자 하는 투자자들이 정보의 수집과 분석을 경쟁적으로 수행하여 그 정보의 효과가 단시간 내에 증권가격에 반영된다면 '효율적 시장(Efficient Market)'의 조건을 갖추게 된다. 이러한 효율적 시장하에서는 기존의 정보를 활용하여 투자를 할 경우 평균보다 높은 수익을 얻을 수는 없다. 예를 들어 A기업이 대규모 프로젝트를 수주하여 미래에 수익이 증가할 것이며, 이는 회사 주식의 가치를 1천원 증가시킬 것이라고 하자. 이 정보가 시장에 즉시 전달된다면 모든 A기업 주식 보유자는 1천원 상승한 가격이 아니면 주식을 매도하지 않을 것이며, 따라서 A기업 주식의 가격은 곧바로 1천원 상승하게 될 것이다. A기업 주식을 구입하려는 사람은 이미 1천원 오른 가격으로 구입할 수밖에 없으므로 추가적인 이익을 얻을 수 없다. 이렇듯 주가에 영향을 미치는 정보가 발생하면 시장의 가격이 이를 즉각 반영하게 되므로, 효율적 시장에서는 그 누구도 '초과이익'(시장수익률보다 높은 이익)을 얻을 수 없다.

그런데 이러한 효율성의 정의를 완전히 만족시키는 완전경쟁시장이 현실에서는 존재하기 어렵다. 따라서 파마(Fama)는 시장에서의 가격이 이용가능한 정보를 완전히 반영하는 경우를 효율적이라고 정의[4)]한 후, 효율적인 금융시장이 다음의 세 가지 유형 중 하나로 분류될 수 있다고 주장하였다.

① 약형 효율성(Weak Form Efficiency) : 금융자산의 가격이 과거의 가격 및 거래량으로부터 얻을 수 있는 정보에 대해 효율적으로 반응한다. 과거의 모든 정보는 현재 주가 등에 반영되어 있다.

② 준강형 효율성(Semi-strong Form Efficiency) : 과거 가격으로부터 얻을 수 있는 정보뿐 아니라 현재 이용가능한 공적 정보(예컨대, 기업의 결산공고, 주식분할, 감가상각방법의 변화 또는 통화량 증가율 등에 관한 정보)에 대해 금융자산의 가격이 효율적으로 반응한다. 즉, 과거 정보뿐만 아니라, 현재 공시된 모든 정보가 현재 주가 등에 반영되어 있다.

③ 강형 효율성(Strong Form Efficiency) : 준강형 효율성에 추가해서 투자자들이 개인적으로 얻는 정보에 대해서 금융자산의 가격이 효율적으로 반응을 보인다. 과거 정보, 현재 공시된 정보 외에 현재 일반인에게 알려지지 않은 기업의 정보 등도 현재 주가에 반영되어 있다. 즉, 완전히 새로운 정보에 의해서만 초과수익을 얻을 수 있다.

이러한 세 가지 효율성의 개념에 비추어 현실의 금융시장이 어느 정도의 효율성을 갖는지에 대해 많은 학자들이 검증을 해왔다. 실제 시장이 완벽한 강형 효율성을 갖는 시장이라고 볼 수는 없다. 따라서 개인투자자들이 기업이 공시한 자료 외의 자료를 더 많은 정보력과 분석력을 통해 탐색한다면 초과이윤을 얻을 수 있는 기회가 존재할 수 있다. 즉, 다수의 학자들은 많은 금융시장들이 준강형 효율성을 갖는다고 주장하곤 한다.

4) 이러한 시장이어야 자본주의가 유지되며 경제가 성장할 수 있다고 보았다.

연습문제

1. 재무관리는 무엇을 하는 학문인지 설명하시오.

2. 재무관리의 목표에 대하여 설명하시오.

3. 기업의 사회적 책임에 대하여 설명하시오.

4. 대리인 문제와 대리인 비용에 대하여 설명하시오.

5. 대리인 문제를 해결하기 위한 방법들에 대하여 설명하시오.

6. 재무관리 측면에서 금융시장의 기능을 설명하시오.

7. 간접금융시장과 직접금융시장의 개념과 그 관계를 설명하시오.

8 '주식시장은 필요 없다'라는 주장에 대하여 간단하게 반박해 보시오.

9. '1930년대 미국의 대공황, 1997년 한국의 IMF사태, 2008년의 세계 금융위기 등은 모두 금융시장의 사실상의 붕괴에 따른 것이다. 따라서 금융시장의 부작용을 없애기 위해 금융시장을 최소한으로 축소해야 한다'라는 주장에 대하여 간단하게 반박해 보시오.

10. 효율적 시장가설에 따른 금융시장의 세 가지 유형에 대하여 설명하시오.

CHAPTER

2

재무의사결정을 위한 기본지식 : 재무비율분석

2.1 재무제표의 역할

재무제표는 기업의 누적된 재무상태와 일정기간의 경영성과를 나타내는 보고서이며, 불특정 다수의 다양한 이해관계자의 경제적 의사결정에 이용된다. 회계에서는 재무제표를 작성하는 방법에 초점을 맞추어 학습이 이루어지지만, 재무관리에서는 이미 작성된 재무제표를 기본으로 가치평가, 자원배분, 경영진의 의사결정 등을 수행하는 데 필요한 지식을 학습한다. 즉, 재무관리에서는 이미 만들어진 재무제표를 분석하고 해석하여 경영 관련 여러 의사결정에 근거자료로 사용한다. 재무관리 분야에서 재무제표가 이용되는 주요한 경우를 요약하면 다음과 같다.

첫째, 재무제표는 기업가치평가를 위한 기본 정보로 활용된다. 예를 들어, 투자자가 주식을 보유함으로써 얻는 미래 수익의 근원은 기업이 현재 보유한 자산과 사업의 영위를 통해 얻게 되는 미래의 이윤 또는 현금이다. 재무제표를 분석한 결과 미래에 지속적으로 높은 수익을 창출하리라 예상됨에도 불구하고 주가가 낮게 형성되어 있다면 주식의 매수를 고려한다. 반면, 가치평가의 결과가 부정적임에도 해당 주식의 가격이 상대적으로 높다면 즉시 매도해야 할 것이다. 이와 같이 투자의사결정을 할 때 이미 작성된 재무제표를 이용하여 투자여부를 결정하는 것은 재무관리의 한 주제가 된다.

둘째, 재무제표는 자원배분의 효율성에 영향을 미친다. 자원배분의 효율성이 높으려면 미래 수익창출 가능성이 높은 기업에 자금이 투자되어야 하며, 미래 수익창출의 가능성이 낮은 기업에 자금이 배분되지 않도록 하여 자금의 낭비를 초래하지 않아야 한다. 이를 위해 정확하고 신뢰성 있는 재무제표를 기반으로 한 투자의사결정이 이루어져야 한다. 만약 재무제표가 사실을 왜곡하거나 필요한 정보를 적절히 제공하지 못한다면 올바른 투자의사결정을 기대할 수 없다.

셋째, 재무제표는 경영진에게 경영의사결정을 위한 정보를 제공한다. 과거에 이루어진 경제적 의사결정을 평가하고, 미래 재무상태와 수익성을 예측하여 필요로 하는 자금을 조달해야만 올바른 경영이 이루어질 수 있다. 이러한 과정에서 재무제표는 올바른 기업 내부 경영을 위한 의사결정의 기초자료로 활용된다.

회계기준에서 규정하고 있는 재무제표는 ① 재무상태표, ② 포괄손익계산서, ③ 자본변동표, ④ 현금흐름표 등으로 구성되어 있다. 이하에서는 이들 각 재무제표의 기본적인 구조와 주요 항목들을 설명한다.

2.2 재무상태표에 대한 이해

재무상태표는 기업의 누적된 재무상태를 나타내는 보고서이다. 과거 대차대조표라는 이름으로 불리었고 현재도 실무에서 대차대조표라는 용어가 사용되기도 하나, 회계기준에 따르면 재무상태표가 올바른 표현이다. 일반적으로 매년 결산일(예를 들어, 12월 31일) 기준으로 기업이 보유하는 자산과 부채, 자본에 대한 정보를 제공한다. 즉, 재무상태표는 사업을 영위하기 위해 보유하고 있는 경제적 자원인 자산과 이러한 자산을 보유하기 위해 조달된 자금인 부채, 자본 등의 재무상태를 보여준다.

〈표 2.1〉은 재무상태표의 예를 제시하고 있다. 앞에서 재무관리는 자금의 조달과 운용을 다룬다고 하였는데, 오른쪽이 부채와 자본으로 구성되어 자금의 조달 측면을, 왼쪽이 자산으로 구성되어 자금의 운용 측면을 나타내고 있다고 볼 수 있다. 부채란 채권자 등으로부터 조달한 타인자본을 의미하며, 자본은 주주로부터 조달된 자기자본을 의미한다.

부채(타인자본)와 자본(자기자본)으로 조달된 자금은 기업의 운영을 위해 다양한 자산을 구매하는 데 사용되는데 그 사용 결과가 왼쪽 자산 부분에 나타난다. 즉, 재무상태표의 왼쪽은 자금의 운용 상태를 보여주는 것이다. 사용되지 않은 자금의 경우에도 현금, 예금 등의 형태로 기

〈표 2.1〉 재무상태표의 구성

재무상태표
제×(당)기 : ××. 12. 31. 현재
A회사 제×(전)기 : ××. 12. 31. 현재 (단위 : 천원)

자 산	제×(당)기	제×(전)기	부채 · 자본	제×(당)기	제×(전)기
Ⅰ. 유동자산	4,500	3,800	Ⅰ. 유동부채	3,000	2,500
1. 당좌자산	2,500	2,300	1. 매입채무	1,000	700
2. 재고자산	2,000	1,500	2. 단기차입금	1,000	600
			3. 미지급비용	1,000	1,200
Ⅱ. 비유동자산	5,480	5,200	Ⅱ. 비유동부채	3,000	2,500
1. 투자자산	500	600	1. 장기차입금	1,000	1,500
2. 유형자산	4,080	3,800	2. 사채	2,000	1,000
3. 무형자산	500	300			
4. 기타비유동자산	400	500	Ⅲ. 자본	3,980	4,000
			1. 자본금	2,000	2,000
			2. 자본잉여금	500	500
			3. 자본조정	0	0
			4. 기타포괄손익누계액	0	0
			5. 이익잉여금	1,480	1,500
자산총계	9,980	9,000	부채 · 자본총계	9,980	9,000

업에 자산으로 남게 된다. 따라서 조달된 자금 총액과 자산 총액은 항상 일치한다.

$$\text{자산} = \text{부채} + \text{자본} \tag{2.1}$$

$$\text{자본} = \text{자산} - \text{부채} \tag{2.2}$$

'총자본'이라는 용어를 부채와 자본의 합계로 사용하는 경우도 있는데, '자본'과 구별하기 위하여 재무상태표 오른쪽의 구성항목인 자본을 별도로 '자기자본'이라 칭하기도 한다.

2.2.1 재무상태표 왼쪽의 주요 항목

자산이란 향후 기업에 가치를 제공할 것으로 기대되어 기업이 보유하는 재화들을 말한다. 이는 사용시점 이후 기업에 추가적인 가치를 제공하지 못하는 인건비나 임대료와 같이 포괄손익계산서에 표시되는 비용과 구별된다. 예를 들어 동일한 컴퓨터를 구매하더라도 업무용으로 생산활동에 지속적으로 활용된다면 자산에 포함된다. 그러나 컴퓨터가 제품으로서 판매되었다면 더 이상 기업에 가치를 제공하지 못하므로 매출원가라는 비용으로 인식한다.

(1) 유동자산

현금 및 1년 이내에 현금으로 전환되거나 판매 또는 소비될 것으로 예상되는 자산을 말한다. 현금 및 현금성자산, 매출채권 등이 대표적이며, 생산이나 판매를 목적으로 보유하고 있는 재고자산도 비교적 빠른 시일내에 현금화되는 특성을 갖고 있어 유동자산에 포함된다. 재고자산은 제조과정에의 투입을 위해 조달된 원재료, 제조과정에 있는 미완성 제품인 재공품, 판매를 위한 제품으로 구분되며, 이들은 모두 유동자산에 포함된다.

(2) 비유동자산

비유동자산은 1년 이내에 현금화될 것으로 기대되지 않는 자산들이다. 고정자산이란 명칭으로 불린 적도 있으나, 현재 회계기준에 따른 올바른 표현은 비유동자산이다. 비유동자산은 다시 자산의 사용목적 또는 물리적 실체의 보유여부에 따라 투자자산, 유형자산, 무형자산으로 구분된다.

2.2.2 재무상태표 오른쪽의 주요 항목

(1) 유동부채

유동부채는 재무상태표일(결산일)로부터 1년 이내에 지급기한이 발생될 것으로 예상되는 부채이다. 유동부채는 유동자산으로 상환하거나 또는 다른 부채로 대체되어 소멸되는 경향이 있다. 유동부채에는 매입채무, 단기차입금, 미지급금, 미지급비용, 선수금 등이 포함된다.

(2) 비유동부채

비유동부채는 실무에서는 고정부채, 장기부채라고도 불리는데, 재무상태표일로부터 1년 이후에 지급기일이 발생하는 부채를 말한다. 사채와 장기차입금, 장기성매입채무가 대표적인 예이다.

(3) 자 본

자본은 자기자본 또는 순자산이라고도 불리며, 재무상태표에는 자본이라고 보고된다. 순자산은 자산에서 부채를 차감한 금액을 의미하기 때문에 재무상태표의 구성상 자본은 자기자본 및 순자산과 같은 의미로 사용된다. 재무상태표에서 자본(=자기자본)은 자본금, 자본잉여금, 자본조정, 기타포괄손익누계액, 이익잉여금으로 구성된다.

2.2.3 순운전자본 개념과 재무관리

재무상태표는 경제적 의사결정에 적합한 정보의 제공이라는 목적을 달성하기 위해 회계기준에 근거하여 작성된다. 회계기준은 재무상태표의 항목들을 취득원가에 따라 평가하는 것을 원칙으로 하고, 취득 이후 물가상승, 기술변화와 시장여건의 변화 등을 반영한 공정가치를 신뢰할 수 있는 경우에 한해 공정가치로 평가하도록 하고 있다.

불특정 다수의 정보이용자가 모두 신뢰하는 정보를 생산해야 하는 회계에서는 공정가치를 적용할 때 까다로운 기준을 적용하고 있으나, 재무관리에서는 의사결정을 합리적으로 하기 위해 세부적인 공정가치 측정 등에 있어서 약간의 오차를 허용하기 때문에 대부분의 항목들을 현재가치, 즉 공정가치로 평가하여 의사결정에 이용한다.

자산과 부채에는 각기 1년 이내에 현금화될 수 있는 유동자산과 1년 이내에 갚아야 할 유동부채가 포함되어 있는데, 이러한 유동항목들의 차이를 식 2.3과 같이 순운전자본이라고 한다.

$$\text{순운전자본} = \text{유동자산} - \text{유동부채} \tag{2.3}$$

순운전자본은 기업의 단기적 유동성을 평가하는 지표로 이용된다. 기업이 보유하고 있는 유동성, 즉 유동자산 중 유동부채에 해당하는 금액은 부채의 상환에 사용되어야 하므로 그 차액에 해당하는 순운전자본만이 기업이 사용가능한 유동성이라고 볼 수 있다. 기업의 유동성이 부족하여 필요한 현금을 조달하지 못하면 경영상 위험에 처하게 된다. 따라서 재무관리에서는 수익성 못지않게 유동성을 확보하는 것이 중요하다. 그런데 일반적으로 유동성이 높은 자산은 수익성이 낮으므로 지나치게 많은 유동성을 확보하는 것도 비효율적이다. 따라서 적정수준의 유동성을 유지하는 것이 중요한 과제가 된다.

재무상태표에는 인적자원, 기업의 이미지, 최고경영자의 경영능력 등 측정이 어려운 항목들은 자산으로 공시되지 않을 수 있다.[1] 그리고 매출채권의 대손가능성, 유형자산의 내용연수 및 잔존가치의 추정에는 자의적인 추정치가 사용될 수 있어 실질적인 기업의 재무상태와 경영성과가 왜곡될 수 있다. 재무관리 측면에서 재무상태표를 분석할 때에는 이러한 사항에 대한 고려를 충분히 해야 한다.

1) 불특정 다수에게 제공되는 회계정보의 특성상, 측정이 쉽지 않은 항목들을 무리하게 재무제표에 포함시키려 하면 오히려 재무제표의 신뢰성을 떨어뜨린다.

2.3 포괄손익계산서에 대한 이해

포괄손익계산서는 일정기간 동안 기업의 경영성과를 나타내는 보고서로서, 그 기간 동안에 실현된 수익과 발생한 비용을 기록하고 이로부터 해당 기간의 이익을 계산한 표이다. 이때 수익과 비용, 이익 사이에는 식 2.4와 같은 등식이 성립한다.

$$\text{이익} = \text{수익} - \text{비용} \tag{2.4}$$

이익의 종류는 〈표 2.2〉에 나타나 있는데, 가장 일반적으로 사용되는 이익은 법인세비용을 포함한 모든 비용을 차감하고 남은 당기순이익이다.

2.3.1 포괄손익계산서의 이익 개념

〈표 2.2〉에는 포괄손익계산서를 구성하는 세부항목들이 표현되어 있다. 여기에는 비용의 포함 범위에 따라 다양한 이익의 개념이 제시되고 있는데, 그 의미와 활용 용도가 각기 다른 특성이 있다.

우선 회사의 주된 영업활동과 관련하여 발생한 이익을 평가하는 항목으로 매출총이익과 영업이익이 존재한다. 매출총이익은 매출액에서 순전히 물건을 만드는 데 들어간 비용인 매출원가를 차감한 이익이며, 영업이익은 매출총이익에서 판매 및 관리에 관련된 비용까지 차감한 이익이다.

대부분의 기업들은 타인자본의 활용에 따른 이자비용이나, 투자자산으로부터의 수익, 환율의 변동에 따른 외환차익, 유형자산처분손익 등 주된 영업활동과 관련성이 낮은 부수적인 기타수익과 기타비용을 발생시킨다. 영업이익에서 기타수익과 기타비용을 가감한 금액이 법인세비

〈표 2.2〉 포괄손익계산서의 구성

포괄손익계산서

A회사	제×기 : ××. 1. 1부터 ××. 12. 31까지	(단위 : 천원)
Ⅰ. 매출액		15,000
Ⅱ. 매출원가		(−)10,000
Ⅲ. 매출총이익		**5,000**
Ⅳ. 판매비와관리비		(−)3,000
Ⅴ. 영업이익		**2,000**
Ⅵ. 기타수익 및 기타비용(이자비용)		(−)150
Ⅶ. 법인세비용차감전손익		**1,850**
Ⅷ. 법인세비용(20%)		(−)370
Ⅸ. 당기순이익		**1,480**
Ⅹ. 총포괄이익		**1,480**

용차감전손익으로 보고된다.

법인세비용까지 차감한 최종 이익을 의미하는 당기순이익은 배당을 통해 주주에게 직접 배분되거나 기업의 유보이익으로 남는다. 한편 총포괄이익은 기존의 당기순이익에서 인식하지 않은 수익과 비용인 유형자산재평가이익 등의 기타포괄손익을 당기순이익에 가감하여 산출된다.

2.3.2 발생주의와 현금주의

포괄손익계산서는 일정기간 동안의 수익과 비용을 기록함으로써 기업의 성과를 보여준다. 이때 수익은 기업이 고유한 영업활동을 통해 생산하여 판매한 재화 또는 용역에서 발생하는 매출을 의미한다. 반면 비용은 지속적으로 가치를 발생시키는 자산과 달리 소멸된 원가를 의미한다. 예를 들어 임금을 지급하였다면 지급된 임금은 이미 사용된 노동력에 대해 지불한 것으로 향후 가치를 창출하는 데에는 사용될 수 없으므로 소멸된 원가이다. 이러한 소멸된 원가는 비용으로 인식된다.

이러한 수익과 비용을 측정하는 방식으로는 현금주의와 발생주의

가 있다. 현금주의란 실제로 현금이 유입되거나 유출된 시점을 기준으로 회계기록을 하는 것이다. 반면 발생주의란 실제로 현금을 받았거나 지출된 시점과 상관없이 현금의 유입 또는 유출의 가능성이 거의 확실하며, 그 가치를 신뢰성 있게 측정할 수 있는 시점, 예를 들면 물건이 인도된 시점 또는 계약서가 작성된 시점에 회계기록을 하며 수익과 비용을 인식하는 것이다. 포괄손익계산서는 발생주의를 기준으로 수익을 인식한다. 하지만 재무관리에서는 현금주의를 이용하는 경우가 많기 때문에 포괄손익계산서에 보고된 회계정보를 적절히 변환하여 사용하기도 한다.

발생주의와 현금주의의 차이점이 단적으로 드러나는 예가 감가상각비의 인식이다. 발생주의에 의하면 특정 비유동자산을 구매할 경우 이때 발생한 현금유출을 비용으로 바로 인식하지 않는다. 이 비유동자산을 활용하여 생산과 판매가 이루어질 때 발생한 수입에 비례하여 비용을 인식하게 된다. 예를 들어 1억원의 기계를 구입하여 10년간 사용한다면 매년 0.1억원의 비용(감가상각비)이 발생한 것으로 인식한다. 반면 현금주의에서는 기계를 구매하여 현금이 지불되면 바로 현금유출로 간주하고 의사결정을 한다. 발생주의는 수익과 비용의 인과관계를 명확히 드러낸다는 장점이 있으며, 현금주의는 실제 현금의 유·출입을 반영한다는 장점이 있다.

2.4 현금흐름표에 대한 이해

현금흐름표는 기업의 현금 유입과 유출을 기업의 주요 활동인 (1) 영업활동, (2) 투자활동, (3) 재무활동으로 분류하여 보고한다. 각각의 활동에 대하여 현금 유입과 유출로 나누어지게 되며, 따라서 총 6개의 항목이 현금흐름표에 표시된다. 이 6개의 항목을 더하고 차감하여 나온 최종 수치는 재무상태표 현금의 증감과 일치한다.

(1) 영업활동으로 인한 현금흐름

기업의 영업활동으로 인하여 발생한 현금흐름은 용역의 제공활동, 상품의 매매활동, 제품의 생산 및 판매 활동으로 인한 현금흐름을 말하며, 직접법 또는 간접법에 따라 다르게 작성된다.

직접법은 영업활동으로 인한 현금유입액을 원천별로 구분하고 현금유출액 역시 용도별로 구분하여 '영업현금'을 직접 계산하는 방법이다. 현금이 나가고 들어올 때마다 직접 현금 유입과 유출을 기록한다. 이렇게 직접법으로 작성하려면 1년 내내 현금거래와 관련된 사항을 별도로 기록해야 하기 때문에 작성의 편리성을 고려하여 간접법을 사용하는 기업들도 많다.

간접법은 이미 작성된 포괄손익계산서의 당기순이익을 조정하여 영업현금을 간접적으로 계산하는 방법이다. 예를 들어 감가상각비는 비용으로 계산되지만 실제 현금이 나가는 것은 아니다. 이와 같이 포괄손익계산서 항목 중에 비용으로 되어 있지만 실제 현금이 지출되지는 않은 것, 수익으로 되어 있지만 실제 현금이 들어오지는 않은 것 등을 구분하여 표시하고, 이러한 실제 현금흐름을 바탕으로 영업현금을 계산한다. 이러한 대표적 조정항목에는 감가상각비, 외화환산손실 등이 있다.

(2) 투자활동으로 인한 현금흐름

기업의 투자활동은 기업이 소유하고 있는 유가증권, 투자자산, 비유동자산의 매입과 처분 등과 같이 기업의 투자와 관련된 활동이다. 투자활동으로 인한 현금흐름 역시 현금의 유입과 유출로 구분되어 현금흐름표에 보고된다.

(3) 재무활동으로 인한 현금흐름

기업의 재무활동은 차입 및 차입금의 상환, 신주발행이나 배당금의 지급 등과 같이 자금조달과 관련된 활동이다. 기업의 재무활동과 관련되어 발생하는 현금흐름은 '재무활동으로 인한 현금흐름'으로 분류된다. 재무활동으로 인한 현금흐름도 투자활동으로 인한 현금흐름과 같이 현금의 유입과 유출로 구분되어 현금흐름표에 보고된다.

2.5 재무비율분석의 의의

재무비율분석은 재무제표에서 2개 이상의 항목을 뽑아내어 비율을 구성하고, 이를 이용하여 기업의 가치를 분석하는 방법이다. 재무제표는 이해관계자의 재무적 의사결정을 위한 기본적인 정보를 제공하지만 재무제표 자체는 현상을 기술할 뿐인 자료이다. 따라서 실제 의사결정에 활용되기 위해서는 이 자료를 보기 쉽고 유용한 정보로 변경시키는 것이 필요하다. 즉, 재무비율분석은 재무제표 자료를 바탕으로 의미 있는 정보를 추출해내는 과정이라 할 수 있다. 즉, 재무비율로부터 기업경영상태의 변화를 파악하거나, 해당 기업의 재무비율과 그 기업이 속한 산업의 평균비율 또는 미래를 향하는 추세 및 경쟁회사의 비율 등을 비교하여 재무의사결정에 도움을 받을 수 있다.

재무비율분석은 간단하게 계산할 수 있으며 이해하기 쉽고, 이미 작성된 재무제표를 활용함으로 인해 추가적인 자료수집이 거의 필요치 않다는 장점 때문에 실무적으로 널리 사용된다. 경영자뿐만 아니라 이해관계자들인 주주와 채권자들도 기업의 경영상태를 파악하는 분석도구로 재무비율을 사용한다. 재무비율분석은 일차적으로 경영자들에 의해 기업 내부의 통제나 의사결정을 위한 방법으로 사용되고, 주주들은 투자성과평가의 지표로 이용한다. 그리고 채권자는 유동성과 부채의존도의 분석을 통하여 자신들의 채권의 가치를 평가하는 방법으로 재무비율분석을 활용하고 있다.

2.6 재무비율분석의 평가기준과 한계점

2.6.1 재무비율분석의 평가기준

재무비율에 대한 평가를 위해서는 비교기준이 필요하다. 이때 사용되는 비교기준은 분석목적에 따라 다음과 같이 설정될 수 있다.

첫째, 분석대상기업의 과거 재무비율을 비교기준으로 삼는다. 과거 재무비율의 증감이나 변화된 추세를 파악하여 재무상태와 경영성과가 개선되었는지 또는 악화되었는지를 분석한다. 이러한 비교방법을 추세분석이라고도 한다. 재무제표는 일정한 기간 단위로 작성되기 때문에 추세분석은 모든 비율분석에서 유용하게 사용할 수 있다.

추세분석에 있어서 비교기준은 전년도 비율 또는 과거 다년간 비율의 평균값 등이 활용될 수 있다. 그러나 비교기간 내에 경영환경에서 발생한 급격한 변화, 합병, 증자 등과 같은 비정상적인 요소가 발생한 경우에는 단순히 과거 재무비율을 비교하는 것은 큰 의미가 없다. 따라서 추세분석을 시행할 경우에는 해당 기간 동안에 안정적인 추세가 있었는지부터 고려해야 한다.

둘째, 산업 내 기업간의 비교를 목적으로 하는 경우에는 동일한 산업에 속해 있는 기업들의 산업평균비율을 기준비율로 사용한다. 동일 산업의 기업들은 경쟁적으로 활동하는 관계에 있기 때문에 산업평균비율을 기준으로 하여 재무비율을 비교해 본다면 의미가 있을 것이다.

셋째, 분석대상기업이 기존에 거의 존재하지 않는 새로운 산업에 속한 기업이거나, 해당 기업이 한 산업이 아니라 여러 산업 업종에 걸쳐 사업을 하고 있는 경우에는 산업평균비율을 비교기준으로 사용하는 데 한계가 존재한다. 이러한 경우에는 산업평균비율이 아니라 유사기업을 찾아 이들의 재무비율이 비교기준으로 사용될 수 있다.

넷째, 기업의 당면 목표나 여러 가지 환경요인, 경험 등을 기반으로 최적의 비율을 설정하고, 자체적으로 설정한 이 비율과 비교하는 방법이 있다. 이러한 기준비율은 해당 기업의 목표치적 성격을 갖는다고 볼 수 있다. 이런 유형의 목표치 설정에 사용되는 재무비율로는 자기자본순이익률 또는 매출액증가율 등이 있다.

2.6.2 재무비율분석의 한계점

재무비율분석을 통해 분석기준과 실제 산출된 비율을 비교 평가함으로써 기업의 특이사항을 발견하고 이를 정보로 활용하게 된다. 재무비율분석은 기업분석에서 많은 유용성을 제공하지만, 다음과 같은 한계점도 존재한다.

첫째, 재무비율분석은 재무제표에 기반하고 있다. 그러나 재무제표를 작성할 때 기업별로 상이한 회계처리방법이 사용될 수 있으며, 동일기업의 경우에도 시점별로 회계처리방법이 다를 수 있다. 이와 같이 재무제표 작성기준이 서로 다를 때 재무비율을 기업간 비교에 사용한다면 그 결과의 해석에 한계가 존재한다.

둘째, 재무비율분석은 과거의 회계정보를 근거로 하고 있다. 의사결정에 중요한 것은 기업의 미래의 상태에 관한 것이므로 과거를 기반으로 하는 재무비율에 의하여 확정적인 결론을 도출하기에는 한계가 존재한다. 따라서 재무비율분석은 미래의 예측과 의사결정에 결정적인 확정적 결론을 내리는 방법이라기보다는 1차적인 검증을 하는 방법으로 이용해야 하며, 구체적인 투자대상 등이 정해진다면 그 투자대상에서 발생가능한 상황에 대하여 기본적인 재무비율분석 이상의 집중적인 분석을 해야 한다.

셋째, 재무비율분석은 기업의 특수성을 고려하지 않는다. 재무비율은 재무제표를 이용한 계량적인 분석이므로 기업의 질적인 요소인 경영방침이나 경영자의 능력, 기술수준, 조직의 효율성 등을 반영하지 못한다. 기업분석과정에서는 재무비율분석 외에 기업의 특수성에 대한 추가적 고려가 필요하다.

2.7 주요 재무비율

재무제표에서 2개 이상의 항목을 추출하여 만들 수 있는 재무비율의 수는 매우 많다. 이 중 특정의 재무비율 지표가 기업평가를 위해 우수한 지표라는 이론적 근거는 별도로 없지만, 실무적으로 기업 재무분석에 있어서 중요한 의미를 갖는다고 받아들여지는 재무비율들이 있다. 일반적으로 이들 재무비율은 안정성, 수익성, 성장성, 활동성, 생산성, 시장가치비율 등으로 분류되어 사용되고 있다.

2.7.1 안정성비율

안정성비율은 기업이 재무적으로 얼마나 안정적인가를 나타내고자 하는 지표로서, 단기 및 장기 지급능력을 나타내는 비율이다. 단기의 지급능력을 확보하여 유동부채를 상환할 수 있는 능력을 나타내는 비율로는 유동비율과 당좌비율이 있다.

(1) 유동비율

유동비율은 재무상태표의 유동자산을 유동부채로 나눈 비율로서 식 2.5와 같다.

$$유동비율 = \frac{유동자산}{유동부채} \times 100 \tag{2.5}$$

유동비율은 1년 이내에 현금화될 수 있는 자산과 1년 이내에 상환해야 할 부채의 비율을 의미하는 것으로 이 비율이 높다는 것은 기업의 단기부채 상환능력이 높음을 의미한다. 만일, 1년 이내에 상환해야 하는 부채가 100원인 반면, 1년 이내에 현금화가 가능한 자산은 50원이라면 1년 내에 부채를 상환하기 위하여 50원이 부족한 상황이 된다. 따라서 유동비율은 $\frac{50}{100}$=50%이며 1년 내에 부채를 지급할 수 있는 단기지급능력이 양호하지 못한 것으로 평가된다.

유동비율이 높은 경우에는 유동성이 풍부한 것으로 해석될 수 있으나 매출채권, 재고자산이 비정상적으로 높지는 않은지 여부도 함께 고려되어야 한다. 매출채권, 재고자산이 지나치게 많으면 유동비율 수치 자체는 높아지지만, 실제 현금은 부족한 경우가 발생할 수 있다.

예제 2.1

(주)동양의 최근 2년간의 재무상태표와 포괄손익계산서가 다음과 같을 때 당기의 유동비율을 산출하시오.

재무상태표

제×(당)기 ××. 12. 31. 현재
제×(전)기 ××. 12. 31. 현재

주식회사 동양 (단위 : 백만원)

자 산	제×(당)기	제×(전)기	부채 · 자본	제×(당)기	제×(전)기
Ⅰ. 유동자산	5,860	4,137	Ⅰ. 유동부채	4,968	4,628
1. 당좌자산	3,308	2,004	1. 매입채무	1,673	1,309
현금 및 현금성자산	160	67	2. 단기차입금	1,248	1,237
매출채권	2,347	1,443	3. 기타	2,047	2,082

기타	801	494	Ⅱ. 비유동부채	1,462	1,121
2. 재고자산	2,552	2,133	1. 장기차입금	514	88
Ⅱ. 비유동자산	15,799	15,398	2. 사채	299	299
1. 투자자산	4,171	3,562	3. 기타	649	734
장기금융상품	2,013	1,897	부채총계	6,431	5,749
투자유가증권	576	654	Ⅲ. 자본	15,229	13,786
장기성매출채권	245	354	1. 자본금	761	751
기타	1,337	657	2. 자본잉여금	6,184	5,922
2. 유형자산	11,555	11,748	3. 자본조정	(−)380	(−)235
3. 무형자산	73	88	4. 기타포괄손익누계액	56	78
			5. 이익잉여금	8,608	7,270
자산총계	21,659	19,535	부채·자본총계	21,659	19,535

포괄손익계산서

제×(당)기 ××. 1. 1～××. 12. 31
주식회사 동양 제×(전)기 ××. 1. 1～××. 12. 31 (단위 : 백만원)

구 분	제×(당)기	제×(전)기
Ⅰ. 매출액	20,638	20,036
Ⅱ. 매출원가	(−)14,982	(−)13,859
Ⅲ. 매출총이익	**5,656**	**6,177**
Ⅳ. 판매비와관리비	(−)3,910	(−)3,870
Ⅴ. 영업이익	**1,746**	**2,307**
Ⅵ. 이자수익	617	520
Ⅶ. 이자비용	(−)67	0
Ⅷ. 법인세비용차감전손익	**2,296**	**2,827**
Ⅸ. 법인세비용	(−)594	(−)689
Ⅹ. 당기순이익	**1,702**	**2,138**

해답

(주)동양의 재무상태표를 이용한 유동비율을 계산하면 다음과 같다.

$$유동비율 = \frac{유동자산}{유동부채} \times 100 = \frac{5,860}{4,968} \times 100 = 117.95\%$$

(2) 당좌비율

당좌비율은 재무상태표의 당좌자산을 유동부채로 나눈 비율로서 식 2.6과 같다.

$$당좌비율=\frac{당좌자산}{유동부채}\times 100=\frac{유동자산-재고자산}{유동부채}\times 100 \tag{2.6}$$

당좌비율은 유동비율과 유사한 개념으로 유동자산 중 단기간에 현금화가 상대적으로 어렵다고 평가되는 재고자산을 제외한 현금 및 현금성자산, 매출채권 등의 당좌자산만을 고려한 비율이다. 따라서 당좌비율은 항상 유동비율보다 낮으며 단기부채 상환능력을 좀더 엄격하게 정의한 것으로 볼 수 있다.

예제 2.2

[예제 2.1]의 자료를 이용하여 당기의 당좌비율을 산출하시오.

해답

(주)동양의 재무상태표를 이용한 당좌비율을 계산하면 다음과 같다.

$$당좌비율=\frac{당좌자산}{유동부채}\times 100=\frac{3,308}{4,968}\times 100=66.58\%$$

(3) 부채비율

부채비율은 타인자본(부채)을 자기자본(자본)으로 나눈 값으로 식 2.7과 같다.

$$부채비율=\frac{타인자본}{자기자본}\times 100 \tag{2.7}$$

부채비율은 채권자의 위험부담정보와 손익확대효과(레버리지효과)를 평가하는 비율이다. 부채비율이 높다는 것은 채권자의 위험도 및 손익 확대효과가 증가한다는 것을 의미한다.[2)]

부채비율을 계산할 때 자기자본을 장부금액으로 평가하느냐 공정가치로 평가하느냐에 따라 결과가 달라질 수 있다. 장부금액으로 부채를 평가할 경우에는 자료이용과 계산이 편리하지만 실제의 부채가치를 반영하지 못할 수 있다. 공정가치로 부채를 평가할 경우에는 실제의 부채가치를 반영할 수 있지만 시장에서 공정가치를 객관적으로 측정하는 것은 쉽지 않다.

또한, 부채와 성격이 유사하지만 재무상태표상에 부채로 나타나지 않는 지급보증 등의 우발부채 및 자본요소를 갖고 있는 전환사채가 부채에 포함되는지 여부도 고려해야 한다.

예제 2.3

[예제 2.1]의 자료를 이용하여 당기의 부채비율을 산출하시오.

해답

(주)동양의 재무상태표를 이용한 부채비율을 계산하면 다음과 같다.

$$\text{부채비율} = \frac{\text{타인자본}}{\text{자기자본}} \times 100 = \frac{6,431}{15,229} \times 100 = 42.23\%$$

(4) 이자보상비율

이자보상비율은 영업이익을 이자비용으로 나눈 값으로 식 2.8과 같다.

$$\text{이자보상비율} = \frac{\text{영업이익}}{\text{이자비용}} \tag{2.8}$$

2) 부채비율을 산정함에 있어서 타인자본의 총액을 사용하지 않고 타인자본 중 이자비용이 발생하는 채무만을 구별하여 자기자본과 비교하기도 한다.

이자보상비율은 기업의 영업이익이 지급해야 할 이자비용의 몇 배인가를 나타내는 비율이다. 이자보상비율이 낮을수록 이자비용이 기업에 큰 부담으로 작용한다. 만약 이자보상비율이 1배일 경우에는 일정기간의 영업이익이 이자비용으로 모두 소진되는 것을 의미한다. 이자보상비율이 0.5배 등으로 1보다 낮을 경우에는 영업이익으로 이자비용을 충분히 보상할 수 없기 때문에 해당 기업의 재무위험은 매우 높아진다.

예제 2.4

[예제 2.1]의 자료를 이용하여 당기의 이자보상비율을 산출하시오.

해답

(주)동양의 재무상태표를 이용한 이자보상비율을 계산하면 다음과 같다.

$$\text{이자보상비율} = \frac{\text{영업이익}}{\text{이자비용}} = \frac{1,746}{67} = 26.06\text{배}$$

2.7.2 수익성비율

수익성비율은 경영의 총괄적인 효율성 정도를 측정하는 지표로서 투자자본의 효율성과 이익창출능력에 관한 정보를 제공한다. 투자자본의 효율성과 이익창출능력은 투자의사결정뿐만 아니라 신용의사결정에도 영향을 미치기 때문에 수익성비율은 재무비율분석에서도 중요한 위치를 차지한다.

(1) 총자산이익률

총자산이익률(ROA : Return On Assets)은 세후순이익(당기순이익)을 총자산으로 나눈 비율로서 식 2.9와 같다.

$$\text{총자산이익률} = \frac{\text{세후순이익(당기순이익)}}{\text{총자본(총자산)}} \times 100 \tag{2.9}$$

예제 2.5

[예제 2.1]의 자료를 이용하여 당기의 총자산이익률을 산출하시오.

해답

(주)동양의 재무제표를 이용한 총자산이익률을 계산하면 다음과 같다.

$$\text{총자산이익률} = \frac{\text{세후순이익(당기순이익)}}{\text{총자본(총자산)}} \times 100 = \frac{1{,}702}{21{,}659} \times 100 = 7.86\%$$

(2) 매출액순이익률

매출액순이익률은 당기순이익을 매출액으로 나눈 비율로서 식 2.10과 같다.

$$\text{매출액순이익률} = \frac{\text{당기순이익}}{\text{매출액}} \times 100 \tag{2.10}$$

매출액순이익률은 자산운영의 효율성 등과 연계된 수익성보다는 기술적 우위, 시장독점력, 경쟁력 등에 의해 결정되는 수익성이라 할 수 있다. 일반적으로 경쟁력이 있고 기술적 우위가 있는 기업은 매출액순이익률이 높은 반면, 경쟁력이 상대적으로 낮은 기업들은 매출액순이익률이 낮다. 또한 금융비용이 지나치게 높거나 불필요한 관리비용을 지출하는 기업도 매출액순이익률이 낮아진다. 이처럼 산업적 요인과 기업의 내부요인이 매출액순이익률에 영향을 미친다.

예제 2.6

[예제 2.1]의 자료를 이용하여 당기의 매출액순이익률을 산출하시오.

해답

(주)동양의 재무제표를 이용한 매출액순이익률을 계산하면 다음과 같다.

$$매출액순이익률 = \frac{당기순이익}{매출액} \times 100 = \frac{1,702}{20,638} \times 100 = 8.25\%$$

(3) 자기자본순이익률

자기자본순이익률(ROE : Return On Equity)은 당기순이익을 자기자본으로 나눈 비율로서 식 2.11과 같다.

$$자기자본순이익률 = \frac{당기순이익}{자기자본(자본)} \times 100 \tag{2.11}$$

자기자본순이익률은 기업이 일정기간 동안 획득한 당기순이익을 투입된 자본규모와 비교하는 것으로서, 주주의 관점에서 측정하는 수익성비율이다.

예제 2.7

[예제 2.1]의 자료를 이용하여 당기의 자기자본순이익률을 산출하시오.

해답

(주)동양의 재무제표를 이용한 자기자본순이익률을 계산하면 다음과 같다.

$$자기자본순이익률 = \frac{당기순이익}{자기자본} \times 100 = \frac{1,702}{15,229} \times 100 = 11.18\%$$

2.7.3 성장성비율

성장성비율은 기업의 경영규모 및 경영성과가 전년도에 비하여 얼마나 증가하였는가를 나타내는 지표이다. 성장성비율을 이용하여 기업의 외적 성장 정도와 경영성과의 추세를 파악할 수 있다. 성장성비율의 측정은 분석대상에 따라 분석항목은 다르지만, 항목에 따른 일반적인 측정 방식은 식 2.12와 같다.

$$\text{성장성비율} = \frac{(\text{당기말 항목잔액} - \text{전기말 항목잔액})}{\text{전기말 항목잔액}} \qquad (2.12)$$

성장성비율은 수년간의 비교재무제표를 사용함으로써 어떤 기업의 전체적인 재무상태와 경영성과의 추세를 파악하고 이를 근거로 성장 잠재력, 이익발생능력 등을 예측하는 데 이용된다.

(1) 매출액증가율

매출액증가율은 당기매출액에서 전기매출액을 차감하고 그 값을 전기매출액으로 나눈 값으로 식 2.13과 같다.

$$\text{매출액증가율} = \frac{\text{당기매출액} - \text{전기매출액}}{\text{전기매출액}} \times 100 \qquad (2.13)$$

매출액증가율은 매출액이 당해 연도에 얼마나 증가하였는가를 나타내는 비율이다. 매출액은 정상적인 영업활동에서 계속적으로 발생하는 수익이기 때문에 매출액증가율은 성장률을 파악하는 대표적인 비율이라 할 수 있다.

예제 2.8

[예제 2.1]의 자료를 이용하여 당기의 매출액증가율을 산출하시오.

해답

(주)동양의 재무제표를 이용한 매출액증가율을 계산하면 다음과 같다.

$$\text{매출액증가율} = \frac{(20,638 - 20,036)}{20,036} \times 100 = 3.00\%$$

(2) 순이익증가율

순이익증가율은 당기순이익에서 전기순이익을 차감하고 그 값을 전기순이익으로 나눈 값으로 식 2.14와 같다.

$$\text{순이익증가율} = \frac{\text{당기순이익} - \text{전기순이익}}{\text{전기순이익}} \times 100 \tag{2.14}$$

순이익증가율은 기업활동의 최종성과인 순이익이 당해 연도에 얼마나 증가하였는가를 나타내는 비율이다.

예제 2.9

[예제 2.1]의 자료를 이용하여 당기의 순이익증가율을 산출하시오.

해답

(주)동양의 재무제표를 이용한 순이익증가율을 계산하면 다음과 같다.

$$\begin{aligned}\text{순이익증가율} &= \frac{\text{당기순이익} - \text{전기순이익}}{\text{전기순이익}} \times 100 = \frac{(1,702 - 2,138)}{2,138} \times 100 \\ &= \triangle 20.39\%\end{aligned}$$

(3) 자기자본증가율

자기자본증가율은 당기말 자기자본에서 전기말 자기자본을 차감한 금액을 전기말 자기자본으로 나눈 값이다. 자기자본이 당해 연도에 얼마나 증가하였는가를 나타내는 지표이다.

$$\text{자기자본증가율} = \frac{\text{당기말 자기자본} - \text{전기말 자기자본}}{\text{전기말 자기자본}} \times 100 \qquad (2.15)$$

예제 2.10

[예제 2.1]의 자료를 이용하여 당기의 자기자본증가율을 산출하시오.

해답

(주)동양의 재무제표를 이용한 자기자본증가율을 계산하면 다음과 같다.

$$\text{자기자본증가율} = \frac{(15{,}229 - 13{,}786)}{13{,}786} \times 100 = 10.46\%$$

(4) 총자산증가율

총자산증가율은 당기말 총자산에서 전기말 총자산을 차감한 금액을 전기말 총자산으로 나눈 값이다. 총자산증가율은 총자산이 당해 연도에 얼마나 증가하였는가를 나타내는 비율로서, 기업의 전체적인 성장규모를 측정하는 지표이다.

$$\text{총자산증가율} = \frac{\text{당기말 총자산} - \text{전기말 총자산}}{\text{전기말 총자산}} \times 100 \qquad (2.16)$$

예제 2.11

[예제 2.1]의 자료를 이용하여 당기의 총자산증가율을 산출하시오.

해답

(주)동양의 재무제표를 이용한 총자산증가율을 계산하면 다음과 같다.

$$\text{총자산증가율} = \frac{(21{,}659 - 19{,}535)}{19{,}535} \times 100 = 10.87\%$$

2.7.4 활동성비율

활동성비율은 기업이 소유하고 있는 자산이 얼마나 효과적으로 이용되고 있는가를 측정하는 비율이다. 활동성비율은 매출액 대비 기업이 보유한 자산의 정도를 회전율(Turnover)로 나타낸다. 그런데 물가가 상승할 경우, 매출액은 물가상승분이 반영된 반면 기업 보유 자산을 역사적 원가로 평가할 경우 자산의 장부금액은 물가상승분이 반영되지 않기 때문에 활동성비율이 과대평가될 가능성이 있다.

(1) 재고자산회전율

재고자산회전율은 매출액을 평균재고자산으로 나눈 값이다. 이는 재고자산이 일정기간 동안에 몇 회나 현금화되었는가를 측정하는 비율이다. 재고자산회전율이 높다는 것은 매출액에 비하여 적은 재고자산으로 생산 및 판매 활동을 수행하였음을 의미한다.

$$\text{재고자산회전율} = \frac{\text{매출액}}{\text{평균재고자산}} \tag{2.17}$$

매출액이 100억원이고 재고자산이 0원에 가까운 기업은 재고자산을 관리 또는 유지하는 데 소요되는 비용이 낮다. 그리고 재고자산에 투입된 자금을 다른 투자안에 투자할 수 있기 때문에, 기업의 수익성이 더 향상될 가능성이 높아진다. 그러나 재고자산회전율이 지나치게 높으면 재고부족으로 인한 판매기회를 상실할 가능성도 존재한다는 점을 고려해야 한다.

따라서 기업들은 재고량을 적정 수준으로 관리할 수 있는 시스템을 갖추도록 노력하고 있다.

예제 2.12

[예제 2.1]의 자료를 이용하여 당기의 재고자산회전율을 산출하시오.

해답

(주)동양의 재무제표를 이용한 재고자산회전율을 계산하면 다음과 같다.

$$\text{재고자산회전율} = \frac{\text{매출액}}{\text{평균재고자산}} = \frac{20{,}638}{(2{,}552+2{,}133)/2} = 8.8\text{회}$$

(2) 매출채권회전율

매출채권회전율은 매출액[3]을 평균매출채권[4]으로 나눈 비율로서 매출채권의 현금화 속도 또는 매출채권에 대한 효율성을 측정하는 데 이용된다. 매출채권회전율이 높다는 것은 매출액에 비하여 적은 매출채권으로 판매활동을 수행하였음을 의미한다.

$$\text{매출채권회전율} = \frac{\text{매출액}}{\text{평균매출채권}} \tag{2.18}$$

3) 매출채권회전율을 계산함에 있어서 분자인 매출액은 현금매출액을 제외한 외상매출금 또는 받을어음 등의 합계액을 사용해야 분모의 매출채권과 동일한 기준이 되지만 실무에서는 이를 구분하는 데 어려움이 있기 때문에 일반적으로 매출총액을 사용한다.

4) 분모의 매출채권은 분자인 매출액이 유량(Flow)개념이기 때문에 평균매출채권을 사용하는 경우가 일반적이다.

매출액이 100억원이고 평균매출채권이 0원에 가까운 기업은 매출채권을 관리 또는 유지하는 데 소요되는 비용이 낮다. 매출채권으로부터 회수된 자금을 다른 투자안에 투자할 수 있기 때문에 기업의 수익성이 향상될 가능성이 높다.

예제 2.13

[예제 2.1]의 자료를 이용하여 당기의 매출채권회전율을 산출하시오.

해답

(주)동양의 재무제표를 이용한 매출채권회전율을 계산하면 다음과 같다.

$$\text{매출채권회전율} = \frac{\text{매출액}}{\text{평균 매출채권}} = \frac{20,638}{(2,347+1,443)/2} = 10.89\text{회}$$

(3) 총자산회전율

총자산회전율은 매출액을 총자산으로 나눈 값으로 자산의 활용도를 표시하는 비율이다. 이 비율이 높으면 기업의 유동자산, 비유동자산 등이 효율적으로 이용되고 있음을 의미하며, 이 비율이 낮은 경우는 과잉투자와 같은 비효율성이 존재함을 의미한다.

$$\text{총자산회전율} = \frac{\text{매출액}}{\text{총자산}} = \frac{\text{매출액}}{(\text{기초총자산}+\text{기말총자산}) \div 2} \quad (2.19)$$

예제 2.14

[예제 2.1]의 자료를 이용하여 당기의 총자산회전율을 산출하시오.

해답

(주)동양의 재무제표를 이용한 총자산회전율을 계산하면 다음과 같다.

$$\text{총자산회전율} = \frac{\text{매출액}}{\text{총자산}} = \frac{20,638}{21,659} = 0.95\text{회}$$

2.7.5 생산성비율

생산성비율은 투입(Input) 대비 산출(Output)을 비교하는 비율로서 기업활동에 필요한 자본, 노동 등의 생산요소가 갖는 효율을 측정하는 지표이다. 활동성비율인 회전율이 매출기준으로 특정자산의 이용효율성을 측정하였다면 생산성비율은 부가가치를 기준으로 생산성을 측정한다. 이때 부가가치란 기업이 지급하는 이익(이윤), 인건비, 지대 및 임차료, 이자, 세금과공과금, 감가상각비를 합계하여 구하게 된다.

$$\text{부가가치} = \text{이익} + \text{인건비} + \text{지대} \cdot \text{임차료} + \text{이자} + \text{세금과공과} + \text{감가상각비}$$

(1) 노동생산성

노동생산성은 부가가치를 종업원의 수로 나눈 값이다. 노동생산성은 노동력 단위당 성과를 나타내는 지표로서 종업원 1인당 부가가치 생산액을 말한다. 이 비율이 높다는 것은 노동력이 효율적으로 이용되어 보다 많은 부가가치를 창출했다는 것을 의미한다.

$$\text{노동생산성} = \frac{\text{부가가치}}{\text{종업원수}} \tag{2.20}$$

이 지표는 동종산업이나 경쟁기업의 평균노동생산성을 측정하여 비교함으로써 기업의 대외경쟁력을 파악할 수 있는 중요한 지표가 된다. 종업원의 1인당 생산성은 종업원 1인당 매출액이나 종업원 1인당 순이익이 함께 이용되기도 한다.

(2) 자본생산성

자본생산성은 부가가치를 총자본으로 나누어 산출한 값이다. 자본생산성은 기업에 투자된 총자본이 1년 동안에 얼마만큼 부가가치액을 산출하였는가를 나타내는 비율로서 총자본투자효율이라고도 한다. 이 비율이 높다는 것은 총자본이 효율적으로 운용되었음을 의미한다.

$$자본생산성 = \frac{부가가치}{총자산(총자본)} \tag{2.21}$$

이 비율은 노동생산성과 함께 생산성 측정에 있어서 가장 기본적인 지표로서 기업의 생산성을 측정하기 위해서는 노동생산성과 자본생산성 두 비율을 종합적으로 고려해야 한다.

2.7.6 시장가치비율

시장가치비율은 기업의 재무상태와 경영성과에 대한 시장의 평가로서 증권시장에서 형성되는 주식가격과 관련된 비율이다. 즉, 증권시장에서 기업의 경영활동과 기업의 전망에 대하여 어떻게 평가하고 있는지를 나타내는 지표이다. 주당순이익(EPS : Earnings Per Share), 배당률(Dividend Yield), 주가수익비율(PER : Price Earnings Ratio), 주가장부가치비율(PBR : Price Book-value Ratio), 토빈의 Q 등이 주로 사용된다.

2.8 손익분기점과 레버리지

2.8.1 손익분기점 분석

손익분기점(BEP : Break Even Point)은 일정기간의 매출액과 그 매출액을 실현하기 위해서 지출된 총비용이 일치하는 점의 매출액 또는 판매량이다. 손익분기점에서는 식 2.22와 같이 좌변의 총수익과 우변의 총비용이 일치한다.

$$\text{판매가격}(P)\cdot\text{판매수량}(Q)=FC(\text{고정비})+V\cdot Q(\text{단위당 변동비}\times\text{판매수량}) \tag{2.22}$$

식 2.22에서 총비용과 총수익이 같다. 이를 판매수량 Q로 정리하면 식 2.23과 같이 총비용과 총수익을 동일하게 하는 손익분기매출량이 산출된다.

$$\text{손익분기매출량}=\frac{FC}{P-V} \tag{2.23}$$

식 2.23의 분모 $(P-V)$는 상품 1단위 판매에 따른 가격과 변동비의 차액으로, 이를 단위당 공헌이익이라고 한다. 따라서 손익분기매출량은 고정비를 단위당 공헌이익으로 나눈 값에 해당한다. 손익분기점 분석을 위해 기업의 고정비와 변동비를 구분할 수 있어야 한다.

〈표 2.3〉 **고정비와 변동비의 구분**

고정비(예시)	변동비(예시)
감가상각비, 고정인건비, 수선유지비, 제세공과금, 보험료, 임차료, 이자비용, 연구개발비, 교육훈련비 등	직접재료비, 직접노무비, 외주가공비, 운반비, 자재비, 판매수수료 등

손익분기점은 매출액 또는 판매량으로 미래의 경영성과를 예측할 수 있고, 기업의 투자결정이나 자금조달결정이 고정비의 증가 또는 경영성과에 미치는 영향을 분석할 수 있어 기업의 운영 및 그 성격을 이해하는 데 핵심적인 정보를 제공한다. 그러나 실제 이러한 손익분기점 분석에는 어려움이 존재한다. 특히, 회계장부상의 개별 비용항목들을 고정비와 변동비로 명확히 구분하기 어려운 경우가 많다. 따라서 기업의

실제 영업상의 특성을 감안한 가정들을 도입해서 손익분기점을 도출하는 것이 일반적이다.

예제 2.15

동양회사는 제품 생산을 위한 고정비가 100만원, 제품 1단위당 변동비가 2만원이 들며, 제품은 1단위당 3만원에 팔린다. 이 기업의 손익분기 매출량과 매출액을 구하시오.

해답

$$\text{손익분기매출량} = \frac{FC}{P-V} = \frac{100}{3-2} = 100\text{단위}$$

손익분기매출액=100단위×3만원=300만원

2.8.2 레버리지효과

레버리지분석은 고정영업비용이나 고정금융비용이 기업의 영업이익이나 주주의 이익에 미치는 영향을 분석하는 것을 말한다.

레버리지효과는 고정비로 인한 손익확대의 효과를 의미한다. 기업의 고정비가 증가할 경우 일반적으로 기업의 성과에 대한 불확실성이 증대된다. 즉, 기업의 비용 중에서 고정비가 변동비보다 큰 비중을 차지하게 되면 경기변동에 의해 매출액 변동이 있을 때 매출액의 변동률보다 영업이익의 변동률이 더 크게 나타난다. 이는 고정비가 많을수록 경기변동에 대한 충격이 상대적으로 더 크다는 원리이다. 고정비의 비중이 높을수록 이것이 지렛대의 역할을 하여 매출액이 일정한 폭으로 증가할 경우 이익의 증가 폭은 더 크고, 반대로 매출액이 일정한 폭으로 감소하면 손실의 확대 폭이 더 커지는 지렛대 현상이 발생한다. 레버리지의 존재는 기업성과의 불확실성, 즉 위험을 증가시키게 된다.

레버리지효과를 측정하는 대표적 사례로 영업레버리지를 살펴본다. 영업레버리지는 매출액 변화에 대한 영업이익의 변화로 측정된다. 즉, 식 2.24와 같은 영업레버리지도(DOL : Degree of Operating Leverage)에 의하여 측정된다.

$$영업레버리지도(DOL) = \frac{영업이익의\ 변화율}{매출액의\ 변화율} \tag{2.24}$$

영업레버리지도는 매출액이 1% 변화할 경우 영업이익이 몇 % 변화하는지를 나타낸다. 만약, 현재의 영업레버리지도가 10일 경우 매출액의 증가가 10% 예상된다면 영업이익의 증가는 100%가 될 것이고, 매출액의 감소가 10% 예상된다면 영업이익의 감소는 100%가 될 것이다.

레버리지도는 경영상 위험을 나타내는 지표이다. 경제의 변동이나 산업의 여건 변화 등으로 매출액의 불확실성이 존재한다. 그런데 동일한 매출액의 변화에 대해서도 레버리지도가 높은 기업은 최종적인 이윤의 변동성이 크게 나타난다. 산업 여건이 악화될 때 레버리지도가 높은 기업들은 이익의 감소폭이 훨씬 크게 나타날 수 있다. 따라서 레버리지도가 높은 경우 주주들은 그에 따른 높은 위험을 보상받기 위해 더 높은 수익을 요구하게 된다.

연습문제

1. 재무관리 측면에서 재무제표가 어떻게 이용되는지 설명하시오.

2. 회계기준에서 규정하고 있는 재무제표에는 어떠한 것들이 있는지 설명하시오.

3. 포괄손익계산서에서 주 영업활동과 관련하여 발생한 이익을 평가하는 항목에 대하여 설명하시오.

4. 현금주의와 발생주의에서 수익과 비용을 측정하는 차이를 설명하시오.

5. 현금흐름표의 개념과 보고형태에 대하여 설명하시오.

6. 재무제표 작성시, 같은 상황에 대해 두 가지 이상의 대체적인 회계처리방법 중 하나를 선택할 수 있는 경우가 있는데, 이러한 경우 나타날 수 있는 장단점을 설명하시오.

7. 재무비율분석시 평가기준에 대하여 설명하시오.

8. 레버리지효과에 대하여 설명하시오.

9. 영업레버리지도가 10이라면 이는 어떤 의미인지를 설명하시오.

CHAPTER

3

재무의사결정을 위한 기본지식 : 화폐의 시간가치

3.1 화폐의 시간가치와 유동성 선호

3.2 현재가치와 미래가치

3.3 현재가치의 특수한 경우

3.1 화폐의 시간가치와 유동성 선호

화폐는 시간이 경과함에 따라 그 가치가 달라진다. 현재의 1,000,000원과 10년 뒤의 1,000,000원은 동일한 가치가 아니다. 만약 지금 당장 1,000,000원을 받을 수 있는 권리와 10년 뒤에 1,000,000원을 받을 수 있는 권리 중 하나를 선택한다고 하면 누구나 당연히 현재 1,000,000원을 지급받을 수 있는 권리를 선택할 것이다. 이와 같이 1,000,000원이라는 명목금액은 동일하더라도 현재의 현금을 미래의 현금보다 더 크게 평가하는 것은 화폐의 시간적 가치 때문이다. 화폐의 시간적 가치는 자금조달, 투자, 가치평가 등 모든 재무관리 분야에서 사용되는 중요한 개념이다.

화폐의 시간적 가치는 일반인의 유동성 선호를 그 바탕으로 한다. 유동성 선호는 모든 형태의 재산 중에서 유동성이 가장 높은 재산을 지니려는 욕구로, 미래의 현금보다 현재의 현금을 선호하는 현상이다.

유동성 선호는 미래의 불확실성과 위험(Risk)을 회피하기 위한 것이다. 사람들은 질병, 파산 등과 같이 미래에 발생할 불확실성과 위험 때문에 현재와 미래의 현금이 동일하다면 현재의 현금흐름을 선호한다. 현재 현금이 있다면 바로 소비를 할 수 있고, 빚이 있다면 바로 갚을 수 있다. 하지만 현금이 없으면 아무리 재산이 많다 하더라도 지금 당장 지출하는 데 제약이 있다.

또한, 유동성 선호는 인플레이션 위협에 대처하는 과정에서도 발생한다. 인플레이션이 발생할 경우 미래의 현금은 현재의 현금보다 실질가치가 크게 하락한다. 즉, 미래의 현금은 그 가치가 급속히 떨어지고 현재의 현금흐름을 선호하게 된다.

3.2 현재가치와 미래가치

현재의 100원과 1년, 2년 또는 3년 후에 받게 될 100원의 가치에는 차이가 있다. 이와 같이 현금흐름이 발생하는 시점의 시간적 가치를 반영하기 위해서 미래가치와 현재가치라는 개념을 사용한다.

일반적으로 미래의 현금은 현재의 현금에 이자를 더한 값이 된다. 이자율이 연 10%일 경우 현재 100원은 1년 후에 110원의 가치가 된다. 즉, 현재 100원이 1년 후에는 원금 100원과 이자 10원(=100원×10%)의 합계인 110원이 되는데, 현재의 100원은 현재가치라고 하고, 미래의 110원은 미래가치라고 한다. 이러한 관계는 2년, 3년 등 미래기간에 계속된다고 하더라도 동일하다. 따라서 미래가치 또는 현재가치는 다음의 세 가지 요소에 의하여 결정된다.

① 미래에 받게 될 현금유입액(C_n)
② 현금이 유입되는 기간(n)
③ 이자율(r)

3.2.1 미래가치

미래가치(Future Value)는 현재 일정금액을 미래 일정시점의 동일한 가치로 환산한 금액으로 측정한다. 이자율(r)이 10%일 경우 원금(C_0) 100원은 1년(n) 후에 원금 100원과 이자 10원의 합계인 110원이 된다. 여기서 110원은 현재시점에서 볼 때 미래가치(FV_1)가 되며, 이는 식 3.1과 같이 원금(C_0) 100원에 $(1+r)^n$인 $(1+0.1)^1$을 곱한 값과 동일하다.

$$\text{미래가치}(FV_1)=\text{원금}(C_0)+\text{이자}(C_0\times r)=C_0\cdot(1+r)^1 \tag{3.1}$$

여기서 이자율 r과 원금 C_0가 동일하고 기간이 2년인 경우의 미래가치(FV_2)를 계산하면 식 3.2와 같이 된다.

$$\text{미래가치}(FV_2) = FV_1 \cdot (1+r) = C_0 \cdot (1+r) \cdot (1+r) = C_0 \cdot (1+r)^2 \quad (3.2)$$

이자율(r)이 10%일 경우 원금(C_0) 100원은 1년 이후에는 110원이 되는데, 이 110원을 다시 1년간 예금하게 되면 2년 후에는 121원이 된다. 이는 원금 100원에 $(1+0.1)^2$을 곱한 값과 동일하다.

(1) 일시불의 미래가치

위와 같은 논리로 기간을 계속 연장한다면 n년 뒤의 미래가치 FV_n은 식 3.3과 같다. 이와 같이 미래가치는 매년 증가된 이자도 포함한 금액이 재투자된다는 것을 가정하여 계산하기 때문에 복리계산이라 한다.

$$FV_n = C_0 \cdot (1+r)^n \quad (3.3)$$

현재 1원의 미래 n시점에서의 가치인 $(1+r)^n$은 미래가치계수(FVIF : Future Value Interest Factor)라고 한다. 이자율과 기간에 따라 미래가치계수는 달라지는데, 보통 미래가치계수표를 이용하여 계산한다. 이자율이 1%~9%이고 기간이 1년~6년인 미래가치계수표는 〈표 3.1〉과 같으며, [예제 3.1]에 필요한 3년, 8%, 미래가치계수 1.2597을 표에서 찾을 수 있다.

〈표 3.1〉 미래가치계수표

n	1%	2%	3%	4%	5%	6%	7%	8%	9%
1	1.0100	1.0200	1.0300	1.0400	1.0500	1.0600	1.0700	1.0800	1.0900
2	1.0201	1.0404	1.0609	1.0816	1.1025	1.1236	1.1449	1.1664	1.1881
3	1.0303	1.0612	1.0927	1.1249	1.1576	1.1910	1.2250	1.2597	1.2950
4	1.0406	1.0824	1.1255	1.1699	1.2155	1.2625	1.3108	1.3605	1.4116
5	1.0510	1.1041	1.1593	1.2167	1.2763	1.3382	1.4026	1.4693	1.5386
6	1.0615	1.1262	1.1941	1.2653	1.3401	1.4185	1.5007	1.5869	1.6771

예제 3.1

A은행이 당신에게 원금 5,000만원을 이자율 8%로 빌려주었고, 이를 당신이 3년 후에 상환해야 한다고 하면, 3년 후 상환해야 할 미래가치는 얼마인가?

해답

3년 이후 미래가치 $FV_3 = C_0 \cdot (1+r)^3 = 5{,}000\text{만원} \cdot (1+0.08)^3 = 6{,}299\text{만원}$
미래가치계수표를 이용하면 이자율 8%, 3년의 미래가치계수는 1.2597이다.
5,000만원×1.2597=6,299만원이 되어 동일한 결과가 된다.

여기서 이자율이 매년 달라질 경우의 미래가치는 이자율이 일정한 경우와 동일한 논리에 의하여 계산하면 된다. 즉, i년의 이자율을 r_i라고 한다면 매년의 재투자되는 이자율은 $(1+r_i)$가 된다. 따라서 원금 C_0에 대한 n년 뒤의 미래가치 FV_n은 식 3.4와 같다.

$$FV_n = C_0 \cdot (1+r_1) \cdot (1+r_2) \cdot (1+r_3) \cdot \cdots \cdot (1+r_n) \tag{3.4}$$

예제 3.2

A은행이 당신에게 원금 5,000만원을 첫 번째 해에 이자율 8%, 두 번째 해에 9%, 세 번째 해에 10%로 3년간 빌려주는 경우 3년 후 상환해야 할 미래가치는 얼마인가?

해답

$FV_3 = 5{,}000\text{만원} \cdot (1+0.08) \cdot (1+0.09) \cdot (1+0.10) = 6{,}475\text{만원}$

(2) 연금의 미래가치

현금흐름이 매년 동일한 금액으로 수차례 이루어질 경우 이를 연금(Annuity)이라 한다. 연금의 미래가치는 매년 받게 되는 연금 C의 미래가치 각각을 모두 합한 값이 된다.

$$FV_n = C \cdot (1+r)^n + C \cdot (1+r)^{n-1} + \cdots + C \cdot (1+r)^2 + C \cdot (1+r)^1$$
$$= C \cdot \left(\frac{(1+r)^n - 1}{r}\right) \tag{3.5}$$

매기 말의 1원을 n년간 수령하는 연금의 n시점의 가치인 $\left(\frac{(1+r)^n - 1}{r}\right)$은 연금의 미래가치계수(FVIFA : Future Value Interest Factor for annuity)라고 한다. 연금의 미래가치계수도 이자율과 연도에 따라 달라지는데, 보통 계산의 편의를 위하여 연금의 미래가치계수표를 이용한다. 〈표 3.2〉는 이자율이 1%~9%이고 기간이 1년~6년인 연금의 미래가치계수표의 일부를 정리한 것이다. [예제 3.3]에 필요한 3년, 8%, 연금의 미래가치계수 3.2464를 표에서 찾을 수 있다.

〈표 3.2〉 연금의 미래가치계수표

n	1%	2%	3%	4%	5%	6%	7%	8%	9%
1	1.0000	1.0000	1.0000	1.0000	1.0000	1.0000	1.0000	1.0000	1.0000
2	2.0100	2.0200	2.0300	2.0400	2.0500	2.0600	2.0700	2.0800	2.0900
3	3.0301	3.0604	3.0909	3.1216	3.1525	3.1836	3.2149	3.2464	3.2781
4	4.0604	4.1216	4.1836	4.2465	4.3101	4.3746	4.4399	4.5061	4.5731
5	5.1010	5.2040	5.3091	5.4163	5.5256	5.6371	5.7507	5.8666	5.9847
6	6.1520	6.3081	6.4684	6.6330	6.8019	6.9753	7.1533	7.3359	7.5233

예제 3.3

매년 말 5,000만원씩 3년간 연금을 받기로 하고 이자율은 8%라고 가정한다면 3년 말에 있어서 해당 연금의 미래가치는 얼마인가?

해답

FV=5,000만원 · $(1+0.08)^2$+5,000만원 · $(1+0.08)^1$+5,000만원=16,232만원
연금의 미래가치계수표를 이용하면 5,000만원×3.2464=16,232만원이다.
$C \cdot \left(\frac{(1+r)^n - 1}{r}\right)$을 이용하였을 경우에도 동일한 결과가 도출된다.

한편, 위에서 설명한 연금의 미래가치는 미래의 현금흐름이 원금 (C_0)으로 고정되어 있다고 가정하였다. 그러나 미래의 현금흐름이 매년 C_i로 변화되는 경우도 존재한다. 이와 같이 미래의 현금흐름이 변화될 경우 미래 특정시점 n년도 말의 미래가치를 계산하기 위해서는 0년도부터 $(n-1)$년도까지의 현금흐름에 대한 가치를 다음과 같이 계산한다.

$$FV_n = C_0 \cdot (1+r)^n + C_1 \cdot (1+r)^{n-1} + \cdots + C_{n-2} \cdot (1+r)^2 + C_{n-1} \cdot (1+r)^1 \quad (3.6)$$

즉, 현재 5,000만원, 1년 뒤 6,000만원, 2년 뒤 7,000만원, 3년 뒤 8,000만원의 현금흐름이 있는 경우 이자율이 8%라면 4년 뒤에 확보하게 되는 미래가치는 [그림 3.1]과 같이 31,165.5만원으로 계산된다.

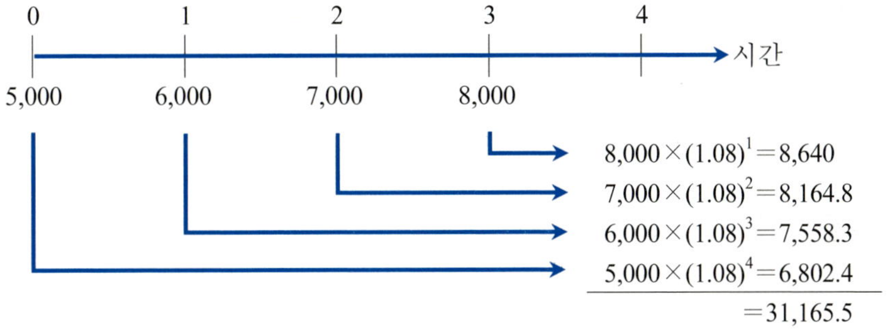

[그림 3.1] 미래가치의 계산

예제 3.4

어떤 사업을 통해 1년 후 5,000만원, 2년 후 6,000만원, 3년 후 7,000만원의 수익을 올릴 수 있다. 이자율이 8%라고 할 때 이 현금흐름의 4년 후 미래가치를 구하시오.

해답

$$FV = 5{,}000\text{만원} \cdot (1+0.08)^3 + 6{,}000\text{만원} \cdot (1+0.08)^2 + 7{,}000\text{만원} \cdot (1+0.08)^1 = 20{,}857\text{만원}$$

예제 3.5

어떤 사업을 통해 현재시점에서 5,000만원, 1년 후 6,000만원의 수익이 발생하고 이자율이 첫해에는 8%, 두 번째 해에는 10%라고 할 때 이 현금흐름의 2년 말 미래가치를 구하시오.

해답

FV=5,000만원 · (1+0.08) · (1+0.1)+6,000만원 · (1+0.1)=12,540만원

3.2.2 현재가치

현재가치(Present Value)는 미래에 발생할 현금흐름을 현재시점의 가치로 평가한 값으로 현가라고도 한다. 이자율(r)이 10%일 경우 현재의 100원은 1년 후에 원금 100원과 이자 10원의 합계인 110원이 된다. 여기서 현재의 100원은 미래의 현금흐름 110원에 대한 현재시점에서의 현재가치(PV)가 되며, 이는 식 3.7과 같이 미래의 현금흐름(C_n) 110원을 $(1+r)^n$인 $(1+0.1)^1$으로 나눈 값과 동일하게 된다.

$$현재가치(PV)=\frac{미래\ 1년\ 후의\ 현금흐름(C_1)}{이자((1+r)^1)} \tag{3.7}$$

기간이 2년인 경우의 현재가치(PV)를 계산한다면, 식 3.8과 같이 된다.

$$현재가치(PV)=\frac{C_2}{(1+r)^2} \tag{3.8}$$

이자율(r)이 10%일 경우 100원은 1년 이후에는 110원이 되는데, 이를 다시 1년간 예금하게 되면 121원이 된다. 즉, 이자율이 10%일 경우 2년 후 현금(C_2) 121원의 현재가치는 100원이다. 2년 후의 현금 121원의 현재가치는 121원을 $(1+0.1)^2$으로 나눈 값과 동일하다.

(1) 일시불의 현재가치

위와 같은 논리로, 이자율이 매년 일정하다고 가정할 때 기간을 계속 연장한다면 n년 뒤의 현재가치 PV는 식 3.9와 같다.

$$PV = \frac{C_n}{(1+r)^n} \tag{3.9}$$

이와 같이 미래의 특정금액을 현재가치로 환산하는 과정에서 미래의 현금흐름을 이자율로 나누게 되는데, 이를 할인(Discounting)이라고 하며, 이때 사용되는 이자율을 할인율(Discount Rate)이라고 한다. 그리고 $\frac{1}{(1+r)^n}$은 미래 n시점에서 발생할 1원의 현재가치를 나타내며, 이를 현재가치계수(PVIF : Present Value Interest Factor)라고 한다. 〈표 3.3〉은 이자율이 1%~9%이고 기간이 1년~6년인 현재가치계수표의 일부를 정리한 것이다. [예제 3.6]에 필요한 3년, 8%, 현재가치계수 0.7938을 표에서 찾을 수 있다.

〈표 3.3〉 현재가치계수표

n	1%	2%	3%	4%	5%	6%	7%	8%	9%
1	0.9901	0.9804	0.9709	0.9615	0.9524	0.9434	0.9346	0.9259	0.9174
2	0.9803	0.9612	0.9426	0.9246	0.9070	0.8900	0.8734	0.8573	0.8417
3	0.9706	0.9423	0.9151	0.8890	0.8638	0.8396	0.8163	0.7938	0.7722
4	0.9610	0.9238	0.8885	0.8548	0.8227	0.7921	0.7629	0.7350	0.7084
5	0.9515	0.9057	0.8626	0.8219	0.7835	0.7473	0.7130	0.6806	0.6499
6	0.9420	0.8880	0.8375	0.7903	0.7462	0.7050	0.6663	0.6302	0.5963

예제 3.6

은행으로부터 3년 후에 5,000만원을 상환하기로 하고 차입하였다. 이자율이 8%라고 한다면 3년 후 5,000만원의 현재가치는 얼마인가?

해답

$PV=\frac{5{,}000\text{만원}}{(1+0.08)^3}=3{,}969$만원이 된다. 만약, 현재가치계수표를 이용할 경우에도 5,000만원×0.7938=3,969만원이 되어 동일한 결과가 된다.

이자율이 매년 달라질 경우의 현재가치는 이자율이 일정한 경우와 동일한 논리에 의하여 계산된다. i년의 이자율 r_i가 매년 다르게 나타날 경우, 미래현금흐름 C_n을 현재가치로 환산하면 식 3.10과 같다.

$$PV=\frac{C_n}{(1+r_1)\cdot(1+r_2)\cdot(1+r_3)\cdot\cdots\cdot(1+r_n)} \tag{3.10}$$

예제 3.7

3년 후에 5,000만원을 갚기로 하였는데, 이자율이 첫해 8%, 두 번째 해 9%, 세 번째 해 10%이다. 이때 3년 후 5,000만원의 현재가치는 얼마인가?

해답

$$PV=\frac{5{,}000\text{만원}}{(1+0.08)\cdot(1+0.09)\cdot(1+0.1)}=3{,}861\text{만원}$$

현재가치는 원금과 이자율이 주어질 때 미래가치를 계산하는 경우와는 정반대의 논리로 구해진다. 이자율이 10%일 경우 현재 100원은 1년 후에 110원이 되는데, 이는 화폐의 시간적 가치를 감안하여 현재가치(PV) 100원과 1년 후의 미래가치(FV_n) 110원을 동일하게 평가한다는 것이다. 이때 현재가치 100원과 미래가치 110원은 상호 교환성을 가지게 되는데, 현재가치 100원을 미래가치로 할증하면 110원, 미래가치 110원을 현재가치로 할인하면 100원이 된다. 즉, 화폐의 시간가치를 통하여 현재가치를 미래가치로 전환하는 경우 할증, 미래가치를 현재가치로 전환하는 경우 할인의 개념이 사용된다. 할증과 할인은 식 3.11과 같이 역의 관계를 형성한다.

$$PVIF = \frac{1}{FVIF} \tag{3.11}$$

(2) 연금의 현재가치

연금의 현재가치는 미래의 일정기간 동안에 매년 일정한 금액을 받는 경우 미래에 받게 될 연금 전체의 현재가치이다. 연금의 현재가치는 식 3.12와 같이 계산된다.

$$\begin{aligned} PV &= \frac{C}{(1+r)} + \frac{C}{(1+r)^2} + \frac{C}{(1+r)^3} + \cdots + \frac{C}{(1+r)^n} \\ &= C \cdot \left[\frac{(1+r)^n - 1}{r \cdot (1+r)^n} \right] \end{aligned} \tag{3.12}$$

여기서 매기 말의 1원을 n년간 수령하는 연금의 현재가치인 $\frac{(1+r)^n - 1}{r \cdot (1+r)^n}$을 연금의 현재가치계수(PVIFA : Present Value Interest Factor for Annuity)라고 한다. 보통 계산할 때에는 현재가치계수를 간단히 정리해놓은 연금의 현재가치계수표를 사용한다. 〈표 3.4〉는 이자율이 1%~9%이고 기간이 1년~6년인 연금의 현재가치계수표의 일부를 정리한 것이다. [예제 3.8]에 필요한 3년, 8%, 연금의 현재가치계수 2.5771을 표에서 찾을 수 있다.

〈표 3.4〉 연금의 현재가치계수표

n	1%	2%	3%	4%	5%	6%	7%	8%	9%
1	0.9901	0.9804	0.9709	0.9615	0.9524	0.9434	0.9346	0.9259	0.9174
2	1.9704	1.9416	1.9135	1.8861	1.8594	1.8334	1.8080	1.7833	1.7591
3	2.9410	2.8839	2.8286	2.7751	2.7232	2.6730	2.6243	2.5771	2.5313
4	3.9020	3.8077	3.7171	3.6299	3.5460	3.4651	3.3872	3.3121	3.2397
5	4.8534	4.7135	4.5797	4.4518	4.3295	4.2124	4.1002	3.9927	3.8897
6	5.7955	5.6014	5.4172	5.2421	5.0757	4.9173	4.7665	4.6229	4.4859

예제 3.8

매년 말 5,000만원씩 3년간 연금을 받기로 하였고 이자율은 8%이다. 이때 이 연금의 현재가치는 얼마인가?

해답

$$PV = \frac{5{,}000\text{만원}}{(1+0.08)^1} + \frac{5{,}000\text{만원}}{(1+0.08)^2} + \frac{5{,}000\text{만원}}{(1+0.08)^3} = 12{,}885\text{만원}$$

만약, 연금의 현재가치계수표를 이용할 경우에는 5,000만원×2.5771=12,885만원이 된다. 또한 $\frac{(1+r)^n-1}{r \cdot (1+r)^n}$을 이용했을 경우에도 동일 결과가 도출된다.

한편, 위에서 설명한 연금의 현재가치는 미래의 현금흐름이 원금(C_n)으로 고정되어 있다고 가정하였다. 그러나 미래의 현금흐름이 매년 변화될 수도 있다. 이와 같이 미래의 현금흐름이 매년 변화될 경우 현재가치는 식 3.13과 같이 계산된다.

$$PV = \frac{C_1}{(1+r)} + \frac{C_2}{(1+r)^2} + \frac{C_3}{(1+r)^3} + \cdots + \frac{C_n}{(1+r)^n} \tag{3.13}$$

현금흐름이 매기간 말에 발생하는 미래의 현금흐름에 대한 현재가치는 각각의 현금에 대한 현재가치의 합계로 계산된다. 1년 뒤 5,000만

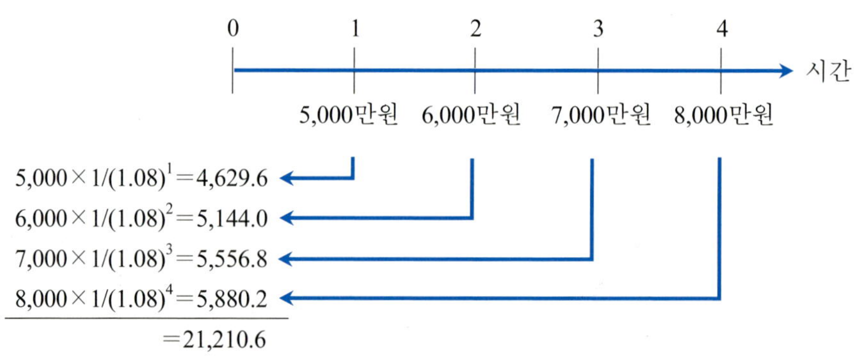

[그림 3.2] **현재가치의 계산**

원, 2년 뒤 6,000만원, 3년 뒤 7,000만원, 4년 뒤 8,000만원의 현금흐름이 있는 경우 이자율이 8%라면 [그림 3.2]와 같이 현재가치는 21,210.6만원으로 계산된다.

예제 3.9

어떤 사업을 통해 1년 후 5,000만원, 2년 후 6,000만원, 3년 후 7,000만원의 수익을 올릴 수 있다. 이자율이 8%라고 할 때 이 사업의 현재가치를 구하시오.

해답

$$PV=\frac{5{,}000\text{만원}}{(1+0.08)^1}+\frac{6{,}000\text{만원}}{(1+0.08)^2}+\frac{7{,}000\text{만원}}{(1+0.08)^3}=15{,}330\text{만원}$$

예제 3.10

어떤 사업을 통해 1년 후에 5,000만원, 2년 후 6,000만원의 수익이 발생하고 이자율이 첫해에는 8%, 두 번째 해에는 10%라고 할 때 이 현금흐름의 현재가치를 구하시오.

해답

$$PV=\frac{5{,}000\text{만원}}{(1+0.08)}+\frac{6{,}000\text{만원}}{(1+0.08)\cdot(1+0.1)}=9{,}680.1\text{만원}$$

3.3 현재가치의 특수한 경우

3.3.1 영구연금의 현재가치

영구연금(Perpetuity Annuity)이란 매기 동일한 금액을 영구적으로 지급받을 수 있는 연금을 말한다. 영구연금의 현금흐름은 무한히 계속되므로 미래가치를 계산하는 것은 불가능하다. 하지만 무한히 계속되는 영구연금의 현재가치는 계산가능하여 재무의사결정에 도움이 된다.

향후 매년 말에 C에 해당하는 금액이 영구적으로 지급되며 이자율이 r인 경우, 영구연금의 현재가치는 식 3.14와 같다.

$$PV = \frac{C}{(1+r)} + \frac{C}{(1+r)^2} + \frac{C}{(1+r)^3} + \cdots + \frac{C}{(1+r)^\infty} = \sum_{t=1}^{\infty} \frac{C}{(1+r)^t} \quad (3.14)$$

식 3.14를 무한등비수열 공식에 따라 간단하게 정리하면 식 3.15와 같이 영구연금의 현재가치가 구해진다. 이러한 현금흐름은 매년 배당금이 일정한 계속기업의 이론적 주식가치를 산출할 경우에도 이용된다.

$$PV = \frac{C}{r} \quad (3.15)$$

예제 3.11

매년 말 배당금이 5,000만원씩 영원히 지급되는 주식의 현재가치를 구하시오. 이자율은 8%이다.

해답

$$PV = \frac{C}{r} = \frac{5{,}000\text{만원}}{8\%} = 62{,}500\text{만원}$$

영구연금의 지급금액이 매년 일정비율로 증가하는 경우(성장형 영구연금)의 현재가치는 다음과 같이 계산된다. 1년 뒤에 C에 해당하는 금액이 지급되고 이후 매년 지급금액이 $(1+g)$의 비율로 증가하여 n년 말에는 $C \cdot (1+g)^{n-1}$의 금액이 지급되고 이러한 성장이 영구적으로 이루어지는 경우의 현재가치는 식 3.16과 같다.

$$PV = \frac{C}{(1+r)} + \frac{C \cdot (1+g)}{(1+r)^2} + \frac{C \cdot (1+g)^2}{(1+r)^3} + \frac{C \cdot (1+g)^3}{(1+r)^4} + \cdots \quad (3.16)$$

영구연금의 현재가치를 산출하는 방식과 동일하게 성장형 영구연금의 현재가치 PV는 식 3.17과 같이 간단하게 정리된다.

$$PV = \frac{C}{r-g} \tag{3.17}$$

이 공식은 매년 배당금이 일정하게 성장하는 기업의 이론적 주식가치를 산출할 경우에도 이용된다. 그런데 성장률 g가 r보다 작은 경우에만 적용이 가능하며, g가 r보다 큰 경우와 g가 0보다 작은 경우에는 매우 비정상적인 상황이 발생하는데, 이러한 경우는 우리의 관심대상은 아니다.

예제 3.12

(주)동양의 배당금은 5,000만원이 지급되며, 이후 매년 5%씩 성장한다고 가정할 때 (주)동양의 주식가치는 얼마인가? 단, 이자율은 8%이다.

해답

$$PV = \frac{C}{r-g} = \frac{5{,}000\text{만원}}{8\% - 5\%} = 166{,}666\text{만원}$$

3.3.2 단리와 복리의 계산

금융기관에 예금을 하거나 펀드 등에 가입할 때 금융기관에서 제시하는 이자율이 단리인지 복리인지를 파악하고 의사결정을 해야 한다.

복리는 일정한 기간이 끝날 때마다 투자원금에 이자를 포함한 합계액을 다음 기간 초의 투자원금으로 하여 이자를 계산하는 방법이다. 복리는 투자기간 중에 덧붙여진 이자가 원금과 같이 재투자되어 이자에 이자가 발생하는 원리이다. 예를 들어, 3년 만기의 정기예금에 가입하는 경우 미래가치를 식 3.18과 같이 구할 수 있다. 이 계산식에서는 원금에만 이자가 붙는 것이 아니라, 이자로 받은 금액에 대해서도 그 다음 연도에 이자가 붙도록 계산된다. 이자에도 이자가 붙게 되는 것으로, 이러한 이자계산 방식이 복리이다.

$$FV_3 = C_0 \cdot (1+r)^3 \tag{3.18}$$

은행에 만기 3년, 이자율 8%인 정기적금 5,000만원을 복리로 가입하였다고 할 경우 만기시의 현금흐름은 〈표 3.5〉와 같이 6,299만원이다.

〈표 3.5〉 복리계산에 따른 현금흐름

기 간	투자원금	이자율	이자금액	투자원금+이자
1년	5,000	8%	400	5,400
2년	5,400	8%	432	5,832
3년	5,832	8%	467	6,299

한편, 단리계산에서는 특정 투자원금에 대해서만 이자가 발생하고, 재투자가 일어나는 시점에의 재투자금액이 당초 투자원금과 동일한 것으로 한다. 즉, 원금에 대해서만 이자가 발생하며 중간의 이자수익에 대해서는 이자가 붙지 않는다. 3년 만기로 단리예금에 가입하는 경우 만기에 돌려받는 금액을 $\overline{FV_3}$라고 할 때 식 3.19와 같이 계산된다.

$$\overline{FV_3} = C_0 + C_0 \cdot r + C_0 \cdot r + C_0 \cdot r \tag{3.19}$$

식 3.19는 원금 C_0와 1년마다 지급되는 이자 $C_0 \cdot r$이 3회 지급된 합계를 계산한 것이다. 이를 확장하여 생각하면 n년 만기의 단리예금의 미래가치는 식 3.20과 같이 계산된다.

$$\overline{FV_n} = C_0 + n \cdot C_0 \cdot r \tag{3.20}$$

은행에 만기 3년, 이자율 8%인 정기적금 5,000만원을 단리로 가입하였다고 할 경우 만기시의 현금흐름은 〈표 3.6〉과 같이 6,200만원이다.

〈표 3.6〉 단리계산에 따른 현금흐름

기 간	투자원금	이자율	이자금액	투자원금+이자
1년	5,000	8%	400	5,400
2년	5,000	8%	400	5,800
3년	5,000	8%	400	6,200

위 사례에서처럼 단리보다 복리의 미래가치가 높다. 복리는 전기에 발생된 이자를 투자원금에 가산하여 재투자하기 때문에 전기에 발생된 이자가 새로운 이자를 발생시키지만, 단리는 복리와 같은 전기의 이자가 재투자되지 않는다. 따라서 결국 복리가 단리보다 더 높은 이자수익을 발생시킨다.

[그림 3.3]은 1원을 이자율 10%로 저축했을 경우 단리와 복리의 미래가치 변화를 기간에 따라 보여준다. 복리와 단리의 차이는 만기가 길어질 경우 커지게 되며, 따라서 예금상품을 선택할 때 단리인지 복리인지를 확인하는 것은 매우 중요하다.

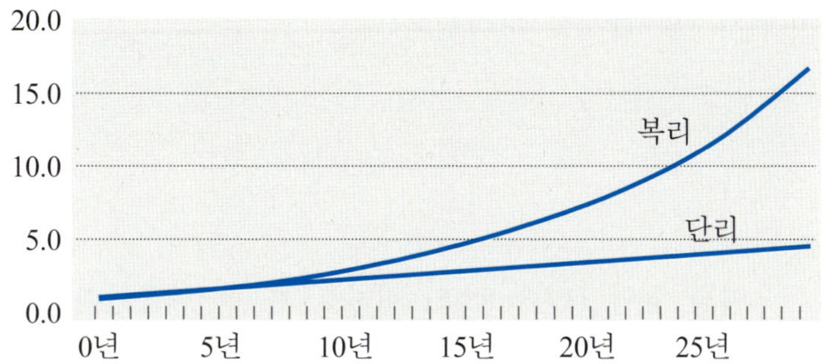

[그림 3.3] 이자율 10% 상황에서 단리와 복리의 미래가치 변화

또한 [그림 3.4]는 복리방식에서 이자율의 차이가 기간에 따른 미래가치에 어떠한 영향을 미치는지 보여주고 있는데, 복리방식에서 이자율 차이는 만기가 길어질 경우 상당한 미래가치의 차이를 발생시킨다.

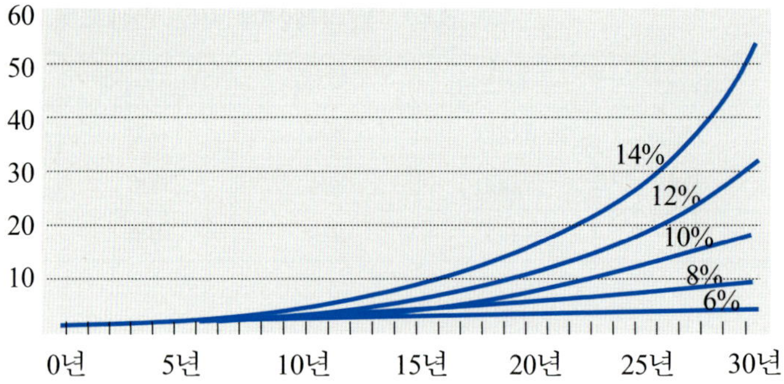

[그림 3.4] 복리이자율 변화에 따른 만기 가치의 변화

3.3.3 명시이자율과 실효이자율

지금까지 이자율은 1년 단위로 제시되었다. 그러나 실제로 금융기관 등에서는 이자를 6개월, 3개월, 1개월 등으로 지급할 수도 있다. 이 경우 1년 단위의 이자율 지급보다는 더 많은 금액이 실제 이자로 지불된다. 식 3.21은 1년에 m번으로 n년간 복리로 이자를 지급할 경우 현재가치와 미래가치의 관계를 나타낸다.

$$FV = PV\left(1+\frac{r}{m}\right)^{n\times m} \tag{3.21}$$

예를 들어 1년에 8%인 이자를 한 번 지급한다고 하면 연이자율은 8%이다. 그러나 1년에 8%인 이자를 6개월마다 4%씩 두 번 복리로 지급한다고 하면 연이자율은 $1\cdot(1.04)\cdot(1.04)-1=0.0816$으로 8.16%가 된다. 이때 연간 8%의 이자율은 명시이자율(Quoted Interest Rate)이라고 하고, 8.16%를 실효이자율(Effective Interest Rate)이라고 한다.

1년에 매월마다 1%의 이자율로 12회를 지급하는 상품이 있을 수 있다. 이 경우 연간이자율은 12%라고 표시하고 이는 명시이자율에 해당한다. 그러나 복리방식의 이자를 지급할 경우 월 1%의 이자율은 연단위 12.68%에 해당하며 해당 이자율은 실효이자율에 해당된다.

연습문제

1. 화폐의 시간적 가치는 유동성 선호의 개념을 그 바탕에 두고 있다. 유동성 선호의 개념은 무엇이며 투자자들이 유동성을 선호하는 이유는 무엇인가?

2. 미래가치 또는 현재가치를 결정하는 세 가지 요소를 적으시오.

3. 연간이자율 6%로 1년 말, 2년 말, 3년 말에 각각 2만원씩을 예금하는 경우 3년 말의 예금잔액은 얼마인가?

4. 지금부터 5년 이후의 해외여행자금 2,000만원을 마련하기 위해서 5%의 이자율로 매년 복리계산되는 정기예금에 가입하려고 한다. 1년 초 현재 얼마의 금액을 예금해야 5년 말 시점에 2,000만원의 금액을 찾을 수 있는가?

5. 1년 말에는 300만원, 2년 말에는 400만원, 3년 말에는 500만원의 현금이 유입될 것으로 예상되는 투자안이 있다. 할인율이 8%라고 할 때 이 투자안의 1년 초의 현재가치는 얼마인가?

6. 매년도 말에 50만원씩의 현금을 무한지급하는 종신연금이 있다. 시장이자율이 10%라고 하면 이 종신연금의 현재가치는 얼마인가?

7. 분기별로 이자를 복리로 지급하는 은행예금의 명목이자율이 연간 8%일 경우 1년 단위로 환산되는 실효이자율은 얼마인가?

8. 연리 8%로 500만원을 저축할 때 6개월마다 복리로 계산해 주는 예금과 1개월마다 복리로 계산해 주는 예금이 있다면 어느 쪽이 유리한가를 계산근거와 함께 제시하시오.

CHAPTER

4

채권 및 주식의 가치평가

4.1 가치평가의 의의

자산에 대한 가치평가는 이론적으로 그 자산에서 실현될 미래의 현금흐름을 적절한 할인율로 할인한 현재가치를 산출함으로써 이루어질 수 있다. 재무관리에서 가치평가는 주로 채권과 주식에 대해서 필요한데, 현재가치의 개념을 이용하여 채권이나 주식에서 발생하는 미래현금흐름을 현재가치로 평가하여 가치평가를 할 수 있다.

기업에서는 이익이 발생하고 또한 주주들에 대해 배당이 이루어진다. 이러한 미래의 현금흐름을 적절한 할인율로 할인하면 해당 기업의 현재가치를 구할 수 있다. 이는 해당 기업의 주식의 가치와 이론적으로 비례한다.

적절한 할인율은 미래의 현금흐름에 대한 위험을 반영하여 결정한다. 투자자산을 n기간 동안 보유하고, 매 기간마다 CF_n의 현금흐름이 발생한다고 가정할 경우 해당 자산의 가치는 식 4.1과 같이 산출된다.

$$V = \frac{CF_1}{(1+r)^1} + \frac{CF_2}{(1+r)^2} + \frac{CF_3}{(1+r)^3} + \cdots + \frac{CF_n}{(1+r)^n} = \sum_{t=1}^{n} \frac{CF_t}{(1+r)^t} \quad (4.1)$$

이는 미래현금흐름의 현재가치를 산출할 때와 기본적으로 동일하다. 이 식에 채권과 주식의 요소를 반영하여 가치평가를 할 수 있다.

4.2 채권의 가치평가

4.2.1 채권의 미래현금흐름

주식의 미래현금흐름은 매우 다양한 요인에 의해 영향을 받기 때문에 이를 예측하는 데 어려움이 있으나, 채권의 경우 매우 정확한 가치평가가 가능하다. 채권의 경우에는 매년 받을 이자액과 만기에 받을 금액, 그리고 시장에서 유사한 채권 거래에 적용되는 유효이자율 정보가 제공되기 때문에 미래 특정시점에 만기가 도래하는 회사채의 현재가치를 거의 정확히 계산할 수 있다. 채권의 종류 중에는 미래현금흐름의 패턴에 따라 할인채, 이표채, 영구채 등이 있다.

(1) 할인채

할인채는 만기도래시 채권에 표기된 금액을 일시에 지급하며, 이 외에 기타의 현금흐름이 발생하지 않는다. 만기에 지급되는 금액을 액면가라고 한다. 만기가 n이고 현재가치를 구하기 위해 적용되는 할인율이 r이라고 하면 이 채권의 현재가치는 식 4.2와 같이 표현된다.

$$PV = \frac{C_n}{(1+r)^n} \tag{4.2}$$

예제 4.1

5년 말에 500만원을 지급하는 할인채의 현재가치를 구하시오. 할인율은 10%이다.

해답

$$PV = \frac{500\text{만원}}{(1+0.1)^5} = 310.5\text{만원}$$

(2) 이표채

이표채는 만기에 액면가를 지불할 뿐 아니라 매년 말 액면가에 약속된 이자도 지급하는 채권이다. 이때 약속된 이자율을 표면이자율(또는 액면이자율)이라 한다. 예를 들어 만기 5년에 액면가가 500만원, 표면이자율이 5%라면, 향후 매년 말 500만원의 5%에 해당하는 25만원의 이자가 지급되며 만기에는 액면가 500만원과 이자 25만원이 함께 지급된다. 이러한 이표채의 현재가치는 액면가 C_n과 이자 I들의 현금흐름의 합계로 표현된다. 각각의 현금흐름의 현재가치를 PV_F와 PV_I로 표현하면 식 4.3 및 식 4.4와 같다.

$$PV_F = \frac{C_n}{(1+r)^n} \tag{4.3}$$

$$PV_I = \frac{I}{(1+r)} + \frac{I}{(1+r)^2} + \frac{I}{(1+r)^3} + \cdots + \frac{I}{(1+r)^n} \tag{4.4}$$

이때 채권의 현재가치 PV는 PV_F와 PV_I의 합으로 구해진다.

예제 4.2

만기 5년에 액면가가 500만원, 표면이자율이 5%인 이표채의 현재가치를 구하시오. 현재가치 계산을 위한 할인율은 10%이다.

해답

$$PV = PV_F + PV_I = \frac{500\text{만원}}{(1+0.1)^5} + \frac{25\text{만원}}{(1+0.1)^1} + \frac{25\text{만원}}{(1+0.1)^2} + \frac{25\text{만원}}{(1+0.1)^3} + \frac{25\text{만원}}{(1+0.1)^4}$$

$$+ \frac{25\text{만원}}{(1+0.1)^5} = 405.2\text{만원}$$

(3) 영구채

영구채는 만기가 없는 채권으로 원금상환이 이루어지지 않고 영구적으로 이자만 지급하는 채권이다. 영구채의 가격은 영구연금의 현재가치를 계산하는 식과 동일하며, 식 4.5와 같다.

$$PV_I = \frac{I}{(1+r)} + \frac{I}{(1+r)^2} + \frac{I}{(1+r)^3} + \cdots + \frac{I}{(1+r)^n} = \frac{I}{r} \qquad (4.5)$$

예제 4.3

매년 말에 50만원의 이자를 영구적으로 지급하는 영구채의 현재가치를 구하시오. 할인율은 10%이다.

해답

$$PV = \frac{I}{r} = \frac{50\text{만원}}{0.1} = 500\text{만원}$$

(4) 채권의 특수한 유형(전환사채 및 신주인수권부사채)

전환사채(CB : Convertible Bond)는 일반 회사채에 주식으로 전환할 수 있는 권리인 전환권을 부가한 사채이다. 따라서 부채로서의 성격과 자본으로서의 성격을 동시에 지니고 있다. 전환사채도 미래현금흐름의 현재가치 계산에 의하여 가치를 계산하는데, 계산과정에서 전환권에 해당하는 가치를 별도로 산출할 수 있다. 즉, 회사채 현재가치 계산에 의하여 1,000만원의 가치가 있는 전환사채를 1,300만원에 발행하였다면, 300만원이 전환권대가가 된다.

한편, 신주발행시에 우선적으로 주식을 인수할 수 있는 권리를 신주인수권이라 하는데, 회사채를 발행할 때 이러한 권리를 첨부한 것을 신주인수권부사채(BW : Bond with stock Warrants)라 한다. 전환사채는 중도에 회사채 자체를 주식으로 전환하는 것이므로 주식전환이 되고 나면 회사채로서의 기능은 중단된다. 대신, 주식대금을 새로이 납입할 필요는 없다. 그러나 신주인수권부사채에서는 회사채의 부분은 만기까지 정상적으로 진행이 되어 원금을 회수할 수 있다. 다만, 유상증자처럼 할인된 가격으로 현금을 지불하고 신주를 인수할 권리가 회사채에 추가로 부여되어 있다. 전환사채와 마찬가지로 미래현금흐름의 현재가치를 초과하는 금액을 받았다면 이 부분이 신주인수권대가이다.

예제 4.4

20×1년 초에 다음 조건의 신주인수권부사채가 액면가인 100만원에 발행되었다. 회사채로서의 가치와 신주인수권대가의 가치는 각각 얼마인가?

- 사채액면 1,000,000원
- 만기 20×3년 말
- 표면이자율 연 10%
- 사채발행 당시의 시장이자율 연 15%

해답

신주인수권부사채의 미래현금흐름의 현재가치

⇒ 1,000,000×0.65752(15%, 3년)+100,000×2.28323(15%, 3년 연금)

=657,520+228,323=885,843원(회사채로서의 가치)

⇒ 신주인수권대가의 가치 : 1,000,000−885,843=114,157원

4.2.2 채권가격과 채권수익률

채권가격은 채권으로 인하여 미래에 받을 수 있는 현금흐름의 현재가치로 측정되는데, 유효이자율(시장이자율)과 표면이자율(액면이자율)의 차이에 따라 가격이 변동된다. 만일 어떤 회사가 발행한 채권이 2년 동안 연말에 100원씩의 이자(표면이자율 10%)를 지급하고, 2년 말에 원금 1,000원을 지급하기로 되어 있는데, 유효이자율이 10%라면 이 채권을 지금 사려 할 때 그 가격은 식 4.6과 같이 1,000원이다.

$$PV_0 = \frac{100}{(1+0.1)^1} + \frac{100}{(1+0.1)^2} + \frac{1,000}{(1+0.1)^2} = 1,000\text{원} \quad (4.6)$$

유효이자율이 10%인데, 채권을 사도 10%의 이자를 받으니까 결국 원금인 1,000원이 이 채권의 현재가치가 된다는 것이다. 그런데 시장의 유효이자율이 처음 10%에서 8%나, 12%로 달라지면 이 채권의 가격은 어떻게 될까?

표면이자율은 발행 이후 만기일까지 고정되어 있으므로 채권발행 이후 유효이자율이 하락한다면(예컨대, 8%로) 채권의 가격은 오른다. 1,000원을 갖고 다른 금융상품을 구입하면 8%의 이자율밖에 받을 수 없는데, 이 채권을 사면 10%의 수익률을 얻을 수 있다. 따라서 투자자들은 이 채권을 서로 사려고 할 것이고, 결국 채권가격은 오르게 된다.

반대로 시장에서 유효이자율이 12%로 상승한다면, 1,000원짜리 다른 금융상품을 구입했을 때 120원의 이자를 받을 수 있다. 그런데 이 채권에서는 100원밖에 받지 못한다. 따라서 이 채권을 갖고 있는 사람들은 이 채권을 팔고 다른 채권을 구입하려 할 것이다. 서로 이 채권을 팔고자 하므로 결국 이 채권의 가격은 하락한다.

즉, 채권의 가격결정에 있어서 가장 중요한 것은 유효이자율과 표면이자율의 차이이다. 표면이자율은 이자금액의 계산을 위하여 필요할 뿐이고, 실질적으로는 유효이자율에 의해서 이 채권의 가격이 결정된다. 채권의 가격은 유효이자율과 역의 관계에 있게 되는데, 발행가에 따라 다음과 같이 액면발행, 할인발행, 할증발행으로 구분된다.

(1) 표면이자율 = 유효이자율 : 액면발행
(2) 표면이자율 < 유효이자율 : 할인발행
(3) 표면이자율 > 유효이자율 : 할증발행

채권가격과 유효이자율의 관계를 그래프로 보면 [그림 4.1]과 같다.

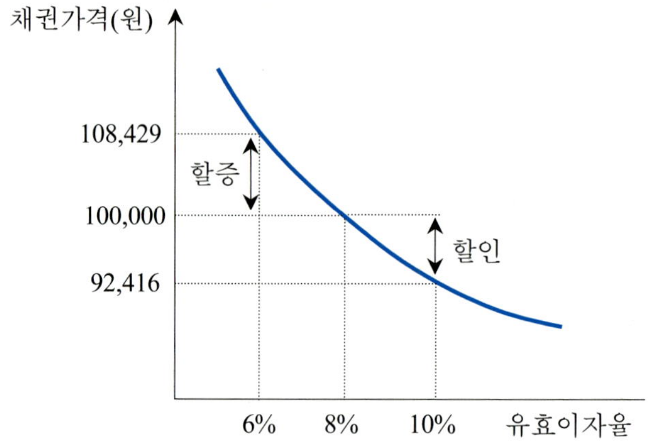

[그림 4.1] **채권가격과 유효이자율**

예제 4.5

20×1년 초에 동양(주)는 액면금액 10만원의 회사채(채권)를 발행하였다.

- 회사채(채권)의 발행일은 20×1년 1월 1일
- 3년 후인 20×3년 12월 31일에 일시상환될 것
- 회사채(채권)의 표면이자율은 연 10%로서 12월 말에 후급됨
- 유효이자율은 회사채(채권)를 발행할 당시에는 12%였으며 20×1년 말에는 8%, 그리고 20×2년 말에는 11%가 됨
- 회사의 결산일은 매년 12월 31일

(1) 회사채(채권)의 발행가는 얼마인가?
(2) 20×1년 말 회사채(채권)의 공정가치는 얼마인가?
(3) 20×2년 말 회사채(채권)의 공정가치는 얼마인가?

해답

〈취득시점 : 20×1년 1월 1일〉

이자의 현가 : $10{,}000\times(1/1.12+1/1.12^2+1/1.12^3)=24{,}018$원

원금의 현가 : $100{,}000\times1/1.12^3=71{,}178$원

발행가 : $24{,}018+71{,}178=95{,}196$원

〈20×1년 12월 31일〉

이자의 현가 : $10{,}000\times(1/1.08+1/1.08^2)=17{,}833$원

원금의 현가 : $100,000 \times 1/1.08^2 = 85,734$원
채권의 공정가치 : $17,833 + 85,734 = 103,567$원

〈20×2년 12월 31일〉
이자의 현가 : $10,000 \times 1/1.11 = 9,009$원
원금의 현가 : $100,000 \times 1/1.11 = 90,090$원
채권의 공정가치 : $9,009 + 90,090 = 99,099$원

4.2.3 채권수익률의 위험과 구조

채권은 지급이자와 원금상환액이 정해져 있어 미래의 현금흐름을 확정할 수 있기 때문에 주식투자보다 투자위험이 적다고 할 수 있다. 물론, 발행기업의 파산, 시장이자율 변동 등으로 채권의 이자와 원금을 원래 계획대로 지급받을 수 없는 위험에 처할 수도 있다. 아래에서는 채권투자에 따른 위험요인에 대하여 검토한다.

(1) 이자율변동위험

이자율변동위험에는 가격위험과 재투자위험이 있다. 가격위험은 이자율 상승시 채권가격 하락, 이자율 하락시 채권가격 상승에 따라 자본손실(또는 자본이득)이 발생할 위험이다. 재투자위험은 이자 수령 후 해당 이자를 재투자할 때, 처음에 기대했던 수준의 수익률 실현이 어려운 시장 상황에 직면할 위험이다.

가격위험과 재투자위험은 서로 상쇄되는 경향이 있지만 이들이 완전히 상쇄되지 않기 때문에 이자율 변동에 따른 투자위험이 발생한다. 상쇄효과를 극대화시키기 위하여 듀레이션 전략을 이용하기도 한다(듀레이션 전략은 뒷부분에서 살펴본다).

(2) 구매력위험

구매력위험은 예상하지 못한 인플레이션으로 이자율이 상승함으로써 채권가격이 하락할 위험인데, 인플레이션 위험이라고도 한다. 인플레이션은 화폐의 구매력을 약화시키므로 물가상승이 예상될 경우 현재의 이자율에 기대인플레이션만큼 가산한 이자가 요구될 것이다. 투자자가 기대인플레이션을 완벽하게 예상할 경우에는 인플레이션율이 추가된 이자율을 처음부터 고려하기 때문에 구매력위험이 발생하지 않는다. 하지만 현실적으로 기대인플레이션을 완벽하게 예상하는 것은 불가능하기 때문에 실제인플레이션과 기대인플레이션의 차이가 발생할 경우에는 구매력위험이 발생한다.

(3) 채무불이행위험

채무불이행위험(Default Risk)은 채권 발행기업의 경영실적이 악화되어 약정된 이자나 원금을 상환할 수 없는 상태에 빠질 위험을 말한다.

수익률 스프레드는 만기가 같은 채권이라도 발행자의 위험이 상이하기 때문에 채권자의 수익률도 다르게 나타나는 현상을 말한다. 수익률 스프레드는 식 4.7 및 식 4.8과 같이 채무불이행위험프리미엄과 위험프리미엄의 합계로 나타난다. 이는 동일한 만기에도 불구하고 개별채권의 수익률이 다르게 나타나는 원인을 설명한다.

$$\text{채무불이행위험프리미엄} = \text{약속수익률} - \text{기대수익률} \tag{4.7}$$

$$\text{위험프리미엄} = \text{기대수익률} - \text{무위험수익률} \tag{4.8}$$

위험프리미엄은 해당 채권의 기대수익률과 무위험수익률 간의 차이를 말하는 것인데, 무위험수익률이란 투자금액의 손실가능성이 거의 0인 투자안으로부터의 수익률을 의미한다. 국채수익률 정도면 무위험수익률로 간주될 수 있다.

기대수익률은 미래에 실제로 실현될 것이라고 예상되는 수익률의 기대치를 말한다. 만약 해당 기업이 부도가 날 경우 약속된 현금흐름을 받을 수 없는 상황이 나타날 수 있는데, 이런 위험이 기대수익률에 반영된다.

한편, 기업의 부실화 가능성을 감안하여 더 높은 수익률이 제시되는데, 그 수익률 전부를 약속수익률이라 한다. 예를 들어, 1년 후에 110만원을 돌려줄 것을 약속하는 순수할인채로 100만원의 가격에 매입할 수 있는 채권이 있다고 하자. 이 채권의 약속수익률은 10%이다. 그런데 이 회사는 10%의 확률로 부도가 발생할 수 있으며, 부도의 경우 80만원만이 회수될 수 있다. 이 채권의 기대수익률은 식 4.9와 같이 7%로 산출된다.

$$\text{기대수익률} = \frac{90\% \cdot 110\text{만원} + 10\% \cdot 80\text{만원}}{100\text{만원}} - 1 = 7\% \tag{4.9}$$

이제 국채수익률 등에 근거하여 무위험수익률이 5%라고 가정하면 기대수익률, 무위험수익률, 약속수익률 간의 관계를 통해 위험프리미엄과 채무불이행위험프리미엄을 정의할 수 있다.

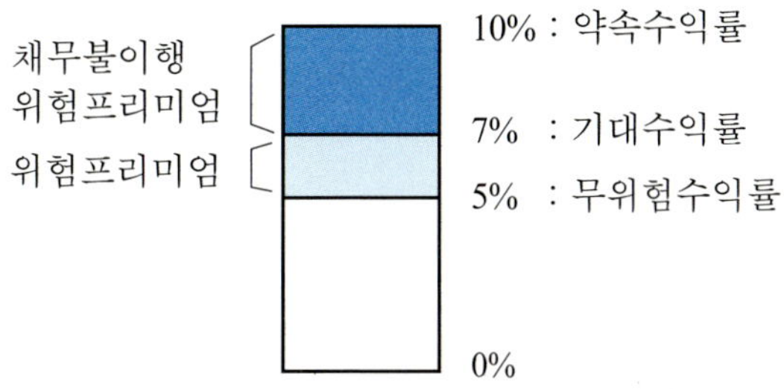

[그림 4.2] 채무불이행위험프리미엄과 위험프리미엄

예제 4.6

무위험수익률이 4%일 경우 1년 뒤에 120만원을 받기로 약속하고 100만원을 빌려주는데, 10%의 확률로 전액을 회수하지 못할 것으로 예상된다. 이 경우의 위험프리미엄 및 채무불이행위험프리미엄은 얼마인가?

해답

기대수익률=(10%×0원+90%×120만원)/100만원－1=8%

위험프리미엄 : 4% (기대수익률－무위험수익률)

약속수익률=120만원/100만원－1=20%

채무불이행위험프리미엄 : 12% (약속수익률－기대수익률)

(4) 유동성위험

유동성이 높아 시장에서 현금화가 용이한 채권의 가격은 더 높을 것이다. 반면, 유동성이 낮은 채권의 가격은 낮을 것이다.

유동성위험은 보유채권을 매각하려 할 때 시장에서 수요가 부족하여 거래가 원활하지 않을 경우에 나타난다. 즉, 시중의 자금사정이 악화되는 경우, 원하는 시기와 가격에 매매하지 못하는 경우에 이러한 현상이 발생한다. 즉, 매각할 수 없거나 매각은 할 수 있지만 적정가격을 받지 못하게 될 위험이 유동성위험인 것이다. 이때 투자자들은 기대수익률과 약속수익률에 추가하여 유동성위험에 대한 대가를 요구할 수 있는데, 이를 유동성프리미엄이라 한다.

4.2.4 채권수익률의 기간구조

채권수익률의 기간구조(Term structure of Bond Yields)는 일정시점에서 다른 조건은 모두 동일하고 만기만 상이한 채권들의 만기수익률과 만기의 관계를 말하는 것으로 이자율의 기간구조(Term to Interest Rate)라고도 한다.

실제 시장에서 나타나는 이자율의 기간구조는 일반적으로 만기가 길어질수록 현물이자율이 증가하는 형태를 가진다. 만기가 길어질수록 채권의 불확실성이 증가하며, 그에 대한 보상으로 더 높은 이자율을 요구하기 때문이다. 예를 들어 현재 우량기업이라면 향후 1년 내에 부도가 날 가능성은 매우 낮기 때문에 1년 만기 채권의 경우 상당히 낮은 이자율로 채권을 발행할 수 있을 것이다. 그러나 만기가 10년이라면, 현재는 우량기업이지만 10년 후에 어떻게 될지는 확신하기 어렵다. 따라서 10년 만기에서는 1년 만기에서보다 더 높은 이자율을 요구하게 된다. 만약 30년 만기라면, 30년 후에 이 회사가 계속 우량기업으로 남아 있을지는 상당히 불확실하다. 따라서 만기가 길어질수록 더 높은 이자율을 부과하는 것이 일반적이다.

4.2.5 듀레이션

듀레이션(Duration)은 채권으로부터 미래에 유입될 현금의 유입시기를 고려하는 것으로, 투자한 원금이 회수되는 평균기간을 고려하는 지표이다. 즉, 원금과 이자수입 현금흐름의 상환기간을 계산한 것이다. 이 개념은 투자안으로부터 발생하는 총현금흐름의 현재가치를 분모로, 각 기간별로 발생하는 현금흐름의 현재가치를 분자로 놓고 각 기간(1년, 2년, 3년 등)을 가중치로 하여 곱함으로써 평균 몇 년에 현금이 회수되는가를 측정한다.

예제 4.7

액면가 1,000원, 만기 3년, 시장이자율 6%, 표면이자율 7%인 채권의 듀레이션은 얼마인가?

해답

Duration $= 1 \times 66.04/1,026.73 + 2 \times 62.30/1,026.73 + 3 \times 898.39/1,026.73$

$\Rightarrow$ 2.81068년

기 간	현금흐름	현재가치요소	현재가치
1	70	1/1.06	66.04
2	70	$1/1.06^2$	62.30
3	1,070	$1/1.06^3$	898.39
합 계			1,026.73

듀레이션은 채권의 만기가 길수록 길어진다. 늦은 시점의 현금흐름이 많을 경우 그쪽으로 가중치가 더 비중 있게 계산되므로 듀레이션도 늦어진다. 또한, 채권의 표면이자율이 높아지면 매년 받는 이자금액의 가중치가 상대적으로 높아진다는 의미이므로 듀레이션은 짧아진다. 시장이자율이 높아지면 최근의 현금수령액의 가중치가 높아지고 늦게 수령하는 현금의 현재가치가 낮아지므로 듀레이션은 짧아질 것이다.

듀레이션은 시간이 경과하면서 달라질 수 있다. 시장이자율이 고정적이라면 처음에 설정된 듀레이션이 변하지 않겠지만, 매년 시장이자율이 변동하게 되면 1년이 지난 시점, 혹은 2년이 지난 시점에서 재계산된 듀레이션 산출식의 분모가 달라져 잔여 듀레이션 기간이 조정된다.

예제 4.8

액면가 1,000원, 만기 3년, 시장이자율 8%, 표면이자율 7%인 채권이 발행되었다면 듀레이션은 얼마이겠는가? (시장이자율이 높아진 경우의 예)

해답

[예제 4.7]과 비교하여, 듀레이션 계산은 다음과 같이 달라진다. 즉, 시장이자율이 상승함에 따라 듀레이션은 짧아진다.

$$\text{Duration} = 1 \times 64.82/974.23 + 2 \times 60.01/974.23 + 3 \times 849.40/974.23$$

$$\Rightarrow 2.8053\text{년}$$

기 간	현금흐름	현재가치요소	현재가치
1	70	$1/1.08$	64.82
2	70	$1/1.08^2$	60.01
3	1,070	$1/1.08^3$	849.40
합 계			974.23

4.3 주식의 가치평가

주식의 이론적 가치는 기업의 미래현금흐름의 현재가치로 산출할 수 있다. 즉, 미래의 현금흐름, 배당, 투자기간, 할인율에 근거하여 주식의 이론적 가치가 평가된다. 이러한 요소들을 활용한 주식의 평가방법으로는 배당평가모형이 있다.

4.3.1 배당평가모형

배당평가모형은 전통적으로 가장 많이 가치평가에 이용되어온 방법이다. 주주는 일정기간 동안의 주식투자를 통해 두 가지 형태의 수익, 즉 배당수익과 미래의 주식매각 대금을 얻을 수 있다. 배당수익과 주식매각 대금을 주식투자자의 요구수익률(할인율)로 할인한 현재가치가 이론적 주식가치라고 할 수 있다. 만약 투자자가 주식을 매각하지 않는다고 가정하면 주식의 가치는 미래의 영원히 지속되는 모든 배당수익의 현재가치로 측정할 수 있다. 무한대 기간까지의 배당수익은 식 4.10과 같이 나타낼 수 있다. 이론적으로 가장 타당한 주식의 가치평가모형이라 할 수 있다.

$$V = \frac{D_1}{1+r} + \frac{D_2}{(1+r)^2} + \frac{D_3}{(1+r)^3} + \cdots = \sum_{t=1}^{\infty} \frac{D_t}{(1+r)^t} \qquad (4.10)$$

V : 현 시점에서 모형을 통하여 추정된 주식가치
D_t : t시점에서 기대되는 배당금
r : 할인율

만약 현재 어떤 기업의 주가가 100원이라 하면, 이 가격은 주식시장에서 수요공급의 논리에 의하여 형성된 이 기업의 가치가 100원이라는 의미이다. 이는 수요자와 공급자가 현재 시점에서 판단할 때 이 기업의 주식을 계속 보유하고 있을 경우 얻게 되는 미래현금흐름의 현재가치가 100원이라는 뜻이라 할 수 있다. 또한 이 주식을 무한대 기간 동안 보유할 경우 미래 유입될 배당수익의 이론적인 현재가치가 100원이라는 의미이기도 하다.

예제 4.9

매년 10원씩의 배당을 받고 2년째 말에 100원에 매각할 수 있다고 가정한다면, 주식의 이론적인 가격은 얼마인가? 단, 할인율은 10%라고 가정한다.

해답

$$V=\frac{10}{(1+0.1)^1}+\frac{10}{(1+0.1)^2}+\frac{100}{(1+0.1)^2}=100\text{원}$$

(1) 항상성장모형

항상성장모형은 이익과 배당이 매년 g%만큼 일정하게 성장한다고 가정할 때 주식의 이론적 가치를 계산하는 모형이다. 항상성장모형에서는 성장에 필요한 자금을 내부금융만으로 조달하고, 이익과 배당은 일정한 성장률(g)로 영속적으로 성장하며, 요구수익률(k)은 일정하나 성장률(g)보다는 크고, 내부유보율과 배당성향이 일정하다고 가정한다. 항상성장모형은 식 4.11과 같다.

$$V=\frac{D_1}{(1+k)}+\frac{D_1(1+g)}{(1+k)^2}+\cdots+\frac{D_1(1+g)^{\infty}}{(1+k)^{\infty}} \tag{4.11}$$

여기서 요구수익률(k)이 일정하면서 성장률(g)보다 크다면 공비가 $(1+g)/(1+k)$인 무한등비수열이므로 이를 정리하면 식 4.12와 같다. 즉, 주식의 내재가치는 다음 해의 기대배당을 요구수익률과 성장률의 차이로 나눈 값이 된다.

$$V = \frac{D_1}{k-g} \tag{4.12}$$

예제 4.10

다음 해에 20원의 배당을 받을 예정에 있고 그 이후 매년 5%의 성장을 하는 기업의 이론적인 주식가격은 얼마인가? 단, 할인율은 10%라고 가정한다.

해답

$$V = \frac{20}{(0.1-0.05)} = 400\text{원}$$

(2) 제로성장모형

제로성장모형은 기업이 성장하지 못하고 현상유지만 하는 경우 주식 등의 가치를 측정하는 모형이다. 제로성장을 가정할 경우 매기의 배당수준은 $D_1 = D_2 = \cdots = D_\infty$이 되어 매기의 배당수준이 같다. 제로성장모형은 고정배당모형이라고도 하는데, 항상 일정한 배당을 지불하는 기업의 주식평가에 유용하다. 요구수익률(k)이 일정하다면 주식의 내재가치는 식 4.13과 같이 표시된다. 식 4.12에서 $g=0$이라고 하는 것과 동일하다.

$$V = \frac{D_1}{k} \tag{4.13}$$

예제 4.11

다음 해에 20원의 배당을 받을 예정에 있고 그 이후에도 영원히 20원씩의 배당을 받을 수 있는 기업의 주식가격은 얼마인가? 단, 할인율은 10%라고 가정한다.

해답

$$V = \frac{20}{0.1} = 200\text{원}$$

미래의 배당흐름이 일정하다고 가정하는 것은 현실적이지 못하다. 기업의 배당은 기업의 경영환경, 제품수명주기 등으로 변동하는 것이 일반적이다. 즉, 실무적으로 배당평가모형을 사용하여 주식가치를 측정하는 것은 상당히 어렵다. 1~2년간의 단기간 배당을 예측한다는 것은 가능할 수 있으나, 무한기간 동안의 배당을 지속적으로 정확하게 예측한다는 것은 불가능하기 때문이다. 또한, 배당의 크기는 기업의 배당정책에 따라 시기 및 크기가 수시로 변하는 특성이 있는데, 경영진이나 이사진이 수시로 교체되는 상황에서 기업의 정책이 수년간 일관성 있을 것이라는 기대는 실제로는 불가능하다.

4.3.2 시장가치비율에 의한 평가모형

기업의 가치를 정하는 데 가장 주요한 회계 변수는 '당기순이익' 혹은 '순자본'이다. 이러한 당기순이익 또는 순자본과 주가의 관계에 대해서는 '과연 현재의 주가가 당기순이익의 몇 배이면 그 주가수준이 적정한가?' 혹은 '현재의 주가가 순자본의 몇 배가 되면 적정한가?' 등의 의문이 있을 수 있다. 이러한 질문에 응답하기 위한 지표가 시장가치비율이며, 주가수익비율, 주가장부가치비율 등이 대표적이다.

(1) 주당순이익

주당순이익(EPS : Earnings Per Share)은 식 4.14와 같이 당기순이익을 보통주 발행주식수로 나눈 비율이다. 이는 보통주 1주당 당기순이익의 크기를 나타내는 지표로서 주식의 가격을 평가할 때 기본적으로 이용되는 지표이다.

$$\text{주당순이익}(EPS)=\frac{\text{당기순이익}}{\text{보통주 발행주식수}} \qquad (4.14)$$

주당순이익이 높다는 것은 보통주 1주당 기업이 벌어들인 이익이 높다는 것을 의미한다. 회사 A의 주당순이익은 100원인 데 반하여 회사 B의 주당순이익은 10원이라고 한다면 회사 A는 보통주 1주당 100원의 이익을 벌어들이고 회사 B는 보통주 1주당 10원을 벌어들인다는 것이다. 투자자의 입장에서 회사 A가 회사 B보다 보통주 1주당 이익을 더 많이 벌어들이기 때문에 회사 A에 대하여 투자를 하려 할 것이고, 회사 A의 주가가 높게 형성된다.

(2) 주가수익비율

주가수익비율(PER : Price Earnings Ratio)은 식 4.15와 같이 현재의 주가(P)를 주당순이익(EPS)으로 나눈 것이다. 이는 주당순이익 1원에 대하여 현재 투자자가 구입하는 주식가격의 상대적 크기를 나타내는 지표로, 해당 주식에 대한 투자자의 기대수익이 반영된 지표이다.

$$\text{주가수익비율}(PER)=\frac{\text{주가}(P)}{\text{주당순이익}(EPS)} \tag{4.15}$$

주가수익비율이 높다는 것은 이익의 수준에 비해 상대적으로 주식의 가격이 높다는 것을 의미한다. 회사 A의 주가수익비율은 10이고 회사 B의 주가수익비율은 1이라고 한다면 회사 A에 대하여는 투자자가 주당순이익 1원에 대하여 10원을 투자하고 있는 반면, 회사 B에 대하여는 투자자가 주당순이익 1원에 대하여 1원을 투자하고 있다는 뜻이다. 이는 투자자들이 회사 A의 미래의 수익성이 높다고 전망하여 A의 현재 이익수준에 비해 주가를 높게 평가하고 있음을 의미한다. 다만, 주가수익비율이 높다고 하여 미래의 수익성이 반드시 높은 것은 아니다. 왜냐하면 주가수익비율의 분모인 주당순이익이 지나치게 낮은 경우에도 상대적으로 주가수익비율이 높게 산출될 수 있기 때문이다.

일반적으로 이러한 주가수익비율을 이용하여 주식의 저평가 여부를 판단한다. 특정기업의 주가수익비율을 동일산업의 평균 주가수익비율과 비교하여 특정기업의 주식가격이 과대평가 또는 과소평가되었는지를 검토하게 된다. 건설산업의 10개 기업들의 주가수익비율이 평균적으로 10일 때 A건설회사의 주가수익비율이 20이라면, 이때 A건설회사의 주식은 과대평가되어 있다고 판단하는 식이다(물론, A건설회사가 다른 건설회사보다 미래 성장가능성이 높다고 판단할 수도 있다).

예제 4.12

(주)동양의 주당순이익(EPS)은 50,000원이고 현재 주가는 500,000원이며, (주)서양의 주당순이익은 5,000원(EPS)이고, 주가는 80,000원이다. (주)서양의 PER은 얼마인가? 그리고 (주)동양의 미래 성장가능성이 (주)서양과 비슷하다고 시장이 판단한다면, (주)동양의 기대주가는 얼마라고 할 수 있겠는가?

해답

$$PER_{(주)서양} = \frac{주가}{주당순이익} = \frac{80{,}000}{5{,}000} = 16$$

따라서 (주)동양의 현재 주가 500,000원은 저평가된 것으로 판단된다. (주)동양의 기대주가는 (주)서양의 PER을 반영하여 16×50,000원=800,000원이 된다.

(3) 주가장부가치비율

주가장부가치비율(PBR : Price Book-value Ratio)은 식 4.16과 같이 주식가격을 주당 장부가치(BV : Book value)로 나눈 비율이다. 이는 순자산 장부가치 1원에 대하여 투자자가 구입할 의사가 있는 주가수준이라 할 수 있다.

$$주가장부가치비율(PBR) = \frac{주가(P)}{주당\ 장부가치(BV)} \tag{4.16}$$

여기서 주당 장부가치는 기업의 자산에서 부채를 차감한 자기자본을 발행주식총수로 나눈 값이다. 주가장부가치비율이 높은 경우는 주당 장부가치 대비 주식의 가격이 높다는 것을 의미한다. 회사 A의 주가장부가치비율은 10인 데 반하여 회사 B의 주가장부가치비율은 1이라고 한다면 회사 A에 대하여는 투자자가 주당 장부가치 1원에 대하여 10원을 투자할 의사가 있는 반면, 회사 B에 대하여는 주당 장부가치 1원에 대하여 1원을 투자할 의사가 있다는 것이다. 이는 투자자들이 회사 A의 현재 주당 장부가치보다 더 높은 미래의 수익성이 있다고 전망하여 주가를 높게 평가하고 있음을 의미한다(물론, 회사 A의 주가가 과대평가되었다고 판단하는 투자자도 있을 것이다).

다만, 기업의 주당 장부가치를 계산함에 있어서 기업의 자산과 부채를 역사적 원가로 평가하느냐 또는 공정가치로 평가하느냐에 따라 그 평가결과가 달라질 수 있음에 유의해야 한다. 역사적 원가로 평가할 경우 기업의 주당 장부가치는 실제 가치보다 낮아지는 경향이 있기 때문이다.

(4) 토빈의 Q

토빈의 Q는 자산의 시장가치를 그 자산의 대체원가로 나눈 비율이다.

$$\text{토빈의 } Q = \frac{\text{자산의 시장가치}}{\text{자산의 대체원가} } = \frac{\text{주식시장에서 평가된 기업의 가치}}{\begin{array}{c}\text{실물시장에서 기업 구성에 필요한}\\ \text{각각의 자본설비를 구입할 수 있는 가격}\end{array} } \tag{4.17}$$

토빈의 Q는 기업이 새로운 사업에 진출할 때 기존의 사업체를 인수할 것인지 또는 기계장치 등 신규 사업에 필요한 자원들을 각각 구입하여 새로 사업체를 만들 것인지를 결정할 때 유용하게 이용된다. 여기서 대체원가는 기업이 보유하고 있는 자산을 장부상 비용이 아니라 실제로 대체하는 데 드는 비용을 추정한 것이다. 인플레이션이 존재하면 대체원가가 취득원가를 초과하게 되기 때문에 대체원가를 측정하는 것이 중요하다. 예를 들면, 10년 전에는 자동차를 2,000만원에 구입할 수 있었다. 따라서 취득원가는 2,000만원으로 기재되어 있다. 하지만 현재 자동차를 구입하기 위해서는 3,000만원이 필요하다. 이때 자동차의 가격을 2,000만원이 아니라 3,000만원으로 산정해야 한다는 것이 대체원가의 개념이다.

4.3.3 본질가치를 이용한 평가모형

전술한 방법들은 이론적인 개념들이라 할 수 있다. 즉, 현실적으로 이용가능한 주가산출을 위해 적용하기에는 어렵다는 단점이 있다. 주가평가와 관련하여 미래 무한대 기간까지의 배당, 현금흐름, 이익수치는 현재 시점에서 알 수 없으며 PER, PBR도 그 자체만으로 적정주가 수준을 평가하기는 어렵기 때문이다.

신규 상장을 주관하는 금융기관에서는 '본질가치'를 이용하여 주식가격을 결정하기도 한다. 이미 주식시장에서 거래되는 주식의 경우 현재 주식시장에서 형성된 주가가 가장 믿을 만한 기업의 가치로 볼 수 있다. 그러나 아직 상장되지 않아 주식시장에서 거래되지 않은 기업의 경우, 주식가격을 어떻게 산정해야 하는가의 문제가 존재한다. 이런 경우에 기업의 본질가치를 산정하고, 이 본질가치를 기반으로 신규 상장 예정 기업의 주식가격을 평가한다.

본질가치(내재가치)를 산출하기 위해서는, 발행회사의 현재 순자산(자산가치)과 장래의 이익창출능력(수익가치)을 우선 추정하여 가중치를 부여하고 주식가치를 산출해야 한다. 본질가치를 계산하는 공식도 정의하기에 따라 여러 가지가 있을 수 있다. 이러한 공식은 학술적으로 어느 정도 합의가 이루어진 '가치평가모형' 이론들과는 달리 각 금융기관마다 조금씩 변형하여 가중치를 다르게 쓰거나 정의를 다르게 하는 실무지향적인 방법이다. 예를 들면, 다음과 같이 본질가치를 평가하는 금융기관이 있을 수 있다.

$$\text{본질가치} = \text{자산가치} \times 40\% + \text{수익가치} \times 60\% \tag{4.18}$$

식 4.18의 자산가치는 주로 순자산을 공모전 발행주식총수로 나눈 값으로 적용하곤 한다. 또한, 수익가치는 주당 추정이익을 예측한 후 이를 적절한 할인율로 나누어 현재가치를 산출하여 공식에 적용하기도 한다.

연습문제

1. 가치평가의 개념과 그 결정요인에 대하여 설명하시오.

2. 다음 각 경우에 주식의 가치를 평가하시오(시장이자율(=할인율) 10%).

(1) A주식으로부터 20×1년 말과 20×2년 말에 각각 15원씩 배당을 받고 20×2년 말에 100원에 매각할 수 있다. 배당평가모형에 의한 이 주식의 20×1년 초의 이론적 가치는 얼마인가?

(2) B주식으로부터 매년 2,000원의 배당을 영원히 받는다. 배당평가모형에 의한 이 주식의 현재 이론적 가치는 얼마인가?

(3) C주식으로부터 매년 100원씩의 배당을 3년간 받고 20×3년 말에 2,500원에 매각할 수 있다면 이 주식의 현재 주가는 이론상 얼마가 되는가?

(4) D주식으로부터 영원히 230원씩의 배당을 매년 받을 수 있다면 현재의 주가는 이론상 어떻게 될 것인가?

3. PER과 PBR의 의의에 대하여 설명하시오.

4. 채권의 가격결정에서 유효이자율과 표면이자율의 관계에 대하여 설명하시오.

5. 20×1년 1월 1일 동양(주)는 액면금액 10,000원의 사채를 발행하였다.

- 사채의 표면이자율은 연 10%이며, 이자는 결산일인 12월 말에 후급된다.
- 이 사채는 2년 후인 20×2년 12월 31일에 일시에 상환된다.
- 20×1년 1월 1일의 시장이자율은 8%였으며, 이후 시장이자율은 20×1년 12월 31일에 12%로 변하였다.

(계산참고) $1/1.12=0.893$, $1/1.12^2=0.797$, $1/1.1=0.909$, $1/1.1^2=0.826$,
$1/1.09=0.917$, $1/1.09^2=0.842$, $1/1.08=0.926$, $1/1.08^2=0.857$

(1) 20×1년 초 사채의 발행금액은 얼마였겠는가?

(2) 20×1년 말 (이자 수령 이후) 사채의 공정가치는 얼마인가?

6. 20×1년 7월 1일에 액면 10,000원, 표면이자율 10%, 3년 만기의 회사채를 발행하였다. 이자지급일은 매년 6월 30일이며, 결산일은 12월 31일이다. 이 회사채를 각각 아래의 발행금액으로 발행하였다고 가정하고, 회사채 가치의 변화를 추정해 보시오.

(1) 9,520원(할인발행의 경우이며, 역산을 해 보면 유효이자율은 12%임)

(2) 10,515원(할증발행의 경우이며, 역산을 해 보면 유효이자율은 8%임)

CHAPTER

5

자본예산편성과 투자의사결정

5.1 자본예산편성의 의의

기업은 지속적인 성장을 추구하기 위하여 신제품 생산, 품질향상, 원가절감 등의 노력을 하면서, 생산설비를 개선하고자 계획하고 투자한다. 이러한 계획과 투자는 단기적이고 소규모의 투자가 아니며 장기적이고 대규모 투자라는 성격을 가진다. 이러한 투자는 비용이 많이 소요되고 장기간 동안 기업의 재무구조에 영향을 미치기 때문에, 체계적으로 투자대상을 탐색하고 평가하여 선택하는 과정이 필요하다.

자본예산(Capital Budgeting)은 장기적이고 대규모 투자에 해당하는 비유동자산에 대한 투자를 수행하기 위하여 기업이 수행하는 총괄적인 투자계획과정이다. 자본예산은 기업의 경쟁력과 성장에 중요한 영향을 미칠 뿐만 아니라 장기에 걸쳐 투자가 이루어지기 때문에 실패할 경우 기업부실화로 이어지는 등 기업에 미치는 위험도 매우 높다.

자본예산편성을 할 때 주요 고려사항은 다음과 같다.

첫째, 자본예산은 장기투자에 대한 총괄계획이다. 즉, 토지, 건물, 기계설비 등의 시설확장이나 영업권 등의 비유동자산 및 이와 관련된 비유동부채, 자기자본과 같은 항목과 연관되어 있다. 이는 단기재무관리가 주로 유동자산 및 유동부채를 다루는 것과 차이가 있다.

둘째, 자본예산은 대규모의 자본을 필요로 한다. 기업의 자본은 누적된 이익잉여금을 제외하고는 대부분 외부로부터 조달된 자금으로 이루어지므로, 재무담당자는 거액의 자금지출에 대한 자금조달계획을 세우고 장기적인 관점에서 자금의 수요와 공급을 예측할 수 있도록 관리해야 한다.

셋째, 신제품, 신기술 등 대규모 또는 장기적인 투자가 이루어질 경우 기업의 유동성이 상실될 위험이 크다. 또한 일단 투자가 이루어진 경우에는 그 변경이나 취소가 어려우며, 다른 기업에 매각하여 재활용하기 어려운 특성이 있다. 따라서 투자가 실패할 경우 기업의 존립에도 영향을 미칠 수 있다는 점을 고려해야 한다.

넷째, 자본예산은 기업의 경영전략과 일치해야 한다. 기업의 경쟁력 등을 확보하기 위한 신제품, 신기술 개발, 그리고 이를 바탕으로 기업의 성장동력을 확보하기 위한 경영전략과 함께 추진되어야 한다.

5.2 자본예산편성의 주요 절차

자본예산편성의 구체적인 절차는 기업의 업종, 규모 등 개별기업의 상황에 따라 차이가 있으며 그 과정 또한 매우 복잡하지만, 일반적으로 대부분의 기업에 적용될 수 있는 기본적 자본예산편성 절차는 다음과 같다.

① 투자목적의 설정
② 투자안 탐색과 분류
③ 투자안의 분석과 평가(기대현금흐름의 추정과 평가)
④ 최적 투자안의 선정과 집행(자금조달)
⑤ 투자안에 대한 재평가 및 사후관리

첫째, 자본예산에 있어서 투자의 목적을 분명히 해야 한다. 투자결정을 하기 전에 법률적 환경, 경제적 환경 등 외부환경뿐만 아니라 경쟁사의 사업확장 또는 신기술의 도입과 같은 위협이나 기업가치를 증가시킬 수 있는 기업 내부환경을 분석할 필요가 있다. 이러한 환경분석을 통하여 투자의 필요성이 인식되면 기업이 투자를 통해 획득하고자 하는 목적을 계량화하는 것이 바람직하다.

둘째, 투자목적이 결정되면 주어진 목적에 부합할 것으로 예상되는 투자안을 탐색하고, 이 중 일정기준을 만족하는 안들을 선정한다. 투자안은 독립적인 투자안과 상호종속적인 투자안으로 분류할 수 있다.

① 독립적인 투자안 : 어떤 투자안의 선택여부가 다른 투자안을 선택할지 여부에 영향을 미치지 않는 경우의 투자안

② 종속적인 투자안 : 어떤 투자안의 선택여부가 다른 투자안의 선택에 영향을 미치는 경우로 다시 상호배타적 투자안과 상호종속적 투자안으로 구분된다.

- 상호배타적 투자안 : 어떤 투자안을 선택하면 다른 투자안은 자동적으로 포기할 수밖에 없는 투자안(도로 포장을 아스팔트로 할지 시멘트로 할지를 결정하는 경우, 아스팔트 포장을 결정하면 자연히 시멘트 포장안은 폐기된다. 아스팔트 포장과 시멘트 포장을 동시에 할 수는 없다)
- 상호종속적 투자안 : 한 투자안이 결정되면 이와 더불어 다른 투자안이 필연적으로 수반되어야 하는 투자안(아파트를 만들 것을 결정하면 자연스럽게 전기, 수도, 진입도로 등도 만들어야 한다)

셋째, 각 투자안을 분석하여 평가할 때, 재무관리의 주된 관심사항이 되는 것이 투자안의 경제성이다. 투자안의 경제성을 평가하기 위해서는 투자안의 기대현금흐름을 추정하고 의사결정기준에 비추어 적절한 투자안인지를 평가해야 한다.

넷째, 각 투자안 중 최적 투자안이 선정되면, 그 선정된 사업을 추진하는 데 필요한 자금을 조달하고 집행한다. 투자안을 집행하는 과정에서 처음 투자안을 분석할 때의 환경과 조건에 변동이 있을 수 있다. 이를 감안하여 투자안이 여전히 기업의 목표를 달성하고 있는지를 재평가하고 사후관리해야 한다.

5.3 현금흐름추정

투자안의 경제성을 평가하고, 자금조달계획을 수립하기 위하여 사전적으로 현금흐름에 대한 추정을 해야 한다. 일반적으로 기업의 성과를 측정할 때에는 이익을 기준으로 판단하지만 이익은 회계기준에 따라 산출한 평가지표이기 때문에 흑자도산의 위험성 등 평가에서 한계점이 있다. 따라서 투자안의 평가, 부채상환, 배당금 지급 등 재무활동에서는 현금흐름을 중요한 분석대상으로 한다.

5.3.1 현금흐름추정의 원칙

현금흐름의 추정은 몇 가지 원칙을 지켜 정확하게 이루어져야 한다.

(1) 회계기준상의 비용과 차이를 고려하여 현금흐름을 추정

투자안의 경제성 분석은 회계적 관점의 수익과 비용이 아닌 현금흐름 관점에서 추정되어야 한다. 회계적 관점의 수익과 비용은 발생주의 원칙 및 수익·비용 대응의 원칙에 의해 측정되는 것으로 이는 실제 현금의 유입 및 유출과는 차이가 있다. 이를 고려한 분석이 이루어져야 한다.

예를 들어, 감가상각비 등 비현금지출비용은 당기에 현금이 유출되는 것이 아니라 자산구입 당시 유출된 현금에 대하여 회계원칙에 따라 비용으로 인식하는 것일 뿐이므로, 현금흐름추정에서 이를 감안해야 한다. 또한, 외상매입이나 외상매출이 발생한 경우 수익·비용의 인식과 현금의 유입·유출액이 다르다. 이런 경우에도 이익이 아닌 현금관점에서 평가해야 한다.

(2) 투자안 선택에 따른 영향만 반영

현금흐름의 추정은 투자안의 선택에 따른 영향만을 반영해야 하며, 투자안의 선택과 무관하게 발생하는 현금흐름은 구별해 주어야 한다.

첫째, 매몰비용(Sunk Cost)은 투자의사결정에서 배제한다. 매몰비용이란 과거의 투자결정을 통해 이미 현금유출이 이루어진 비용으로 이미 지불된 비용이기 때문에 현재의 투자의사결정과 관련이 없다. 설계비, 시장조사비는 투자안과 관련하여 발생한 비용이지만 과거에 완료되었으며 앞으로의 수입·지출에는 영향을 미치지 않는다. 이런 비용은 미래의 현금흐름에는 영향을 미치지 않는 매몰비용이므로 의사결정시 고려하지 않는다.

둘째, 기회비용(Opportunity Cost)은 특정 투자안을 선택함으로써 상실하게 되는 다른 투자안의 금전적 가치이다. 기업이 농지로 사용하고 있던 토지에 사옥을 신축할 경우, 농지로 사용할 때 얻었던 농산물 수익은 기회비용인 것이다. 기회비용은 투자안 평가를 위한 현금흐름에 반영해야 한다.

셋째, 투자안 채택에 따른 부수효과(Side Effects)가 고려되어야 한다. 투자안을 채택함에 따라 다른 투자안의 매출이나 비용 등에 영향을 미치는 경우 이에 대한 경제적 영향을 평가해야 한다. 신제품을 출시함에 있어서 해당 제품이 기존 제품의 대체제일 경우에는 신제품 매출이 증가할 때 기존 제품의 매출은 감소한다. 이때 신제품의 효과에서 기존 제품의 매출액 감소 영향도 고려해야 한다.

넷째, 순운전자본(Net Working Capital)의 증감을 고려해야 한다. 만약 새로운 기계장치를 구입함에 따라 재고자산이 크게 증가하더라도 이러한 자산이 현금화되는 데에 상당한 기일이 걸리고 수리·유지 비용 등이 계속 발생한다면 이는 실질적인 현금의 유출효과를 발생시키게 된다. 투자의사결정에서는 이러한 순운전자본의 현금흐름도 반영해야 한다.

(3) 세금의 효과

현금흐름은 세금을 납부한 이후를 기준으로 측정해야 한다. 세금은 실질적인 현금의 유출이므로 통상적인 지출과 동일하게 고려할 수 있다. 예를 들어, 정부가 지원하는 분야로의 신규투자에 의하여 기계장치를 구입할 경우 투자세액공제가 있으면 이는 실질적인 현금유입에 해당되므로 이를 반영하여 현금흐름을 계산하고, 유형자산 처분시 처분이익의 발생에 따른 추가적인 세금이 있으면 이에 대한 세금효과를 현금지출로 반영해야 한다.

(4) 분석기간

현금흐름의 추정기간을 어느 정도로 할 것인가가 고려되어야 한다. 투자안에서 특정자산의 비중이 높은 경우 해당 자산의 예상되는 사용기간을 분석기간으로 하는 것이 합리적이다. 그러나 일반적으로 경제성 평가는 보수적 관점에서 이루어지는데, 분석기간을 길게 할수록 분석결과가 긍정적으로 나오는 경향이 있으므로, 보수적 관점에서 분석기간을 내용연수보다 짧게 잡는 것이 바람직하다.

분석기간이 정해지면 분석기간 말 자산의 잔존가치도 고려할 필요가 있다. 투자안에 포함된 자산들 중 분석기간 말 이후에도 지속적 가치를 창출할 수 있거나 처분하여 현금을 회수할 수 있는 경우 그 가치를 현금흐름추정에 반영한다.

5.3.2 현금흐름추정의 방법

투자안으로부터 발생되는 현금흐름추정은 현금흐름의 발생시점에 따라 최초투자시점, 투자기간, 투자종료시점으로 구분하여 실시한다. 최초투자시점에서는 자산투자와 관련된 현금유출이 대규모로 발생하며, 투자기간 동안에는 투자안에 의하여 발생하는 현금유입이 발생한다. 그리고 투자종료시점에서는 자산매각 등과 관련한 현금유입이 발생할 수 있다.

(1) 최초투자시점

최초투자시점에서는 자산의 매입금액, 설치비 및 시운전비, 순운전자본에 대한 투자액 등이 발생한다. 만약 최초투자액에 대하여 법인세법상 투자세액공제 등 공제액이 발생할 경우에는 이를 현금유출액에서 제외하거나 현금유입으로 처리하여 계산한다. 또한 기존 자산을 매각하는 대체투자의 경우 기존 자산의 매각대금, 매각에 따른 세금효과 등을 추가로 반영한다. 이를 식으로 나타내면 다음과 같다.

$$
\begin{aligned}
\text{최초투자액} = & \text{자산구입가격} + \text{설치비 및 시운전비} \\
& + \text{순운전자본에 대한 투자액} - \text{기존 자산의 매각대금} \\
& \pm \text{세금효과} - \text{법인세법상 투자세액공제액} \qquad (5.1)
\end{aligned}
$$

(2) 투자기간

투자기간 동안에 발생하는 영업활동에 의한 현금흐름의 유입은 수년에 걸쳐 이루어진다. 투자기간 동안의 영업활동에 의한 현금흐름은 매출액 변동분(모두 현금매출 가정), 영업비용 변동분(모두 현금으로 지출 가정), 감가상각비 변동분 등의 영향을 받는다. 투자기간 동안의 영업활동에 의한 현금흐름은 다음과 같이 추정한다.

$$
\begin{aligned}
& \text{투자기간 동안의 영업활동에 의한 현금흐름} \\
& = (\text{매출액 변동분} - \text{영업비용 변동분} - \text{감가상각비 변동분}) \\
& \times (1 - \text{법인세율}) + \text{감가상각비 변동분} \qquad (5.2)
\end{aligned}
$$

한편, 현금흐름은 회계상 이익이 아니라 현금흐름을 기준으로 파악해야 하기 때문에 회계적 이익 중 현금유출 없는 비용은 영업이익에 가산해야 하고, 현금유출 없는 수익은 영업이익에서 차감해야 한다. 감가상각비는 회계상 비용이지만, 원천적으로 현금유출이 없는 항목이므로 최종적으로 현금흐름에 가산해야 한다.

(3) 투자종료시점

투자종료시점의 현금흐름을 추정할 때에는, 자산의 매각금액, 자산매각에 따른 세금효과, 순운전자본 회수액 유입 등을 고려해야 한다. 투자종료시점의 현금흐름에 영향을 주는 주요 요인들은 다음 식 5.3과 같다.

$$\begin{aligned}&\text{투자종료시점의 현금흐름}\\&\quad=\text{자산의 매각금액}\pm\text{자산매각에 따른 세금효과}\\&\qquad+\text{순운전자본 회수액}\end{aligned}\tag{5.3}$$

5.4 투자안에 대한 평가

현금흐름의 추정이 완료되었다면 이를 기반으로 해당 투자안이 기업의 가치에 어느 정도 공헌을 할 수 있는지에 대한 경제성 분석을 한다. 일반적으로 투자안의 경제성을 분석하는 방법에는 여러 가지가 있으나 여기에서는 다음의 방법들을 중점적으로 살펴본다.

① 순현가법(NPV Method)
② 내부수익률법(IRR Method)
③ 회수기간법(Payback Period Method)
④ 회계적 이익률법(ARR Method)
⑤ 수익성지수법(Profitability Index Method)

투자안은 대부분 1년 이상 장기적으로 그 효과가 지속되기 때문에 화폐의 시간적 가치를 고려하는 방법과 그렇지 않은 방법으로 구분된다.

화폐의 시간적 가치를 고려하는 방법으로는 순현가법과 내부수익률법, 수익성지수법 등이 있으며, 화폐의 시간적 가치를 고려하지 않는 방법으로는 전통적 방법이라 불리는 회수기간법과 회계적 이익률법이 있다.

5.4.1 순현가법(NPV법)

순현가법(NPV : Net Present Value method)은 투자로부터 발생할 미래의 현금흐름을 기업의 기회비용을 반영한 적정할인율로 할인하여 투자안의 경제성을 판단하는 방법이다. NPV는 현금유입액의 현가에서 현금유출액의 현가를 차감한 것으로, 투자안이 기업의 가치를 증가시키는 정도를 의미한다.

NPV의 계산식은 식 5.4와 같다.

$$NPV = -I_0 + \left[\frac{CF_1}{(1+r)^1} + \frac{CF_2}{(1+r)^2} + \cdots + \frac{CF_n}{(1+r)^n} \right] \tag{5.4}$$

$$= -I_0 + \sum_{t=1}^{n} \frac{CF_t}{(1+r)^t}$$

I_0 : 최초의 투자액
CF_t : t시점의 현금흐름
r : 적정할인율
n : 기간

NPV가 0보다 크다면 기업가치를 증가시키기 때문에 경제성이 있는 투자안으로 판정하여 투자를 실행한다. 따라서 독립적인 투자안을 검토할 경우 NPV가 0보다 크면 투자안을 채택하게 되며, 상호배타적인 여러 투자안을 검토할 경우 NPV가 0보다 크면서 NPV가 가장 큰 대안을 선택한다.

예제 5.1

다음과 같은 현금흐름이 예상되는 투자안을 검토하고 있다. 할인율이 5%일 때 순현가법에 의하여 투자안을 평가하시오.

연 도	현재 투자액	1년 후	2년 후	3년 후
현금흐름	−10,000	3,000	4,000	5,000

해답

$$NPV = -10{,}000 + 3{,}000 \times \frac{1}{(1+0.05)^1} + 4{,}000 \times \frac{1}{(1+0.05)^2} + 5{,}000 \times \frac{1}{(1+0.05)^3}$$

$$= -10{,}000 + 3{,}000 \times 0.9524 + 4{,}000 \times 0.9070 + 5{,}000 \times 0.8638$$

$$= 804$$

∴ NPV > 0 → 투자안을 채택한다.

5.4.2 내부수익률법(IRR법)

내부수익률법(IRR : Internal Rate of Return method)은 투자로부터 발생할 미래현금흐름의 순현재가치(NPV)를 0으로 만드는 내부수익률(IRR)을 구하여 투자안의 경제성을 판단하는 방법이다. 내부수익률은 미래 현금유입의 현재가치와 현금유출의 현재가치를 같게 만드는 수익률로, NPV를 0으로 만드는 수익률이다. 내부수익률 계산식은 다음과 같으며 이 계산식을 충족시키는 IRR을 구하면 된다.

$$-I_0 + \left[\frac{CF_1}{(1+IRR)^1} + \frac{CF_2}{(1+IRR)^2} + \cdots + \frac{CF_n}{(1+IRR)^n}\right] \tag{5.5}$$

$$= -I_0 + \sum_{t=1}^{n} \frac{CF_t}{(1+IRR)^t} = 0$$

I_0 : 최초의 투자액

CF_t : t시점의 현금흐름

n : 기간

내부수익률은 일종의 예상투자수익률인데, 이 내부수익률을 기업의 요구수익률 또는 자본비용과 비교하여 투자안의 경제성을 판정한다. 기업의 요구수익률 또는 자본비용은 순현가법에서 적용한 할인율과 동일한 할인율이다.

내부수익률이 요구수익률 또는 자본비용보다 높다면 기업가치를 증가시키기 때문에 경제성이 있는 투자안으로 판정하여 투자를 실행한다. 독립적인 투자안을 검토할 경우 내부수익률이 요구수익률보다 높은 경우 투자안을 채택하게 되며, 상호배타적인 여러 투자안을 검토할 경우 내부수익률이 요구수익률보다 높은 투자안들 중 내부수익률이 가장 큰 투자안을 선택하게 된다.

예제 5.2

다음과 같은 현금흐름이 예상되는 투자안을 검토하고 있다. 요구수익률이 5%일 경우 내부수익률법에 의하여 투자안을 평가하시오.

연 도	현재 투자액	1년 후	2년 후	3년 후
현금흐름	−10,000	3,000	4,000	5,000

해답

$$10,000 = \frac{3,000}{(1+IRR)^1} + \frac{4,000}{(1+IRR)^2} + \frac{5,000}{(1+IRR)^3}$$

IRR=8.8%~8.9%(현가표에 정확한 값이 없으므로 Excel 프로그램 등을 이용해 구한다)

∴ IRR > 요구수익률 또는 자본비용 5% → 투자안을 채택한다.

5.4.3 회수기간법

회수기간법은 최초투자시점의 투자원금이 미래의 현금유입액으로 회수되는 기간을 구하여 투자안의 경제성을 판단하는 방법이다. 회수기간이 짧으면 우수한 투자안이고, 회수기간이 길면 좋지 못한 투자안이 된다.

회수기간법은 진부화 위험이나 인플레이션이 심한 경우 유용하게 적용할 수 있는 방법이다. 그러나 회수기간법은 화폐의 시간가치를 고려하지 않는 경우가 많아 주된 의사판단 기법으로 활용되기보다는 순현가법이나 내부수익률법을 보완하는 수단으로 사용된다. 회수기간이 짧을수록 위험이 적고 유동성이 높은 투자로 해석되는데, 그 계산방법은 식 5.6과 같다.

$$I_0 = \sum_{t=1}^{n} CF_t \tag{5.6}$$

I_0 : 최초의 투자액
CF_t : t시점의 현금흐름
n : 기간

독립적인 투자안을 검토할 경우 회수기간이 목표회수기간보다 짧은 투자안을 채택하게 되며, 상호배타적인 투자안을 검토할 경우 회수기간이 목표회수기간보다 짧으면서 회수기간이 여러 투자안 중 가장 짧은 투자안을 선택하게 된다.

예제 5.3

동양주식회사는 최초투자액과 연도별 현금흐름이 다음과 같은 투자안을 검토하고 있다. 목표투자기간이 3년 이내인 경우 회수기간법에 의하여 투자안을 평가하시오.

투자안	현재 투자액	1년 후	2년 후	3년 후	4년 후
A	−10,000	3,000	4,000	5,000	6,000
B	−10,000	4,500	4,500	4,500	4,500

해답

투자안 A의 회수기간 : $2+\dfrac{(10{,}000-3{,}000-4{,}000)}{5{,}000}=2.6$년

투자안 B의 회수기간 : $2+\dfrac{(10{,}000-4{,}500-4{,}500)}{4{,}500}=2.22$년

∴ 투자안 A, B 모두 목표회수기간 3년 이내에 회수되어 모두 채택할 수 있지만 투자안 A, B가 서로 상호배타적인 투자인 경우에는 회수기간이 더 짧은 투자안 B를 채택한다.

5.4.4 회계적 이익률법

회계적 이익률법은 투자안의 내용연수 기간 중 세후 연평균순이익에 대한 연평균투자액의 비율을 구하여 투자안의 경제성을 판단하는 방법이다. 회계장부상의 자료를 이용하므로 적용과 이해가 쉬우나 회수기간법과 마찬가지로 화폐의 시간가치를 고려하지 않는 경우가 일반적이고, 독립적인 의사결정 기법으로 활용되기보다는 순현가법 등을 보완하는 수단으로 사용된다.

회계적 이익률의 계산식은 다음과 같다.

$$\text{회계적 이익률} = \frac{\text{연평균순이익}}{\text{연평균투자액}} = \frac{\text{연평균순이익}}{(\text{연초투자액} + \text{연말투자액}) \div 2} \quad (5.7)$$

회계적 이익률법은 기업에서 정한 최소 목표 회계적 이익률보다 큰 투자안을 경제성이 있는 투자안으로 판정하여 투자를 실행한다. 따라서 독립적인 투자안을 검토할 경우 목표 회계적 이익률보다 큰 투자안을 채택하며, 상호배타적인 투자안들을 검토할 경우 투자안들의 회계적 이익률이 목표 회계적 이익률보다 높은 투자안들 중에서 회계적 이익률이 가장 높은 투자안을 선택한다.

예제 5.4

동양주식회사는 최초투자액 50,000원이 소요되는 투자안을 검토하고 있다. 이 투자안에서는 연간 20,000원의 수익이 발생될 것으로 기대하고 있으며, 연간 운영비용 5,000원, 감가상각비 3,000원이 발생될 것으로 예상하고 있다. 이 자료를 토대로 회계적 이익률을 산출하시오.

해답

연평균순이익 = 20,000원(수익) − 5,000원(운영비용) − 3,000원(감가상각비)
= 12,000원

$$\text{회계적 이익률} = \frac{12{,}000}{50{,}000} = 0.24$$

5.4.5 수익성지수법

수익성지수(PI : Profitability Index)는 투자로 인하여 발생하는 현금유입액의 현재가치를 현금유출의 현재가치로 나눈 비율이다. 수익성지수는 절대적 금액으로 측정하는 것이 아니라 투자안의 상대적 수익성을 투자액의 비율로 측정한다. 이 방법은 투자의 효율성을 평가하는 데 적합하다는 장점이 있다. 그러나 수익성지수법에서는 투자안의 규모를 고려하지 않아 투자규모가 서로 다른 투자안의 경제성 평가시 순현가법과 상반된 결과가 도출될 가능성이 있다.

예를 들어, 1만원을 투자하여 1,000원의 이익을 얻는 투자안과 1억원을 투자해서 800만원의 이익을 얻는 투자안이 있을 때, 수익성지수법에서는 1만원을 투자하여 1,000원을 얻는 투자안이 우수한 투자안으로 평가된다(10% 이익). 그러나 이 안은 10% 수익이라 하더라도 실제 수익액은 1,000원밖에 되지 않는다. 1억원을 투자해서 800만원을 얻는 투자안은 8% 수익률이지만, 얻는 수익은 800만원이다. 순현가법에서는 800만원을 얻을 수 있는 투자안을 더 우수한 투자안으로 평가한다.

수익성지수 계산식은 다음과 같다.

$$\text{수익성지수} = \frac{\text{현금유입액의 현가}}{\text{총투자액의 현가}} = \frac{\text{이익의 현가} + \text{총투자액의 현가}}{\text{총투자액의 현가}} \quad (5.8)$$

수익성지수법은 현금유입액의 현가가 총투자액의 현가보다 큰 투자안을 경제성이 있는 투자안으로 판정하여 투자를 실행한다. 따라서 독립적인 투자안을 검토할 경우 수익성지수가 1보다 큰 투자안을 채택하며, 상호배타적인 투자안들을 검토할 경우 수익성지수가 1보다 큰 투자안들 중에서 수익성지수가 가장 큰 투자안을 최적투자안으로 선택한다.

예제 5.5

다음과 같은 현금흐름이 예상되는 투자안을 검토하고 있다. 자본비용이 5%일 때 수익성지수법에 의하여 투자안을 평가하시오.

연 도	현재 투자액	1년 후	2년 후	3년 후
현금흐름	−10,000	3,000	4,000	5,000

해답

$$\text{현금유입액의 현가} = \frac{3,000}{(1+0.05)^1} + \frac{4,000}{(1+0.05)^2} + \frac{5,000}{(1+0.05)^3} = 10,804$$

$$PI = \frac{10,804}{10,000} = 1.0804$$

∴ PI > 1 → 투자안을 채택한다.

5.4.6 투자안 평가에서의 주요 논의점

(1) 순현가법과 내부수익률법의 비교

순현가법과 내부수익률법은 화폐의 시간적 가치를 고려하는 평가방법이며, 다른 방법에 비하여 우수한 평가방법이다. 그러나 내부수익률법은 수학적으로 전개하면 복수의 내부수익률이 존재할 수 있으며, 특정한 상황에서는 내부수익률 값이 존재하지 않을 수 있다는 단점이 있다.

즉, 내부수익률 도출 식을 살펴보면, 내부수익률은 다차방정식으로 되어 있다. 따라서 다차방정식의 해인 내부수익률이 한 가지가 아니라 여러 가지가 나올 수 있다. 또한 해가 풀리지 않아 내부수익률이 도출되지 않는 경우도 존재한다. 또한 내부수익률과 비교해야 할 자본비용이 명확하지 않을 수 있다. 따라서 투자안 평가를 할 때 일관성 없는 결과를 가져오는 경우가 있다. 즉, 독립적인 투자안의 채택여부를 평가할 경우 순현가법과 내부수익률법은 동일한 결론을 제시하지만, 상호배타적인 다수의 투자안들 평가에 있어서 이들 두 방법은 서로 상반된 결과를 가져오는 경우가 발생할 수 있다.

이 두 가지 평가방법의 관계 및 특성을 이해하기 위해 〈표 5.1〉의 두 가지 투자안을 검토해 보자. 할인율은 20%로 가정한다.

〈표 5.1〉 두 가지 투자안의 현금흐름 (단위 : 만원)

시 점	현금흐름	
	투자안 A	투자안 B
20×0년 현재	−30,000	−30,000
20×1년 말	40,000	0
20×2년 말	0	50,000
NPV(20%)	3,333	4,722
IRR	33.33%	29.10%

두 투자안은 초기투자금액은 동일한 반면 투자안 A는 20×1년 말에 현금흐름이 발생하고 20×2년 말에는 현금유입이 없으며, 투자안 B는 20×1년 말에는 현금유입이 없고, 20×2년 말에 현금유입이 발생한다. 투자안의 분석 결과는 다음과 같다.

① 투자안 A : 내부수익률 33.33%, 할인율이 33.33% 이하인 경우 NPV＞0

② 투자안 B : 내부수익률 29.10%, 할인율이 29.10% 이하인 경우 NPV＞0

한편, 할인율 25%에서 두 투자안의 NPV가 같아지며, 할인율이 25% 이하인 경우 투자안 B의 NPV가, 25% 이상인 경우 투자안 A의 NPV가 크게 나타난다.

[그림 5.1]은 이 두 투자안에 대해 할인율이 변화함에 따라 NPV가 어떻게 나타나는지를 보여주고 있다.

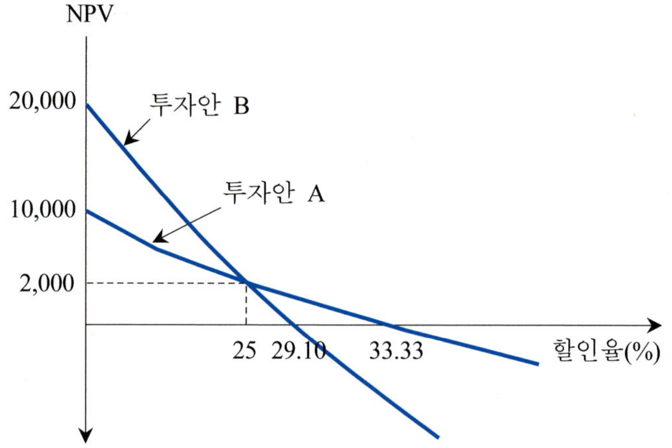

[그림 5.1] **투자안 A와 B의 할인율에 따른 NPV**

다음과 같은 상황에서 독립적인 투자안의 평가를 한다면 순현가법과 내부수익률법에 따른 투자안의 선택결과는 동일하다.

① 29.10% 이하 : 순현가법과 내부수익률법에서 두 투자안 모두 채택
② 29.10% 이상 33.33% 이하 : 순현가법과 내부수익률법에서 투자안 A만 채택
③ 33.33% 이상 : 순현가법과 내부수익률법에서 두 투자안 모두 기각

그러나 투자안들의 투자규모나 미래현금흐름의 발생시기가 다르게 나타나는 경우 상호배타적인 투자안들에 대한 평가에서는 다음과 같이 그 결과가 달라질 수 있다.

① 25.00% 이상 : 투자안 A의 NPV가 더 높으며, 내부수익률도 더 높게 나오므로 두 가지 방법론이 동일하게 투자안 A를 채택
② 25.00% 이하 : 순현가법에서는 투자안 B의 NPV가 더 높아 투자안 B가 채택될 것이나, 내부수익률법에 따르면 투자안 A가 채택(투자안 A의 IRR은 여전히 33.33%이고, 투자안 B의 IRR은 여전히 29.10%임)

상호배타적인 투자안들에 대한 평가결과가 다른 이유는, 순현가법에서는 할인율, 내부수익률법에서는 내부수익률이 적용되어 자본비용에 대한 가정이 다르기 때문이다.

순현가법에서 사용된 할인율은 투자안으로부터 발생하는 현금흐름의 기회비용에 해당한다고 할 수 있다. 그러나 내부수익률법에서 사용된 내부수익률은 투자안에 따라 달라지는 값으로 기업의 기회비용과 관련이 없다. 두 평가방법의 결과가 다를 경우 순현가법에 의한 투자안의 평가가 더 바람직하다는 주장이 많다.

(2) 투자규모가 다른 투자안의 분석

상호배타적이며 투자규모가 다른 두 투자안 C와 D의 현금흐름이 〈표 5.2〉와 같다. 할인율이 20%일 경우 두 투자안 중 하나를 선택해야 하는 경우를 검토해 본다.

〈표 5.2〉 투자규모가 다른 투자안 비교 (단위 : 만원)

시 점	현금흐름	
	투자안 C	투자안 D
20×0년 현재	−30,000	−60,000
20×1년 말	40,000	78,000
NPV(20%)	3,333	5,000
IRR	33.33%	30.00%

두 투자안의 NPV는 투자안 C의 경우 3,333만원, 투자안 D의 경우 5,000만원으로 계산된다. 이때 투자안 D의 NPV가 높으므로 투자안 D를 선택하게 된다.

그러나 투자안 D의 경우 투자규모가 6억원으로 투자안 C의 3억원에 비하여 크다. 두 투자안의 내부수익률은 투자안 C의 경우 33.33%, 투자안 D의 경우 30.00%로 계산된다. 이때 투자안 C의 내부수익률이 높으므로 투자안 C를 선택하게 된다. 투자안 C와 투자안 D가 독립적인 투자안일 경우에는 모두 투자가치가 있지만 상호배타적인 투자인 경우에는 순현가법과 내부수익률법의 결과가 서로 달라지고 있다.

투자규모가 다른 경우 발생할 수 있는 이러한 문제점을 해결하기 위해서 NPV를 직접 비교하지 않고 수익성지수(Profitability Index)에 의하여 평가하는 것이 타당할 수 있다. 수익성지수는 현재가치로 환산한 투자금액 1원이 발생시키는 NPV를 의미하는 것으로 투자의 효율성을 비교하는 데 적합하다. 투자안 C와 D의 수익성지수를 각기 구하면 다음과 같다.

$$\text{투자안 C의 수익성지수}(PI) = \frac{33,333}{30,000} = 1.11$$

$$\text{투자안 D의 수익성지수}(PI) = \frac{65,000}{60,000} = 1.083$$

수익성지수법을 적용할 경우 투자안 C가 선택되는 것이 바람직하다.

(3) 투자기간이 다른 투자안의 분석

〈표 5.3〉에는 투자기간이 2년인 투자안 E와 투자기간이 3년인 투자안 F의 현금흐름이 제시되어 있다. 할인율이 10%일 경우 투자안 E의 NPV는 4,710.7만원, 투자안 F의 NPV는 5,484.6만원으로 계산된다.

〈표 5.3〉 **투자기간이 다른 투자안 비교** (단위 : 만원)

시 점	현금흐름	
	투자안 E	투자안 F
20×0년 현재	−30,000	−30,000
20×1년 말	20,000	13,000
20×2년 말	20,000	15,000
20×3년 말		15,000
NPV(할인율 10%)	4,710.7	5,484.6

투자안의 경제성 분석에 있어서 순현가법에 따르면 투자안 F를 선택하게 된다. 그러나 투자기간이 다를 경우 투자기간을 동일하게 조정한다면 의사결정 결과가 달라질 수 있다. 이러한 상황에서 투자안의 경제성을 분석할 수 있는 방법은 다음과 같다.

투자기간이 다를 경우 투자안을 선택하는 대표적 방법으로는 최소공배수법이 있다. 최소공배수법은 각기 종료되는 시점이 다른 두 투자안에 대해 그 최소공배수에 해당하는 기간 동안 동일한 현금흐름의 투자가 반복됨을 가정하고 내용연수를 일치시키는 방법이다. 위의 경우에는 투자안 E의 투자기간 2년과 투자안 F의 투자기간 3년의 최소공배수는 6년이므로 6년을 투자기간으로 하여 분석하는 것이다. 두 투자안의 투자기간을 6년으로 일치시켜 NPV를 구하면, 투자안 E는 11,821.4만원, 투자안 F는 9,605.3만원으로 투자안 E가 우월하게 나타난다. 이를 정리하면 〈표 5.4〉와 같다.

〈표 5.4〉 **투자기간이 다른 투자안 – 최소공배수법** (단위 : 만원)

시 점	현금흐름	
	투자안 E	투자안 F
20×0년 현재	−30,000	−30,000
20×1년 말	20,000	13,000
20×2년 말	20,000, −30,000	15,000
20×3년 말	20,000	15,000, −30,000
20×4년 말	20,000, −30,000	15,000
20×5년 말	20,000	15,000
20×6년 말	20,000	15,000
NPV(할인율 10%)	11,821.4	9,605.3

(주) 투자안 E는 2년 단위로 30,000원이 재투자되고, 투자안 F는 3년 단위로 30,000원이 재투자됨을 가정함.

5.5 재무예측방안

재무예측은 장기적인 관점에서 자금의 수요와 공급을 예측하고 그에 따른 자금조달계획을 세우는 방법으로 매출액, 이익, 성장성 등 주요 재무상태와 경영성과를 예측하는 것을 의미한다. 재무예측은 향후 투자규모와 그에 따른 자금조달계획, 종업원 급여인상과 재배치, 이익관리에 따른 주가상승 등 기업경영에 있어서 발생할 수 있는 경영환경에 대한 불확실성에 대비할 수 있게 하고, 자원을 최적으로 배분할 수 있게 한다.

재무예측은 주로 추정재무제표를 작성하여 이루어진다. 예측기간이 정해지면 해당 기간 동안의 포괄손익계산서가 추정되고 그로부터 이익잉여금을 추정할 수 있으며, 그 다음 순서로 재무상태표 항목들을 추정한다. 일반적으로 주관적 판단에 의한 예측과 계량적인 모형을 이용한 예측으로 구분된다.

첫째, 주관적 판단에 의한 예측은 경제, 산업, 기업에 대하여 개인의 예측이나 집단의 의견을 이용하는 방법으로 시장조사, 델파이방법 등으로 이루어진다. 그러나 이러한 방법은 비과학적이고 인위적인 방법으로 개인 또는 집단에 의하여 그 결과가 좌우되는 문제점이 있을 수 있다.

둘째, 계량적 모형을 이용한 예측에는 시계열예측모형과 횡단면인과모형 등이 있다. 시계열예측모형에서는 과거의 자료에 대하여 시간경과에 따른 체계적인 패턴을 추적하여 미래 재무변수를 예측한다. 횡단면인과모형은 횡단면 자료로부터 종속변수와 독립변수의 관계를 도출하여 재무적 변수를 예측하는 방법이다.

연습문제

1. 자본예산의 개념과 그 특징에 대하여 설명하시오.

2. 자본예산의 절차를 설명하시오.

3. 현금흐름을 이용한 투자안 평가시 고려할 요인들을 간단히 설명하시오.

4. 투자안 평가방법 중 화폐의 시간가치를 고려하는 방법과 고려하지 않는 방법은 어떠한 것들이 있는가?

5. (주)동양은 기존 생산라인을 확장하고자 한다. 확장될 생산라인의 기계장치는 100억원, 설치비용은 10억원이 소요되고, 해당 기계장치는 5년간 정액법에 의하여 상각되며, 5년 후의 잔존가치는 5억원으로 예상된다. 생산라인의 확장이 이루어진 이후 앞으로 5년간 매년 80억원의 매출액 증가가 예상되며, 매년 30억원의 운영비용이 소요될 것으로 추정된다. 법인세율은 20%이며, 기계장치 구입원가의 5%가 취득시점에서 세액공제된다.

   (1) 투자안의 최초투자액은 얼마인가?
   (2) 투자안의 1년도부터 5년도까지 현금흐름을 구하시오.
   (3) 투자안의 자본비용(할인율)이 10%라면 NPV는 얼마인가?

6. 다음과 같은 현금흐름을 갖는 투자안에 대해 답하시오(할인율 10%).

시 점	현금흐름	
	투자안 A	투자안 B
20×0년 현재	−1,000,000	−1,000,000
20×1년 말	400,000	700,000
20×2년 말	500,000	400,000
20×3년 말	600,000	100,000

(1) 위의 현금흐름과 회계이익이 같다고 가정한다면 각 투자안의 회계적 이익률은 각각 얼마인가?

(2) 위 투자안의 회수기간은 각각 얼마인가?

(3) 위 투자안의 NPV는 각각 얼마인가?

CHAPTER

6

포트폴리오 이론

6.1 포트폴리오의 기본 개념 : 위험과 기대수익률

6.1.1 위험의 의의

투자자는 현재 소비를 희생하여 미래 수익을 추구한다. 그런데 투자자가 미래에 받을 수익에는 불확실성이 존재한다. 은행에 예금을 하거나 정부 채권을 구매하는 경우 앞으로 받을 이자와 원금이 명확히 규정되어 있다. 은행이나 국가가 채무를 이행하지 못할 가능성은 거의 없기 때문에 수익의 불확실성은 거의 없다고 보아도 된다. 그러나 기업이 발행하는 일반 회사채의 경우 기업의 경영상태가 악화되면 원금과 이자를 돌려받지 못할 위험이 존재한다. 주식에 투자하는 경우에도, 앞으로 그 기업이 어느 정도 성장할지 모르기 때문에 주가의 변동성에 대한 위험이 존재한다.

재무관리에서 위험(Risk)은 미래의 수익규모를 알지 못하고 확실하게 보장받지 못할 수도 있는 불확실성을 의미한다. 이때 위험 또는 불확실성은 기대했던 수익의 상실이라는 부정적인 경우뿐만 아니라 더 높은 수익이 발생할 수 있는 긍정적인 경우도 포함한다.[1] 즉, 위험 또는 불확실성은 무조건 수익률이 나빠질 위험만을 의미하는 것이 아니고 수익률이 어떻게 변화할지 모르는 수익률의 변동성을 의미하는 것이다. 수익률의 변동성이 없는 경우에는 위험이 존재하지 않는 무위험자산에 해당된다.

6.1.2 위험-수익 상충원리

불확실성의 크기는 자금의 공급에 영향을 미친다. 일반적으로 투자자는

1) 정상적인 회사라면 안정적인 수익률을 원할 것이다. 잘되면 수익률이 높고 잘 안 되면 수익률이 낮아지는 극단적인 상황은 게임을 즐기는 것과 같은 상황이므로 정상적인 회사라면 이러한 변동성을 완화시키려는 노력을 할 것이다.

높은 수익률과 낮은 위험을 추구할 것이다.

기계에 1만원을 투입하면 50%의 확률로 2만원을 반환받고 50%의 확률로는 전혀 반환받지 못한다면 사람들은 어떻게 행동할까? 이러한 상황에서 반복적으로 투자한다면 평균적으로 1만원을 투자할 때 1만원을 받게 된다. 기대되는 수익은 1만원으로 확실히 1만원을 받는 경우와 다르지 않다. 그러나 돈이 전혀 나오지 않을 수 있는 불확실성을 회피하고자 하는 일부 사람들은 이 투자를 하지 않을 것이다. 만약 1만원 투입 시 50%의 확률로 3만원을 받고 50%의 확률로는 0원이 되는 경우를 생각해 보자. 이때 기대수익은 1만 5천원이 되어 투자를 하려는 사람들이 증가할 것이다. 즉, 같은 수익이 기대된다면 위험을 회피하려 할 것이므로, 기대수익이 높아야 약간 더 위험을 택하게 된다.

이와 같이 위험이 존재하여 사람들이 투자를 하지 않으려 할 경우 투자를 유도하기 위해서는 더 많은 기대수익을 제시해야 한다. 앞의 예에서 50%의 확률로 3만원, 50%의 확률로 0원을 돌려주던 것을 50%의 확률로 4만 5천원, 50%의 확률로 5천원을 돌려주는 식으로 모든 경우에 더 높은 기대수익을 제시한다면 이 기계에 화폐를 투입하려는 사람들의 수는 증가할 것이다.

이처럼 미래 수익의 불확실성이 커지면 커질수록 위험부담에 대한 대가로 더 많은 수익을 요구하게 되는 것을 위험-수익의 상충관계라 한다. 통상적으로 'High Risk, High Return, Low Risk, Low Return'이라는 표현이 사용되는데, 이는 위험-수익의 상충관계를 지칭하는 것이다.

6.1.3 투자의 기대수익과 위험

위험과 수익률이 계량적으로 측정된다면 투자안에 대한 의사결정이 용이해질 수 있다. 일반적으로 위험은 예상투자수익률의 확률분포를 추정하고, 추정된 투자수익률의 변동성을 분산과 표준편차로 계량화하여 평가한다. 즉, 투자에 따른 위험은 주로 분산과 표준편차로 파악한다.

(1) 기대수익률

기대수익률은 어떤 확률분포 내에서 기대되는 수익률의 평균값이다. 기대수익률은 식 6.1과 같이 각 상황별로 발생가능한 수익률에 그 상황이 발생할 확률을 곱한 것을 모두 합산하여 계산한다.

$$E(R) = \sum_{i=1}^{n} P_i \cdot R_i \tag{6.1}$$

$E(R)$: 기대수익률
i : 발생할 수 있는 경우의 수
P_i : i상황이 발생할 확률
R_i : i상황에서 발생가능한 수익률

즉, 기대수익률은 수익률의 확률분포에서 평균적으로 기대되는 수익률이다. '확률'은 미래의 불확실성에 대한 기본적인 분석도구로 사용되는데, 어떤 결과가 일어날 가능성을 측정할 수 있다.

가위 · 바위 · 보 게임을 한다고 할 때, 이기는 경우, 비기는 경우, 지는 경우 등 세 가지 경우가 발생해, 발생할 수 있는 경우의 수 i는 1에서 3의 값을 갖는다. 각 경우의 확률은 모두 1/3이므로 P_i는 각각 1/3이다. 이때 이기는 경우 1만원을 받고, 비기는 경우 아무런 수익이 없으며, 지는 경우 1만원을 줘야 한다면 기대수익률은 $E(R) = \frac{1}{3} \cdot 1 + \frac{1}{3} \cdot 0 + \frac{1}{3} \cdot (-1) = 0$이 된다.

예제 6.1

다음은 (주)동양과 (주)서양의 수익률 확률분포의 자료이다. 이를 토대로 하여 (주)동양의 기대수익률과 (주)서양의 기대수익률을 계산하면 얼마인가?

상 황	확 률	(주)동양의 수익률	(주)서양의 수익률
호황	1/3	10%	15%
보통	1/3	8%	10%
불황	1/3	5%	5%

해답

$ER_{(주)동양} = 0.1 \times 1/3 + 0.08 \times 1/3 + 0.05 \times 1/3 = 0.0767$

$ER_{(주)서양} = 0.15 \times 1/3 + 0.1 \times 1/3 + 0.05 \times 1/3 = 0.1$

(2) 위 험

위험은 분산(Variance) 또는 표준편차(Standard Deviation)로 측정한다. 분산은 미래 투자수익률의 변동성 정도를 나타내는 것으로 식 6.2와 같다.

$$\text{분산}(Var) = \sigma^2 = \sum_{i=1}^{n} P_i \cdot [R_i - E(R)]^2 \qquad (6.2)$$

$E(R)$: 기대수익률
i : 발생할 수 있는 경우의 수
P_i : i상황이 발생할 확률
R_i : i상황에서 발생가능한 수익률

표준편차는 분산의 제곱근에 해당하므로 식 6.3과 같이 정의된다. 분산이 증가할 경우 표준편차도 증가한다.

$$\text{표준편차}(SD) = \sigma = \sqrt{Var} = \sqrt{\sum_{i=1}^{n} P_i \cdot [R_i - E(R)]^2} \qquad (6.3)$$

$E(R)$: 기대수익률
i : 발생할 수 있는 경우의 수
P_i : i상황이 발생할 확률
R_i : i상황에서 발생가능한 수익률

분산과 표준편차는 각 경우에 나타나는 결과가 평균값 대비 멀리 떨어져 있는지 여부를 나타낸다.

예를 들어, A의 경우 토익시험을 세 번 보았는데 점수가 각각 700점, 900점, 800점이라 하자. 그리고 B의 토익 점수는 820점, 780점, 800점으로 나왔다. 이 두 명의 토익 평균점수는 모두 800점이다. 하지만 B

의 경우에는 점수대가 800점 근처에 몰려 있다. 다음에 또 시험을 본다면, 800점 정도로 받을 것을 예측할 수 있다. 그러나 A의 경우 평균은 800점이지만, 700점도 나오고 900점도 나온다. 다음 시험에서 어느 정도의 점수를 받을지 불확실성이 높다. A의 분산과 표준편차는 B의 분산과 표준편차보다 더 크며, A는 B보다 불확실성과 위험이 높다고 평가된다.

[그림 6.1]에서 왼쪽은 평균수익 주변의 값이 발생할 가능성이 높은 경우이며, 오른쪽 그림은 상대적으로 평균수익과는 차이가 큰 결과가 나타날 가능성이 높은 경우이다. 이때 각 경우의 분산과 표준편차를 구해보면 오른쪽의 경우가 높게 나타나며, 불확실성 또는 위험의 정도가 크다는 의미가 된다.

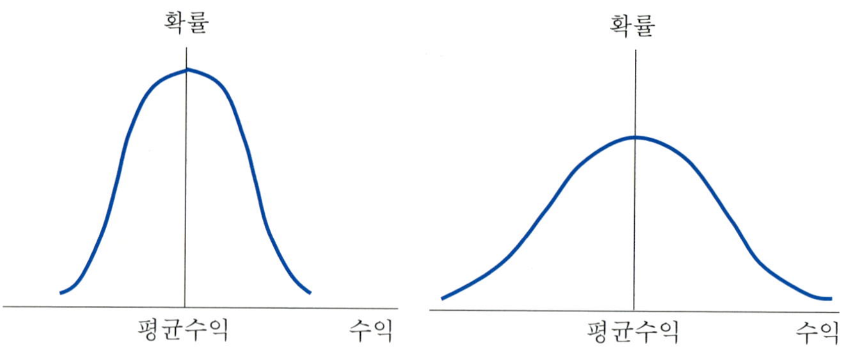

[그림 6.1] **위험의 크기 비교**

예제 6.2

A, B 두 증권이 존재하는데, 각 증권은 1년 뒤에 다음의 표와 같은 확률에 따라 수익을 발생시킨다. 각 증권의 기대수익(ER)과 그 분산(VAR) 및 표준편차(SD)를 구하고 어느 증권의 위험이 높은지 평가하시오.

증권 A	
확 률	수 익
30%	1만원
40%	2만원
30%	3만원

증권 B	
확 률	수 익
20%	0.5만원
50%	2만원
30%	3만원

해답

$$ER_{증권A}=\sum_{i=1}^{n}P_i \cdot R_i=30\% \cdot 1만원+40\% \cdot 2만원+30\% \cdot 3만원=2만원$$

$$ER_{증권B}=\sum_{i=1}^{n}P_i \cdot R_i=20\% \cdot 0.5만원+50\% \cdot 2만원+30\% \cdot 3만원=2만원$$

$$Var_{증권A}=\sum_{i=1}^{n}P_i \cdot (R_i-ER)^2$$
$$=30\% \cdot (1-2)^2+40\% \cdot (2-2)^2+30\% \cdot (3-2)^2=0.6$$

$$Var_{증권B}=\sum_{i=1}^{n}P_i \cdot (R_i-ER)^2$$
$$=20\% \cdot (0.5-2)^2+50\% \cdot (2-2)^2+30\% \cdot (3-2)^2=0.75$$

$$SD_{증권A}=\sqrt{Var}=\sqrt{0.6}\equiv 0.77$$

$$SD_{증권B}=\sqrt{Var}=\sqrt{0.75}=0.87$$

∴ A와 B의 기대수익은 동일하나, B의 위험이 더 높다.

예제 6.3

다음은 (주)동양의 연간수익률에 대한 예상수익률 자료이다. 이를 근거로 (주)동양의 기대수익률과 위험을 계산하면 얼마인가?

상 황	확 률	(주)동양의 수익률
호황	30%	30%
보통	50%	12%
불황	20%	2%

해답

$$E(R)=0.3\times 0.3+0.12\times 0.5+0.02\times 0.2=0.154$$

$$\sigma^2=(0.3-0.154)^2\times 0.3+(0.12-0.154)^2\times 0.5+(0.02-0.154)^2\times 0.2=0.0106$$

$$\sigma=0.1028$$

6.1.4 위험에 대한 태도

'위험'의 의미는 '가치의 변동이 어느 정도인가'라는 것인데, 이에 대하여 투자자마다 선호하는 위험의 정도가 다를 수 있다.

① 지금 100원의 돈을 받는 것과 1년 뒤에 100원의 돈을 받는 것 중 선택권이 주어진다면 당신은 어떻게 하겠는가? 아마 대부분의 응답자들이 지금 100원을 받으려 할 것이다. 지금 100원 받는 것은 확실하지만, 1년 뒤에는 100원도 못 받게 될 수도 있기 때문이다. 또한, 1년간 이 돈을 다른 데 사용할 수 있는 기회비용을 고려한다면 1년 뒤 100원을 받는 경우는 지금 100원을 받는 경우보다 불리한 선택이 된다.

② 지금 100원의 돈을 받는 것과 1년 뒤에 110원의 돈을 받는 것 중 선택권이 주어진다면 어떻게 달라질까? 일부는 전자를 택할 것이고, 일부는 후자를 택할 것이다. 1년 뒤에 받는 게 위험하기는 하지만, 10원을 더 받으니까 위험에 대한 보상이 된다고 생각할 것이다. 하지만 겨우 10원을 더 받으려고 1년을 기다리기 귀찮으니까 그냥 전자를 택하는 사람도 있을 것이다. 이 경우 금융기관에서의 이자율 수준이 10% 수준에서 어느 정도 벗어나 있는가를 고려하여 선택하는 사람들이 있을 것이다.

③ 만일, 지금 100만원의 돈을 받는 것과 1년 뒤에 110만원의 돈을 받는 것 중 선택권이 주어진다면 어떻게 달라질 것인가? ②의 답과 유사할 수 있지만, 액수가 커지니까 더 신중하게 생각하고 선택할 것이다.

위험을 좋아하는 공격적인 사람(이들을 Risk Lover 혹은 Risk Taker라고 한다)은 1년 뒤에 돈을 받는 것을, 위험을 좋아하지 않는 보수적인 사람(이들을 Risk Averter라고 한다)은 지금 돈을 받는 것을 선호할 가능성이 높을 것이다. 이 외에 위험에 특별한 반응을 보이지 않는 사람들도 존재하는데, 이들을 위험중립형(Risk Neutral)이라고 한다.

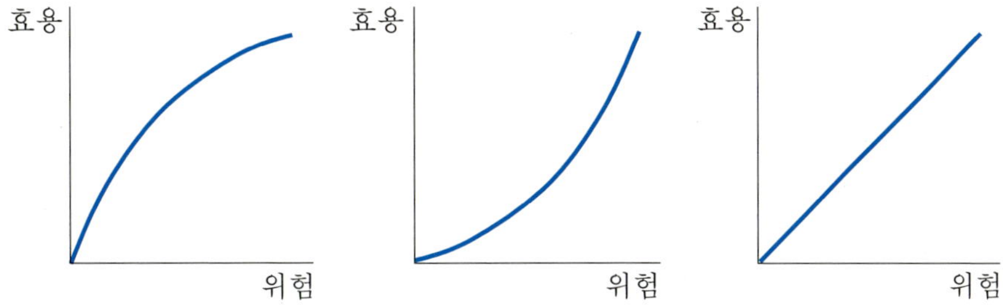

(a) 위험회피형 (Risk Averter)　(b) 위험선호형 (Risk Taker)　(c) 위험중립형 (Risk Neutral)

[그림 6.2] 위험회피에 대한 태도

6.2 포트폴리오란 무엇인가

6.2.1 포트폴리오의 기본원리

'포트폴리오'는 투자자금을 여러 종류의 자산에 분산투자할 때 '조합된 여러 자산의 집합'을 의미한다. 재무관리에서는 주로 여러 주식에 분산투자된 주식 조합의 의미로 사용된다. '달걀을 한 바구니에 담지 말라'는 격언처럼 불확실성에 따른 위험을 줄이기 위해 여러 주식에 분산투자하는 것이 권장되는데, 이렇게 여러 종류의 주식 조합을 형성하는 것을 '포트폴리오를 형성했다'라고 한다.

포트폴리오를 구성할 경우 기대수익률을 달성하면서도 위험을 감소시킬 수 있는 위험분산효과를 얻을 수 있다. 투자자는 포트폴리오 형성을 통해 원하는 기대수익률에서 위험을 최소화시키거나, 동일한 위험수준하에서 가장 높은 기대수익률을 실현할 수 있다.

포트폴리오 선택이론은 마코위츠(Markowitz)에 의해서 그 기초가 제공되었다. 마코위츠는 포트폴리오의 기대수익률과 분산을 이용하여 위험을 계수화하고 분산투자의 효과를 측정하는 방법을 제시했다. 평균적으로 보면, 투자자들이 반드시 수익을 극대화시키기 위해서 노력하는 것만은 아니다. 만일 투자자들이 수익의 극대화에만 관심을 가진다면, 가장 높은 수익률이 기대되는 개별자산 하나에만 투자하려 할 것이다. 그러나 개별자산 하나에만 투자를 하면 위험이 극단적으로 높아진다.

예컨대, S전자라는 가장 좋은 회사의 주식에 모든 재산을 투자하였는데, 만에 하나 천재지변으로 S전자 공장이 타격을 입었다면 엄청난 손실을 받게 된다. 따라서 정상적인 투자자라면 수익뿐 아니라 위험에도 관심을 가져야 한다. 포트폴리오를 구성하여 분산투자함으로써 기대수익률을 감소시키지 않으면서도 총투자위험을 감소시킬 수 있다.

6.2.2 포트폴리오의 기대수익률과 분산

평균-분산기준에 의하여 투자대상을 선정하기 위해서는 개별증권 또는 포트폴리오의 기대수익률과 분산의 측정이 먼저 이루어져야 한다. 투자수익률은 투자원금에 대해 투자기간 동안에 발생한 투자수익의 비율을 의미한다. 주식투자의 경우 투자수익률(r_t)은 t시점에서 주식을 P_t의 가격에 매입하여 $t+1$시점까지 보유할 경우 투자자가 얻게 되는 수익률이다. 이때 투자수익은 시세차익인 $(P_{t+1}-P_t)$와 배당수익 d_t로 구성된다. t시점에 P_t의 가격에 주식을 매입하고 $t+1$시점에 P_{t+1}의 주가가 형성되었을 때의 투자수익률(r_t)은 다음 식 6.4로 나타낼 수 있다.

$$r_t = \frac{(P_{t+1} - P_t) + d_t}{P_t} \qquad (6.4)$$

예제 6.4

20×1년 3월 23일에 S전자 주식을 1,000,000원에 구입하였다가 20×2년 3월 31일에 배당금 40,000원을 받고 5월 15일에 해당 주식을 1,200,000원에 매각하였다. S전자 주식투자에 대한 투자수익률은 얼마인가?

해답

$$r_t = \frac{(P_{t+1} - P_t) + d_t}{P_t} = \frac{(1,200,000 - 1,000,000) + 40,000}{1,000,000} = 24\%$$

과거의 투자수익률을 계산할 경우에는 P_{t+1}, P_t, d_t를 확정된 값으로 알 수 있지만, 재무관리 측면에서 보다 관심을 갖는 것은 미래의 투자수익률, 즉 기대수익률(Expected Rate of Return)이다. 미래의 투자수익률을 알기 위해서는 미래 시점의 주가인 P_{t+1}과 그 기간 내에 지급되는 배당액 d_t를 추정해야 하는데, 이를 정확하게 예측하기는 어렵다.

재무관리에서는 이러한 문제를 해결하기 위해 확률 개념을 도입한다. 즉, 미래 시점의 주가 P_{t+1} 및 배당액 d_t와 관련하여 발생가능한 상황과 그 확률을 예측하고 각각의 상황에서 예상되는 투자수익률을 예측한다. 미래의 발생가능한 상황과 예상되는 수익률, 그리고 그에 대한 확률을 알 수 있다면 미래의 기대수익률을 추정하는 것이 가능하다.

포트폴리오의 기대수익률은 포트폴리오를 구성하는 개별증권 기대수익률의 구성비율로 가중평균한 값이다. w_i는 개별증권 i의 구성비율이고, $E(r_i)$는 개별증권 i의 기대수익률이다. 이들 개별증권의 집합인 포트폴리오의 기대수익률은 $E(r_p)$로 표현되며, 식 6.5와 같이 계산된다.

$$E(r_p) = \sum_{i=1}^{n} w_i \cdot E(r_i) = w_1 \cdot E(r_1) + w_2 \cdot E(r_2) + \cdots + w_n \cdot E(r_n) \quad (6.5)$$

포트폴리오의 위험은 개별증권의 위험과는 다르게 결정된다. 포트폴리오의 위험은 포트폴리오를 구성하는 개별증권의 위험과 구성비율뿐만 아니라, 개별증권의 상관관계에 의해서도 영향을 받는다. 포트폴리오를 구성하는 두 증권의 구성비율을 각각 w_1, w_2라 하고, 각 개별증권의 기대수익률의 표준편차를 σ_1, σ_2, 분산을 σ_1^2, σ_2^2, 1증권과 2증권의 공분산을 σ_{12}라고 하면, 포트폴리오의 분산 σ_p^2은 다음과 같이 식 6.6으로 나타낼 수 있다.

$$\sigma_p^2 = w_1^2 \cdot \sigma_1^2 + w_2^2 \cdot \sigma_2^2 + 2 \cdot w_1 \cdot w_2 \cdot \sigma_{12} \tag{6.6}$$

위 식 6.6에서 공분산(Covariance)의 개념이 등장한다. 공분산은 각 증권의 수익률이 각 증권의 평균기대수익률로부터 벗어난 편차들의 곱의 기대치를 추정한 것으로 식 6.7과 같다.

$$Cov(r_1, r_2) = \sigma_{12} = E[r_1 - E(r_1)][r_2 - E(r_2)] \tag{6.7}$$

한편 σ_{12}는 상관계수 ρ_{12}를 포함한 식으로도 표현된다. 여기서 상관계수 $\rho_{12} = \dfrac{\sigma_{12}}{\sigma_1 \sigma_2}$를 의미하는 것으로 이는 $\sigma_{12} = \sigma_1 \cdot \sigma_2 \cdot \rho_{12}$로 정리될 수 있다. 이를 식 6.6에 대입하면 식 6.8과 같으며, 이를 표준편차로 나타내면 식 6.9와 같다.

$$\sigma_p^2 = w_1^2 \cdot \sigma_1^2 + w_2^2 \cdot \sigma_2^2 + 2 \cdot w_1 \cdot w_2 \cdot \rho_{12} \cdot \sigma_1 \cdot \sigma_2 \tag{6.8}$$

$$\sigma_p = \sqrt{w_1^2 \cdot \sigma_1^2 + w_2^2 \cdot \sigma_2^2 + 2 \cdot w_1 \cdot w_2 \cdot \rho_{12} \cdot \sigma_1 \cdot \sigma_2} \tag{6.9}$$

예제 6.5

다음은 (주)동양과 (주)서양의 연간수익률에 대한 예상수익률 자료이다. 다음 물음에 답하시오.

상 황	확 률	(주)동양의 수익률	(주)서양의 수익률
호황	30%	14%	10%
보통	40%	12%	6%
불황	30%	1%	2%

(1) (주)동양과 (주)서양의 개별증권의 기대수익률과 위험(분산)은 각각 얼마인가?
(2) (주)동양과 (주)서양으로 포트폴리오를 구성할 경우 공분산과 상관계수를 구하면 얼마인가?
(3) (주)동양과 (주)서양에 각각 50%씩 투자할 경우 포트폴리오의 기대수익률과 위험(분산)은 각각 얼마인가?

해답

(1) (주)동양과 (주)서양의 개별증권의 기대수익률

$$E(r_{(주)동양})=0.14\times0.3+0.12\times0.4+0.01\times0.3=0.093$$

$$E(r_{(주)서양})=0.1\times0.3+0.06\times0.4+0.02\times0.3=0.060$$

(주)동양과 (주)서양의 개별증권의 위험(분산)

$$\sigma^2_{(주)동양}=(0.14-0.093)^2\times0.3+(0.12-0.093)^2\times0.4+(0.01-0.093)^2\times0.3 =0.0030 \quad \therefore\ \sigma_{동양}=0.05496$$

$$\sigma^2_{(주)서양}=(0.1-0.060)^2\times0.3+(0.06-0.060)^2\times0.4+(0.02-0.060)^2\times0.3 =0.00096 \quad \therefore\ \sigma_{서양}=0.03098$$

(2) (주)동양과 (주)서양의 공분산

$$\sigma_{동양,\ 서양}=(0.14-0.093)(0.1-0.06)\times0.3+(0.12-0.093)(0.06-0.06)\times0.4 +(0.01-0.093)(0.02-0.06)\times0.3=0.00156$$

(주)동양과 (주)서양의 상관계수

$$\rho_{동양,\ 서양}=\frac{0.00156}{0.05496\times0.03098}=0.9162$$

(3) (주)동양과 (주)서양의 포트폴리오의 기대수익률과 분산

$$E(r_p)=0.093\times0.5+0.06\times0.5=0.0765$$

$$\sigma_p^2=0.5^2\times0.0030+0.5^2\times0.00096+2\times0.5\times0.5\times0.00156=0.00177$$

6.2.3 포트폴리오의 위험과 상관관계

분산투자에 의해 위험을 감소시킬 수 있는 이유는 '상관관계' 때문이다. 상관계수는 두 관찰치 사이에 일정한 패턴을 가지고 움직이는 상관관계의 정도를 계수화한 것으로 -1에서부터 1까지의 값을 갖는다.

예를 들어, S전자와 L전자는 같은 전자회사이기 때문에 상관관계

가 높다. 만약 S전자 주식과 L전자 주식을 동시에 가지고 있으면, 전자산업이 불황일 때 가지고 있는 주식이 모두 하락한다. 그런데 만약 S전자와 H자동차 두 개의 주식을 가지고 있으면, 전자산업이 불황일 때 S전자 주식은 떨어지지만 자동차산업이 호황이라면 H자동차 주식은 하락하지 않을 수도 있다. 즉, S전자와 H자동차처럼 서로 상관관계가 높지 않은 주식들로 구성된 포트폴리오를 형성하고 있으면 두 주식이 동시에 떨어지지 않을 확률이 높아 위험이 낮은 것으로 평가된다. 이와 같이 상관관계가 낮은 주식들을 보유하도록 분산투자를 할 때 위험이 감소되면서도 기대수익률이 크게 떨어지지는 않는 실증결과가 나타나곤 한다. 단순히 여러 주식을 보유한다고 해서 위험이 감소되는 것이 아니라, 상관관계가 낮은 주식들로 구성된 포트폴리오를 보유할 때 위험이 감소한다.

(1) 상관계수에 따른 위험수준의 변화

만일 A, B가 동시에 완전히 같은 방향으로 움직인다면, 이때 상관계수는 1이다. 같은 방향으로 움직이면 상관계수는 0에서 1 사이이며, 다른 방향으로 움직이면 상관계수는 0에서 -1 사이이다. 만일, 아무 관계가 없다면 상관계수는 0이다.

① 상관계수 $\rho_{12}=1$이면 두 자산간의 상관관계가 완전한 정(+)의 관계에 있기 때문에 위험의 감소효과가 없다. 즉, $\sigma_{12}^2=w_1^2\cdot\sigma_1^2+w_2^2\cdot\sigma_2^2+2\cdot w_1\cdot w_2\cdot\sigma_{12}$에서 $\rho_{12}=1$이면 $\sigma_{12}^2=(w_1\cdot\sigma_1+w_2\cdot\sigma_2)^2$이 되어 $\sigma_{12}=w_1\cdot\sigma_1+w_2\cdot\sigma_2$가 되기 때문이다.

② 상관계수 $\rho_{12}=-1$이면 두 자산간의 상관관계가 완전한 부(−)의 관계에 있기 때문에 위험의 감소효과가 최대가 된다. 즉, $\sigma_{12}^2=w_1^2\cdot\sigma_1^2+w_2^2\cdot\sigma_2^2+2\cdot w_1\cdot w_2\cdot\sigma_{12}$에서 $\rho_{12}=-1$이면 $\sigma_{12}^2=(w_1\cdot\sigma_1-w_2\cdot\sigma_2)^2$이 되어 $\sigma_{12}=w_1\cdot\sigma_1-w_2\cdot\sigma_2$가 되기 때문이다.

③ 상관계수 $\rho_{12}=0$이면 두 자산간의 상관관계가 0이 되어 위험감

소효과가 존재한다. 즉, $\sigma_{12}^2 = w_1^2 \cdot \sigma_1^2 + w_2^2 \cdot \sigma_2^2 + 2 \cdot w_1 \cdot w_2 \cdot \sigma_{12}$에서 $\rho_{12} = 0$이면 $\sigma_{12}^2 = w_1^2 \cdot \sigma_1^2 + w_2^2 \cdot \sigma_2^2$이 되어 $\sigma_{12} = \sqrt{w_1^2 \cdot \sigma_1^2 + w_2^2 \cdot \sigma_2^2}$가 되기 때문이다.

예를 들어, r_A(A주식의 수익률)가 10%로 되면 r_B(B주식의 수익률)는 4%가 되고, 반대로 r_B(B주식의 수익률)가 10%로 되면 r_A(A주식의 수익률)가 4%가 되는 경우를 가정해 보자. 이들의 움직임은 정반대 상황이 된다. 이러한 상황에서 r_A와 r_B의 상관관계는 정확히 -1이 되고 $\rho_{AB} = -1$과 같이 표현한다.

이들 중 어느 것을 사는 것이 유리한가? A주식을 사는 것이 유리할까, B주식을 사는 것이 유리할까, 아니면 A, B 주식을 각각 반씩 사는 것이 유리할까?

만일 A주식과 B주식의 수익률의 상관관계가 -1일 때 A와 B에 반반씩 투자한다면, 이 투자자는 7%의 수익률을 무위험으로 얻게 된다. 그런데 A, B의 상관관계가 1일 때, 즉 A, B가 완전히 똑같은 수익률을 보여 A의 수익률이 4%일 때 B의 수익률도 4%이고, A의 수익률이 10%일 때 B의 수익률도 10%이면, A, B에 반반씩 투자할 때 기대수익률은

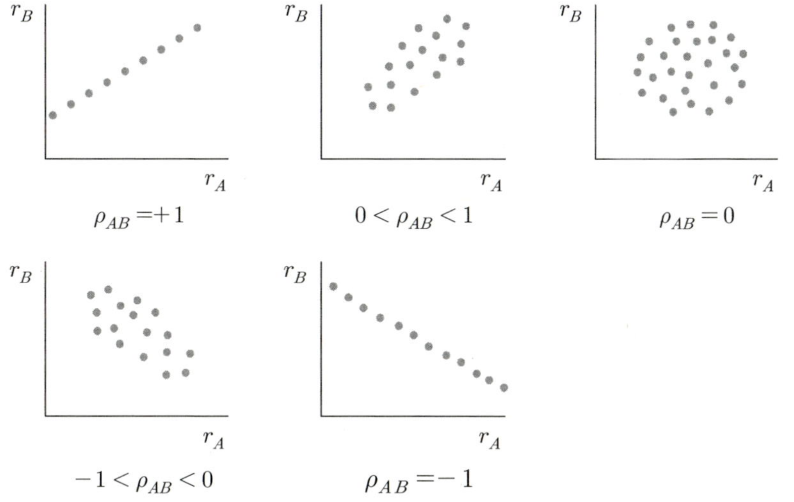

[그림 6.3] 상관계수의 크기에 따른 여러 형태의 상관관계

7%이다. 상관관계가 −1일 때에는 무조건 7%의 수익률을 얻을 수 있지만, 상관관계가 1일 때에는 기대수익률이 7%이다. 하지만 4%의 수익률을 얻을 수도 있고 10%의 수익률을 얻을 수도 있어 위험수준은 매우 높다. 따라서 위험회피를 기준으로 할 때 상관관계가 −1이 되도록 포트폴리오를 구성하는 것이 더 나은 방법이 된다.

(2) 최소분산포트폴리오

두 주식의 분산 및 두 주식간의 상관계수가 주어지면 포트폴리오의 위험을 최소로 하는 '최소분산포트폴리오(Minimum Variance Portfolio)'를 계산하는 것이 가능하다. 이때의 투자비율은 포트폴리오의 위험을 극소화하는 투자비율로서 식 6.10과 같다.

$$w_1 = \frac{\sigma_2^2 - \sigma_{12}}{\sigma_1^2 + \sigma_2^2 - 2\sigma_{12}} = \frac{\sigma_2^2 - \sigma_1 \cdot \sigma_2 \cdot \rho_{12}}{\sigma_1^2 + \sigma_2^2 - 2 \cdot \sigma_1 \cdot \sigma_2 \cdot \rho_{12}} \tag{6.10}$$

w_1 : 1주식에 대한 투자비율

σ_1^2와 σ_2^2 : 각각 1주식과 2주식의 분산

ρ_{12} : 1주식과 2주식의 상관관계를 나타내는 계수

σ_1와 σ_2 : 각각 1주식과 2주식의 표준편차

A주식은 기대수익률이 10%, 표준편차가 10%이고, B주식은 기대수익률이 20%, 표준편차가 30%이다. 이 두 주식의 상관계수가 −1인 경우 두 주식으로 구성된 포트폴리오의 위험을 최소로 하는 투자비율은 각각 얼마인가? 위의 식에 대입해 보면, A주식의 비율은 75%가 나온다. 당연히 B주식의 비율은 100%−75%=25%가 되며, 식 6.10에서 A와 B 부분을 바꾸어 적용해 보더라도 B주식의 비율이 25%로 계산된다.

예제 6.6

A주식은 기대수익률이 15%, 표준편차가 20%이고, B주식은 기대수익률이 25%, 표준편차가 40%이다. 이 두 주식의 상관계수가 −0.5인 경우, 두 주식으로 구성된 포트폴리오의 위험을 최소로 하는 투자비율은 각각 얼마인가?

해답

$$w_A = \frac{0.4^2 - 0.2 \times 0.4 \times (-0.5)}{0.2^2 + 0.4^2 - 2 \times 0.2 \times 0.4 \times (-0.5)} = 0.7$$

→ A주식에 70% 투자하는 것이 타당하며, 당연히 B주식에의 투자비율은 30%가 됨.

6.2.4 최적포트폴리오의 선택

각종 자산으로 구성된 수많은 포트폴리오 중 위험이 가장 낮고 기대수익률이 가장 높은 투자대상을 선택하려는 것이 모든 투자자의 희망이다. 즉, 각 자산의 투자비율을 조정하여 다양한 기대수익률과 위험의 포트폴리오를 구한 다음, 이들 포트폴리오 중에서 투자자의 효용을 극대화시킬 수 있는 가장 효율적인 포트폴리오를 선택하려고 할 것이다.

마코위츠는 투자자들이 포트폴리오의 기대수익률과 분산을 기준으로 투자대상을 선택한다는 가정 아래, 정상적인 투자자라면 '동일한 기대수익률을 갖는 포트폴리오 가운데에서는 가장 낮은 위험을 갖는 포트폴리오를 선택하고, 동일한 위험을 갖는 포트폴리오 가운데에서는 가장 높은 기대수익률을 갖는 포트폴리오를 선택한다'는 '지배원리'를 제시하였다.

(1) 효율적 투자선

투자가능한 포트폴리오 중 지배원리가 적용되는 포트폴리오들을 '효율적 포트폴리오(Efficient Portfolio)'라 한다. 즉, 효율적 포트폴리오는 동일한 위험을 갖는 포트폴리오 가운데 가장 높은 기대수익률을 갖거나 동

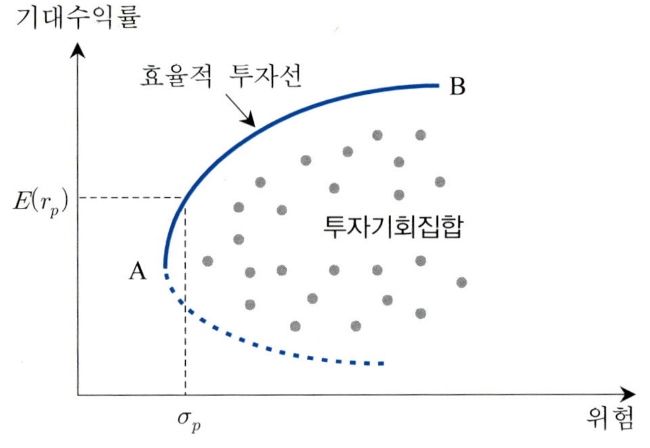

[그림 6.4] **효율적 투자선**

일한 기대수익률을 갖는 포트폴리오 가운데 가장 낮은 위험을 갖는 포트폴리오들을 의미한다. 즉, 투자가능한 포트폴리오의 기대수익률과 위험의 조합이 다양하게 존재하는데, [그림 6.4]의 점들로 표시되어 있다. 이러한 투자기회집합 중에서 지배원리를 충족시키는 선이 효율적 포트폴리오 AB선(효율적 투자선)이 된다. 효율적 투자선은 주어진 투자기회집합 중 같은 위험에서는 가장 기대수익률이 높으며, 같은 수익률에서는 가장 위험이 낮은 투자기회들로 이루어져 있다.

(2) 최적포트폴리오

최적포트폴리오는 효율적 투자선 중에서 투자자의 기대효용을 극대화하는 포트폴리오를 뜻한다. 투자자 개인들의 위험에 대한 태도는 각각 다를 수밖에 없는데, 이는 CD선 또는 EF선 등과 같은 곡선으로 나타나는 경향이 있다. 이러한 투자자의 무차별 효용곡선(CD선, EF선 등)과 효율적 투자선(AB선)의 접점이 최적포트폴리오이며, 이 점에서 투자자의 효용이 극대화된다.

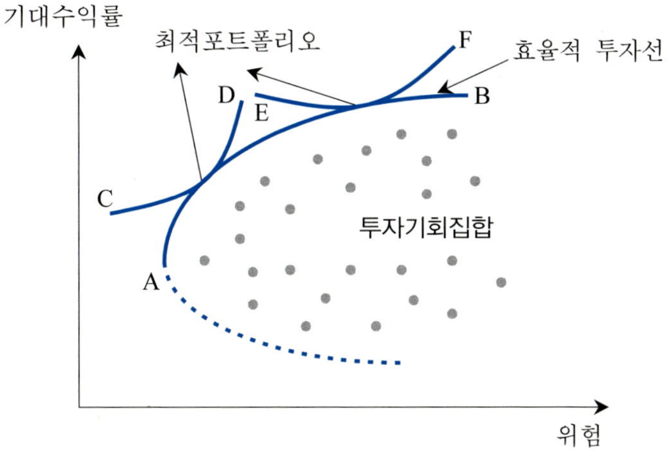

[그림 6.5] 최적포트폴리오

연습문제

1. 재무관리에서 언급되는 '위험'의 개념에 대하여 설명하시오.

2. 'High Risk, High Return'의 의미를 설명하시오.

3. 재무관리에서 '달걀을 한 바구니에 담지 말라'는 격언의 의미를 설명하시오.

4. 포트폴리오의 위험은 포트폴리오의 수익률에 대한 분산 또는 표준편차로 측정한다. 이때 포트폴리오를 구성하는 개별기업의 수익률 상호간에 상관관계가 낮으면 일반적으로 위험이 줄어드는가?

5. (주)동양 주식을 10만원에 구입하여 12만원에 매각하였다. 그 기간 동안 배당액은 1만원이었다고 가정할 때 투자수익률은 얼마인가?

6. 다음 두 개의 주식 X, Y로 포트폴리오를 구성하려고 한다.

주 식	기대수익률	표준편차
X	15%	25%
Y	9%	18%

(1) $\rho_{XY}=0.4$일 경우 최소분산포트폴리오의 구성비율을 구하시오.

(2) 최소분산포트폴리오의 기대수익률과 분산을 구하시오.

7. 'AB포트폴리오'는 'A주식'과 'B주식'의 포트폴리오로 형성된다. 'A주식'의 표준편차가 2, 'B주식'의 표준편차가 3이고, 이 두 주식의 상관계수는 '−1'이다. 'CD포트폴리오'는 'C주식'과 'D주식'의 포트폴리오로 형성된다. 'C주식'의 표준편차가 2, 'D주식'의 표준편차가 3이고, 이 두 주식의 상관계수는 '0.5'이다. 투자자 김동양 씨는 AB포트폴리오와 CD포트폴리오에 각각 70만원씩을 투자할 생각이다. 단, 김동양 씨는 각 포트폴리오에서 위험을 최소로 하도록 A, B, C, D주식에 분산투자할 생각이다. 그렇다면, 결국 A, B, C, D주식 중에서 가장 많은 금액이 투자되는 주식과 가장 적은 금액이 투자되는 주식은 각각 어느 것이며, 얼마씩 투자가 될 것인가?

8. 지배원리에 대하여 설명하시오.

9. 최적포트폴리오에 대하여 설명하시오.

CHAPTER

7

CAPM (자본자산가격결정모형)

7.1 CAPM의 이론적 배경

'채권투자는 과학이고 주식투자는 예술'이라고 비유하는 투자자들이 있다. 채권은 가치평가모형에 의하여 현재의 가격을 비교적 정확하게 산출하는 것이 가능하지만, 주식의 가격을 이러한 이론적 모형만으로는 정확하게 추정하는 것이 매우 어렵기 때문이다. 채권은 미래의 현금흐름이 정해져 있기 때문에 기업이 부실화되지 않는 한 현재가치로 할인하여 가치평가를 할 수 있다. 그러나 주식가격을 이러한 이론적 평가모형으로 산출하더라도 이는 사실상 참고로만 사용할 뿐이다. 따라서 현실적으로 '주식가격' 자체를 추정하는 것보다는 '주식수익률' 변동이 어떤 패턴으로 일어나는가에 대한 재무이론을 연구하는 방향으로 학자들의 관심이 집중되었다. 그 재무이론의 중심에 CAPM(Capital Asset Pricing Model : 자본자산가격결정모형)이 있다.

7.1.1 CAPM 이전의 재무이론

1920년대 이전 미국에서의 재무관리 과제는 자본시장 제도, 회사설립, 합병, 자산평가 등이 주류였다. 여유자금은 기업이 스스로 갖고 있는 경우가 많았다. 가계의 자금이 기업으로 흐르는 구조가 아니었기 때문에 자연적으로 화폐유통이 원활히 이루어지지 않았고, 가계와 기업이 모두 현금을 보유하고 있다 보니 인플레이션의 위험이 뒤따를 수 있었다. 이러한 상황하에서, 미국에서는 공황이 주기적으로 수차례 반복되다가 마침내 1929년 대공황이 발생하였다.

이후 기업이 대형화되면서 계획에 의한 예산통제가 시작되었다. 경쟁이 더욱 심화되었고, 기업이 경쟁에서 이기려면 더 치밀한 계획이 필요했다. 또한 1930년대에 들어서는 대공황을 계기로 기업에 대한 관련 법규가 정비되었으며, 기업의 공공성이 강조되면서 재무제표에 대한 규

정도 강화되었다. 그 결과 금융시장이 활성화되면서 이에 대한 사항이 재무관리연구의 주요 영역으로 확장되었다.

1950년대에 들어 투자결정과 관련한 불확실성을 극복하려는 시도들이 나타나기 시작하였다. 만일 미래에 일어날 상황이 확실하다면 '재무관리'에서는 아무것도 하지 않아도 된다. 지금 어떠한 노력을 해도 이미 미래가 결정되어 있다면 특별히 노력할 이유는 없다. 결국 기업 운영에 있어서 '불확실성'이 존재하고, 이 불확실성을 극복하기 위한 연구를 '재무관리' 분야에서 집중적으로 수행하였다.

이 당시, 재무관리 분야의 노력과 시도들은 불확실성을 감소시키기 위한 것에 초점을 두었다. 재무관리 학자들은 기업이 직면하게 되는 금융시장의 불확실성을 감소시켜 기업이 가치극대화에 성공할 수 있도록 하는 데 도움이 되는 이론들을 연구하기 시작했다. 한편, 또 다른 관점에서는 불확실성을 감소시키기 위하여 '정보'가 필요했는데, 이러한 정보를 조합하는 능력을 키우기 위해 '재무비율분석'과 관련된 이론들에 대한 관심이 높아졌다.

7.1.2 CAPM 이후의 재무이론

1960년대에는 포트폴리오 이론과 CAPM을 통해 과학적인 기업가치평가 및 투자이론에 대한 연구가 이루어졌다. 이들 이론은 여러 실증연구들의 뒷받침을 받으며 아직까지도 재무관리의 이론적 영역에서 중요한 위치를 차지하고 있다. '포트폴리오 이론'은 위험을 측정하는 방법을 제시하여 분산투자의 원리를 제시하였으며, 합리적 투자를 위한 행동지침을 제공했다. CAPM은 불확실성을 의미하는 '위험'이라는 것을 '체계적 위험'과 '비체계적 위험'으로 나눔으로써 투자자들이 어떤 위험을 감소시킬 수 있으며 어떤 위험을 감소시킬 수 없는지에 대한 이론적 근거를 제시하였다.

1980년대 이후 40여 년간 옵션, 선물 등 파생상품 등이 금융시장에서 주목받으면서, 파생상품 이론은 현재까지 재무관리의 가장 첨단 이론을 형성하고 있다. 그런데 재무관리의 이론들은 일반화(Generalization)를 위한 측면이 강하며 현실에 부합되지 않는 특별한 가정을 하는 경우들이 많다. 따라서 이러한 이론을 실무에 적용하기 위해서는 이들 가정들을 고려하고, 가정이 적용되지 않을 때의 효과를 별도로 판단해야 한다. 즉, '이론'이라는 것은 실제에서 나타날 수 있는 많은 상황들에 대한 '표준'을 제시한 것이지 언제 어디에나 적용될 수 있는 '만병통치약'은 아니다. 따라서 재무관리의 이론들이 실무에 적용될 가능성이 낮다는 것을 무조건적으로 비판하기보다는 이들 이론들의 가정을 하나씩 완화하면서 이러한 부분이 실무에서 어떤 의미를 갖는가를 생각해 볼 필요가 있다.

7.2 CAPM의 의의

7.2.1 포트폴리오 이론과 CAPM

CAPM[1)]은 균형시장에서 자본자산의 기대수익률과 위험의 관계를 설명한다. 포트폴리오 이론이 총위험만을 측정한 반면, CAPM은 시간에 대한 보상(무위험이자율 혹은 현재가치화하는 데 사용되는 할인율)과 위험에 대한 보상(체계적 위험을 고려한 위험프리미엄)을 분리하여 설명한다. 즉, CAPM은 무위험자산과 위험자산의 효율적 조합을 통해 투자안의 기대수익률을 개선시킬 수 있다고 주장한다.

1) Sharpe, Lintner, Mossin에 의하여 처음 제시된 자본자산가격결정모형이다.

7.2.2 CAPM이 성립되기 위한 기본 가정

CAPM이 성립되기 위해서는 여러 가정[2]을 만족시켜야 한다. 현실적으로 이러한 가정을 모두 만족시키는 상황은 존재하기 어렵다. 하지만 이러한 가정하에서 도출된 CAPM으로부터 자본시장의 분석을 수행한다면 주식시장 등의 움직임을 예측하는 데 큰 도움이 될 수 있다.

7.3 CML(자본시장선)

포트폴리오 이론에서 언급한 효율적 투자선은 위험자산에 대한 투자안 중 효율적 포트폴리오들의 집합이다. 효율적 투자선은 위험자산만을 대상으로 하지만, 일반적으로 투자대상에는 위험자산만 있는 것이 아니라 국공채 등 무위험자산도 존재한다(국공채의 경우에도 국가가 부도가 나거나 국가가 없어지면 채권을 돌려받지 못하는 위험이 존재한다. 하지만 국가가 부도나는 경우는 상당히 드문 경우이기 때문에 국공채는 일반적으로 무위험자산으로 분류한다). 따라서 무위험자산의 개념을 도입하면, 효율적 투자선의 개념을 이론적으로 더 발전시키는 것이 가능하게 된다.

2) CAPM의 주요 가정은 다음과 같다. 투자자들은 기대효용을 극대화하고자 하며 위험회피형이다. 평균-분산모형에 따라 포트폴리오를 선택하며, 투자자들은 자산의 수익에 대한 동질적 예측을 갖는다. 그리고 시장에는 무위험자산이 존재해야 하며, 무위험자산을 무위험이자율로 차입하거나 대출할 수 있어야 한다. 그리고 거래비용이 없고 정보를 취득하는 데 추가적 비용이 소요되지 않는 균형시장이 존재해야 한다.

7.3.1 시장포트폴리오의 구성

원래 효율적 투자선은 위험자산에 대한 것만을 고려하였지만, 만일 무위험자산을 포함시키면 위험자산과 무위험자산의 배분을 통해 가장 선호되는 포트폴리오를 선택할 수 있게 된다. 이러한 투자안을 연결한 것이 CML(Capital Market Line : 자본시장선)이다. 즉, CML은 위험자산뿐 아니라 무위험자산이 포함된 경우의 효율적 투자선을 의미한다.

CML을 도출하기 위해서는 [그림 7.1]과 같이 일단 위험자산에 대한 고려만으로 마코위츠의 효율적 투자선 AMB를 선정하는 작업이 먼저 이루어진다. 그 다음 투자대상을 무위험자산까지 확장시키면, 마코위츠의 효율적 투자선 AMB보다 더 효율적인 투자선을 얻을 수 있다.

만약 모든 자산을 무위험자산으로만 보유하고 있을 경우에는 위험은 0이면서 R_f의 수익을 올릴 수 있다. 만약 위험이 매우 높은 투자안을 선택한다면 C점도 가능하다. 즉, C점에서는 기대수익률이 높고 위험도 높다. 원래 효율적 투자선은 AMB를 잇는 선이었지만, 무위험자산을 도입함으로써 R_f와 P_m, 그리고 C를 잇는 선에서 투자안을 선택할 수 있게 된다. [그림 7.1]에서 $R_f P_m$ C로 연결된 선이 CML이다. 여기서, P_m을 시장포트폴리오라 하는데, 무위험자산과 P_m을 대략 50%씩 투자

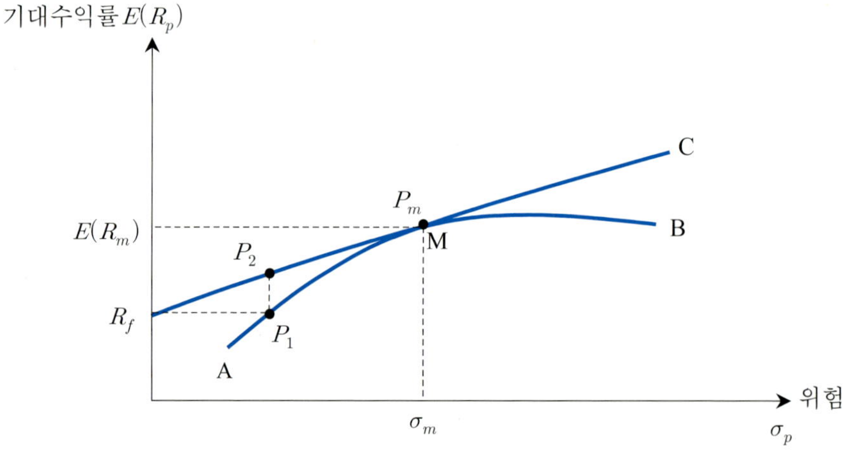

[그림 7.1] 무위험자산과 효율적 포트폴리오

하는 포트폴리오를 형성한다면 원래 효율적 투자선상의 투자안인 P_1보다 확실히 우월한 P_2를 선택하는 것이 가능해진다.

7.3.2 CML의 도출

무위험자산에서의 투자와 차입이 가능하다면, 투자자들은 위험자산과 무위험자산을 적절히 배분하여 효용을 증대시키는 것이 가능하다. 따라서 CML은 무위험자산과 시장포트폴리오의 투자비율을 달리함으로써 여러 투자자의 효용을 만족시킬 수 있다. 즉, 무위험자산에 w만큼을 투자하고 시장포트폴리오에 $(1-w)$를 투자하여 투자자는 자신의 효용을 극대화할 수 있다. 여기서 무위험자산과 시장포트폴리오의 구성비율에 따라 대출포트폴리오와 차입포트폴리오의 개념이 등장한다.

이러한 개념을 정리하면 다음과 같은 CML의 수식이 도출된다.

$$E(R_p) = R_f + \left[\frac{E(R_m) - R_f}{\sigma_m}\right]\sigma_p \tag{7.1}$$

예제 7.1

무위험이자율이 5%이고, 시장수익률이 10%이며, 시장포트폴리오의 표준편차는 20%이다. 이 경우 CML상에 위치하고 표준편차가 40%인 포트폴리오의 기대수익률은 얼마인가?

해답

$$E(R_p) = 0.05 + \frac{(0.1 - 0.05)}{0.2} \times 0.4 = 0.15$$

대출포트폴리오는 일부 자금으로 무위험자산을 매입하여 포트폴리오를 형성한다는 의미이다. 무위험자산은 미래수익을 확실히 예측할 수 있어 수익률의 변동가능성이 없는 자산으로 국공채, 정기예금 등을 의미한다(국공채를 매입할 경우 현금을 주고 국공채를 사온다. 즉, 국공채매입은

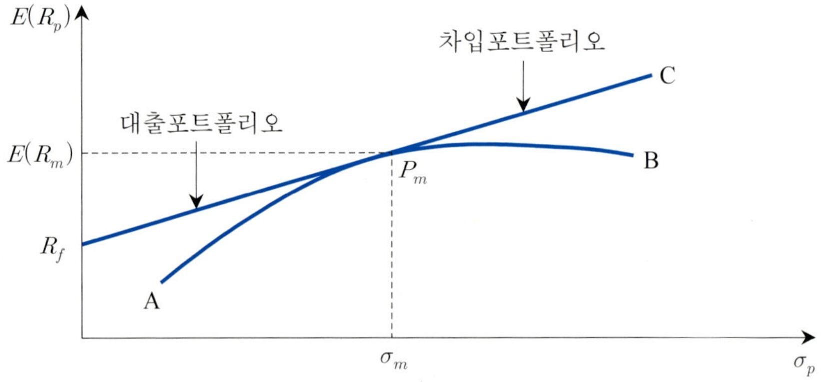

[그림 7.2] **CML(자본시장선)**

현금을 국가에 빌려주는 의미가 있고, 따라서 자금을 대출한다는 표현을 사용한다). 따라서 [그림 7.2]의 CML에서 P_m 왼쪽에 위치한 포트폴리오를 의미한다. 즉, 대출포트폴리오는 [그림 7.2]와 같이 R_f와 P_m 사이에 위치한 포트폴리오를 의미한다.

차입포트폴리오는 무위험이자율로 자금을 차입해 시장포트폴리오에 투자하는 것을 의미한다(무위험자산의 이자율로 자금을 차입할 수 있다는 것은 CAPM 이론의 주요 가정 중 하나이다). 만일 현재 보유금액과 동일한 규모의 자금을 무위험이자율로 차입하여 시장포트폴리오에 투자했다면 무위험이자율에의 투자비율은 (−)100%, 즉 (−)1이 되며 시장포트폴리오에의 투자비율은 200%가 된다. [그림 7.2]의 CML에서 P_m의 오른쪽에 위치한 포트폴리오가 차입포트폴리오이다.

무위험자산과 시장포트폴리오 P_m의 구성비율은 투자자 자신의 효용수준을 극대화할 수 있는 지점에서 결정된다. 이렇게 효용수준을 극대화할 수 있는 지점은 무위험자산과 시장포트폴리오의 투자비율을 계속적으로 변경해 봄으로써 탐색한다. 무위험자산에 w만큼 투자하고 시장포트폴리오에 $(1-w)$만큼 투자한다고 가정하면 해당 포트폴리오의 기대수익률과 위험은 식 7.2 및 식 7.3과 같다.

$$E(R_p) = w \times R_f + (1-w) \times E(R_m) \tag{7.2}$$

$$\sigma_p^2 = w_{R_f}^2 \sigma_{R_f}^2 + (1-w)^2 \sigma_m^2 + 2w(1-w)\sigma_{R_f}\sigma_m \rho_{R_f m} \tag{7.3}$$

여기서 무위험자산 R_f의 σ_{R_f}가 0이기 때문에 $\sigma_p^2 = (1-w)^2 \sigma_m^2$이 된다.

예제 7.2

무위험이자율 5%, 시장수익률 10%, 투자자가 현재 보유한 금액과 동일한 규모의 자금을 무위험이자율로 차입하여 해당 금액 모두를 표준편차가 10%인 시장포트폴리오에 투자한다고 가정한다. 이 차입포트폴리오의 기대수익률과 표준편차는 얼마인가?

해답

$E(R_p) = (-1) \times 0.05 + [1-(-1)] \times 0.1 = 0.15$

$\sigma_p^2 = [1-(-1)]^2 \times 0.1^2 = 0.04$

7.3.3 Fisher의 분리정리

시장이 존재하지 않을 경우 현재의 소비수준을 결정하면 나머지는 원금 그대로 미래의 소비가 된다. 즉, 현재 소비하지 않은 자금은 저축이 되고, 이 저축을 이용해서 미래에 소비하게 된다. 그러나 시장이 존재하면 현재 소비하고 남은 금액은 자연스럽게 투자가 될 수 있다. 투자를 하면 더 높은 수익을 얻을 수 있기 때문에 저축의 경우보다 더 많은 미래 소비가 가능할 수 있다. 즉, 시장의 존재로 인하여 소비와 투자는 서로 연계된다.

투자에는 실물에 대한 투자와 금융상품에 대한 투자가 있다. 만약, 금융시장이 존재하지 않는다면 소비를 하고 남은 금액은 실물자산에 투자될 것이다. 즉, 금융시장과 실물시장 중 한 시장만 있다면 현재 소비를 하지 않을 경우 남은 금액은 그 시장에 투자된다. 두 시장이 모두 존재할 경우, 현재 소비를 줄이면 그 대안으로 일정한 이자율을 지급받는 금융시장에 투자할 수도 있고, 실물시장에 투자할 수도 있다. 두 시장에서의 투자기회가 동시에 존재할 때, 실물자산 투자가 유리하다는 판단이 든다면 금융시장을 통해 자금을 차입해 실물자산에 투자를 하는 것도 가능하다. 즉, 금융시장이나 실물시장 중 각각 하나만 존재할 때에는 소비하고 남은 것이 바로 투자되었으나, 두 시장이 모두 존재할 때에는 금융시장에서의 차입 등을 통하여 추가적인 투자가 이루어질 수도 있다. 이때의 투자는 소비수준과 상관없이 이루어지게 된다. 즉, 금융시장이 없는 경우에는 소비수준에 따라 투자수준이 결정되는 과정이 서로 밀접히 연관되는 데 비해, 금융시장이 발달된 경우에는 소비수준에 상관없이 투자의 결정과정이 분리되어 별도로 이루어진다. 그래서 이를 Fisher의 분리정리(Fisher's Separation Theorem)라 한다.

7.3.4 효율적 시장과 CAPM의 관계

'효율적 시장(Efficient Market)'이 성립하기 위해서는 주식매매 등에 큰 장벽이 없고, 거래되는 주식에 관한 정보가 주식투자자들에게 적은 비용으로 널리 이용가능해야 하며, 정보가 신속하고 충분히 주식가격에 반영되어야 한다. CAPM은 이와 같은 효율적 시장의 조건을 바탕으로 하여 성립될 수 있는 이론이다.

CAPM은 개별주식의 평균적인 기대수익률을 추정하는 식인데, 모든 정보가 시장에 반영되어 있음을 가정하고 이에 대한 민감도를 고려하여 기대수익률을 산출한다. 따라서 모든 정보가 공정하게 시장에 반영되어 있지 않고 특정인들이 자신들만이 획득한 정보로 초과수익을 얻는다면 이런 경우는 CAPM으로 설명되지 않는다.

'효율적 시장'의 조건하에서는 모든 투자자에게 정보가 공정하게 제공되므로 내부자거래(회사내부사정에 밝은 사람이 남들은 모르는 내부정보를 이용해 불공평한 이득을 얻게 되는 거래), 시장조작(작전성 주가조작) 등이 있을 수 없다. 즉, 어느 누구도 정상적인 상황에서는 특별히 '초과이익'(시장수익률보다 높은 이익)을 얻을 수 없다. 효율적 시장 이론에 의하여 정보는 이미 신속하게 반영되어 있기 때문에 누군가가 주식을 사고자 했을 때에는 이미 주가는 올라 있어 평균적으로 시장수익률보다 높은 이익을 얻을 수 없다. 이러한 균형조건하에서는 CAPM으로부터 산출된 기대수익률이 이론상 정확하다. 어떤 사람들은 주가를 과소평가할 수도 있고, 다른 사람들은 과대평가할 수도 있을 것이다. 또한, 어떤 사람들이 계속 비합리적일 수 있고, 많은 사람들이 한때 비합리적일 수 있다. 그러나 많은 사람들이 계속 비합리적일 수는 없다. 주가는 결국 평균적으로는 정확한 기대수익률을 반영하게 된다.

실제 주식시장에서는 어떤 투자자가 초과이익을 올린 것처럼 생각되기 쉽다. 어떤 한 투자자가 자신의 투자수익을 극대화하기 위하여 새로운 정보를 입수하려고 노력하여 새 정보가 있을 때 잠시 초과수익을 올릴 수 있는 것처럼 보이기도 한다. 하지만 그 정보는 거의 동시에 시장에 반영되어 CAPM의 기대수익률 이상의 수익을 얻기는 힘든 것으로 본다.

물론, 이상과 같은 '효율성'의 조건과 CAPM의 가정을 모두 갖춘다는 것은 현실적으로 불가능하다. 따라서 주식투자에서 누군가는 이익을 실현하고 누군가는 손해를 본다. 그러나 검증된 결과에 따르면 우리나라의 자본시장은 '완전히 효율적'이지는 않지만 '어느 정도 효율적'인 시장(준강형 효율성 정도)이라고 받아들여지는 경향이 있다.

7.4 SCL(증권특성선)

7.4.1 시장포트폴리오의 위험

'체계적 위험'은 시장수익률에 비례하여 달라지는 위험으로 β_i로 표현하며, 분산투자에 의해서도 회피할 수 없는 분산불능의 위험이다. 예컨대,

전 세계적인 금융위기가 발생할 경우 모든 주식들이 다 하락한다. 이런 경우에는 모든 주식들의 가치가 하락하기 때문에 포트폴리오를 형성하여 주식을 분산 보유하였다 해도 위험이 낮아지지 않는다.

반면, 비체계적 위험은 개별주식과 관련된 수익률 변동 위험을 말하며 분산투자를 통하여 제거될 수 있다. 즉, 체계적 위험은 시장 전체에 연동하여 움직이는 위험이므로 포트폴리오(분산투자)를 형성하더라도 제거될 수 없는 위험이고, 비체계적 위험은 적절한 수준의 분산투자를 행하면 제거될 수 있는 개별기업 고유의 위험이다.

체계적 위험은 제거될 수 있는 위험이 아니기 때문에, 재무관리에서 주요 관심 대상은 비체계적 위험이다. 재무관리에서 비체계적 위험은 제거의 대상이고, '포트폴리오를 구성하면 위험을 줄일 수 있다'라는 명제에서 '위험'도 바로 '비체계적 위험'을 대상으로 한다. 서로 상관관계가 낮은 여러 주식으로 포트폴리오를 형성하면 위험을 줄일 수 있다. 서로 상관관계가 낮은 여러 주식으로 포트폴리오를 형성했을 때 특정주식의 비체계적 위험은 그리 중요하지 않게 되는 것이다.

상관관계가 낮은 주식들로 형성된 포트폴리오의 위험은 포트폴리오를 구성하는 주식수를 증가시킬수록 감소한다. 그러나 주식수의 증가에 의한 위험분산효과에는 한계가 있다. 일정수준까지는 위험이 감소하지만, 그 수준을 넘어서면 제거되지 않는 분산불능위험이 존재한다. 이것이 체계적 위험이다.

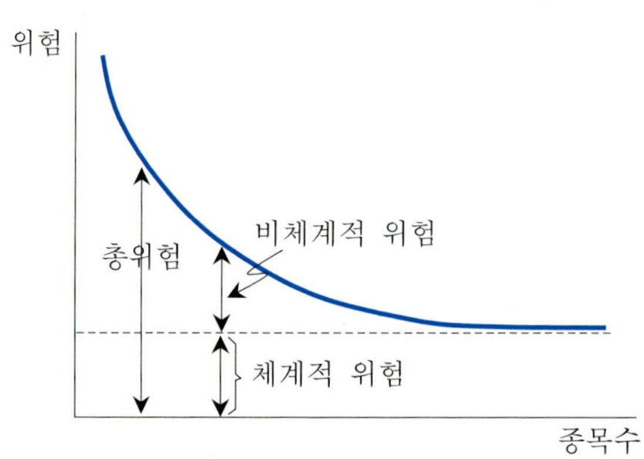

[그림 7.3] 체계적 위험과 비체계적 위험

체계적 위험을 야기하는 요인은 인플레이션, 경기후퇴, 이자율 상승 등과 같이 시장 전체에 영향을 미치는 것들이다. 반면, 기업고유요인에 의한 비체계적 위험을 일으키는 요인으로는 매출액변동, 조업상태, 노사문제, 소송 등 특정기업의 고유한 사정에 의해 생기는 위험이 있다.

한편, 체계적 위험을 완전히 제거할 수는 없지만, 시장위험보다 더 높은 위험을 갖지는 않도록 체계적 위험을 어느 정도 통제할 수 있는 수단이 고안되었다. 대표적으로 '인덱스펀드'를 구성하는 방법이 있다. 포트폴리오를 형성할 때, 시장 전체의 흐름과 유사하게 움직이는 기업들(시장수익률과 상관관계가 1에 가까운 주식들)을 골라서 투자를 한다면 시장수익률이 변동하는 것보다 지나치게 심한 수익률 변동이 일어나지는 않을 것이다. 1970년대 오일쇼크 등 기대하지 못했던 주가폭락으로 시장 전체의 변동을 반영하는 주가지수의 하락보다도 몇몇 개별주가가 훨씬 크게 하락하는 경우가 발생하였다. 그리하여 이에 대처하기 위해 펀드운용 투자성과가 시장평균수익률에 근접하도록 설계된 인덱스펀드 등이 개발되었다. 최근, 연금펀드가 많아지면서 펀드운용의 안정성이 중요하게 되어 인덱스펀드의 중요성이 점차 강조되고 있다.

결론적으로, 총위험은 체계적 위험과 비체계적 위험으로 나누어진다. 이는 식 7.4와 같이 표현된다.

$$\text{개별자산의 가격변동} = \text{시장 전체의 공통요인에 연관된 가격변동} + \text{개별기업의 고유요인에 연관된 가격변동} \quad (7.4)$$

➤ 참고 시장요인과 기업고유요인

일반적으로, 주가를 설명하는 요인은 시장요인이 70%, 기업고유요인이 30% 정도라고 받아들여진다. 즉, 아무리 그 기업이 실적이 좋은 기업이라 하더라도 그 기업이 속해 있는 경제사회가 불안정적이라면 주가상승이 제한적일 수밖에 없는 것이다. 워런 버핏은 좀더 세밀하게 시장이 70%, 업종이 20%, 개별기업이 10%의 영향을 주가에 준다고 주장한 바 있다. 또한 시장요인 70%의 대부분이 경제성장, 금리, 통화, 환율의 변동으로 설명된다고 덧붙였다. 한편, 단기, 중기, 장기로 나누어볼 때 단기에서는 심리적 부분이 추가되기 때문에 모형에서의 설명이 추세선으로부터 이탈할 수 있다고 하였다. 이탈률은 기업의 내재가치에서 20% 수준일 것이며, 2년 이상이 될 수도 있다는 주장을 하였다.

7.4.2 시장모형과 SCL

개별증권수익률 R_i와 시장수익률 R_m 간에 선형관계가 존재한다고 가정하면 개별증권수익률 R_i를 종속변수로 하고 시장수익률 R_m을 독립변수로 하는 식 7.5와 같은 회귀식을 구할 수 있는데, 이를 시장모형(Market Model)이라고 한다.

$$R_i = \alpha_i + \beta_i \cdot R_m + e_i \tag{7.5}$$

α_i : 회귀계수 절편
β_i : 회귀계수 기울기
R_m : 시장수익률
e_i : 잔차항

여기서 절편 α_i는 상수값으로 큰 의미를 두지 않아도 되며, 시장수익률 R_m은 시장 전체의 평균수익률의 의미를 갖고 있다. 미국의 경우 S&P지수수익률 또는 NYSE의 주식평균수익률이 대용치로 자주 사용되고, 우리나라의 경우 KOSPI수익률이 R_m의 대용치로 자주 사용된다. 또한 e_i는 잔차로서 비체계적 위험을 의미한다. 이는 분산투자를 통해 제거될 수 있으므로 SCL에서는 e_i의 기댓값을 0으로 간주한다. 회귀계수 β_i는 개별증권의 기대수익률이 시장수익률 변동에 반응하는 민감도를 나타낸다. 이상을 모두 반영하여 식 7.5에서 R_i 와 R_m 사이에 회귀분석을 하면 다음 식을 구할 수 있다.

$$R_i = \alpha_i + \beta_i R_m \tag{7.6}$$

여기서, β_i는 모든 주식수익률의 변동을 설명할 수 있는 하나의 공통적인 특성이 존재한다고 해서 이를 SCL(Security Characteristic Line : 증권특성선) 또는 샤프의 단일지수모형(Single Index Model)이라고 한다. 이를 그림으로 나타내면 [그림 7.4]와 같다.

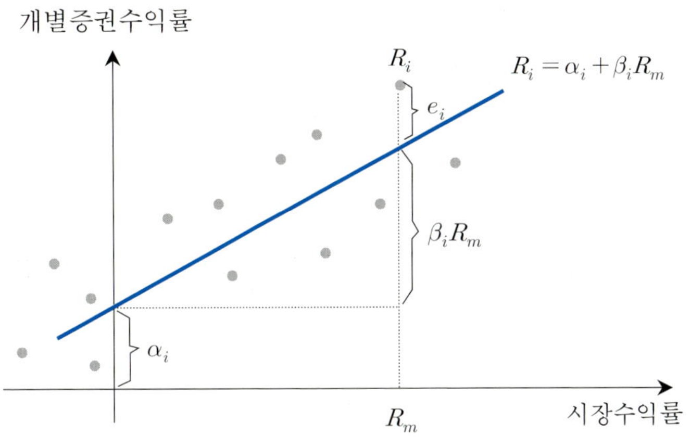

[그림 7.4] SCL(증권특성선)

➤ 참고 KOSPI

한국거래소에 상장되어 있는 기업들의 주가평균을 의미하는 용어로서 그 높고 낮음에 따라 경제 전반에 대한 판단을 하곤 한다. 1964년 최초의 KOSPI 산출이 있었고, 1980년 1월 첫 거래일에 당시 증권거래소에 상장중이었던 주식의 주가평균을 100으로 두고 이후의 시가 상승분을 지수로 표현한 것이다. 지금의 KOSPI가 3,000이라면, 이는 1980년을 기준으로 하여 전체적으로 30배가 상승했다는 것이다. 물론, 1980년 이후에 신규 상장된 기업은 그 시점으로 환산하여 지수계산에 이용된다. 한편 '코스닥지수'는 1996년 7월 1일의 코스닥 상장주식 전체의 평균을 1,000으로 간주하여 계산된다.[3] 미국의 주가지수를 나타내는 다우존스(Dow Jones)는 1896년 찰스 다우가 면화, 설탕, 가죽, 철도회사 등 회사들의 주가평균으로 하여 창안한 지수이다.

7.4.3 SCL의 위험

SCL의 기울기인 β_i는 개별주식수익률이 시장수익률 변동에 대해 반응하는 민감도를 나타낸다. 즉, β_i가 2일 경우 시장수익률 R_m이 1% 상승한다면 평균적인 개별주식의 수익률은 2% 상승한다. 반대로 시장의 수익률이 1% 하락한다면 이 주식의 수익률은 2%가 떨어질 것으로 기대된

3) 첫 코스닥지수가 발표되었던 시점에서는 100을 기준으로 지수계산을 하여 코스닥지수가 50 혹은 60으로 표기된 적도 있었으나, 이후 기준을 1,000으로 바꾸었다.

다. β_i가 1일 때에는 시장의 수익률과 개별주식의 수익률이 동일하다. 시장이 상승하면 같은 비율만큼 이 개별주식의 가격도 오르고, 시장이 하락하면 같은 비율만큼 개별주식의 가격도 떨어진다. β_i가 1보다 작을 때에는 개별주식수익률이 시장수익률 변화보다 더 적은 변화를 보인다. 시장의 수익률이 5% 상승할 때 이 주식의 수익률은 2~3% 정도만 상승하고, 시장의 수익률이 10% 하락할 때 이 주식의 수익률은 5% 정도 하락한다. 이런 식으로 시장수익률과 개별주식수익률 간의 관계를 표시한 것이 β_i이다.

한편, 잔차항 e_i는 시장수익률의 변동과는 상관없이 특정기업의 고유한 사건에 의해서 영향을 받는 개별주식수익률을 측정한 것이다. β_i는 식 7.7과 같이 구할 수도 있다.

$$\beta_i = \frac{\sigma_{im}}{\sigma_m^2} = \frac{\rho_{im}\sigma_i\sigma_m}{\sigma_m^2} = \frac{\rho_{im}\sigma_i}{\sigma_m} \tag{7.7}$$

σ_{im} : 개별주식수익률과 시장수익률의 공분산
σ_i : 개별주식수익률의 표준편차
σ_m : 시장수익률의 표준편차
ρ_{im} : 개별주식수익률과 시장수익률의 상관계수

예제 7.3

KOSPI수익률의 분산이 16이고, 삼성전자의 분산은 36이다. 그리고 KOSPI수익률과 삼성전자 수익률의 상관계수가 0.5이다. 삼성전자의 β는 얼마인가?

해답

$$\beta_i = \frac{\rho_{im}\sigma_i}{\sigma_m} = \frac{0.5 \times 6}{4} = 0.75$$

7.5 SML(증권시장선)

7.5.1 SML의 도출

시장에서 자산의 수요와 공급이 일치되도록 가격이 형성되는 상태를 균형시장이라 하고 균형시장에서 형성되는 가격을 균형가격이라 한다. SML이란 균형시장에서 개별주식 또는 포트폴리오의 체계적 위험인 β와 기대수익률 간의 관계를 설명해 주는 식이다.

개별주식의 총위험 가운데 비체계적 위험은 포트폴리오를 구성함으로써 분산가능하므로 체계적 위험만이 문제가 된다. 따라서 개별주식 또는 포트폴리오의 기대수익률은 체계적 위험의 크기를 반영하여 결정된다. 개별주식의 체계적 위험인 β와 이에 대응하는 기대수익률 간의 관계는 식 7.8과 같다.

$$E(R_i) = R_f + [(E(R_m) - R_f]\beta_i \tag{7.8}$$

$E(R_i)$: 주식 i의 기대수익률
R_f : 무위험자산의 수익률
$E(R_m)$: 시장수익률
β_i : 체계적 위험

예제 7.4

무위험이자율이 3%이고, 시장수익률이 8%이며, β가 2라고 가정할 경우 해당 주식의 기대수익률은 얼마인가?

해답

$E(R_i) = 3\% + (8\% - 3\%) \times 2 = 13\%$

7.5.2 SML의 의미

$E(R_i)$는 i라는 개별주식의 기대수익률로서 시간에 대한 보상과 위험에 대한 보상의 합계를 의미한다. R_f는 무위험수익률(Risk Free Rate of Return)로서 시간에 대한 보상만을 고려하여, 시간 경과에 따라 얻어야 할 최소한의 수익률을 말한다. R_f는 국채 및 은행이자율에 대한 수익률이 대용치로 이용된다. $E(R_m)$은 시장수익률로서 위험이 있는 자산이 거래되는 시장에서의 수익률을 말한다. $E(R_m)$은 KOSPI수익률 등을 대용치로 사용한다. $E(R_m)-R_f$는 위험프리미엄이라고 하는데, 위험자산이 거래되는 시장에서의 수익률 중 무위험수익률 이상으로 보상받아야 한다고 여겨지는 부분을 말한다. β_i는 투자안이 위험프리미엄에 대하여 갖는 민감도이다. 이때 [그림 7.5]와 같은 직선이 그려질 수 있는데, 이를 SML(Security Market Line : 증권시장선)이라 한다.

모든 기업이 $E(R_m)-R_f$만큼을 기대수익률에 포함시킨다면 모든 기업의 기대수익률이 같아진다. 그러나 각 기업의 β_i가 모두 다르기 때문에 각 기업의 기대수익률도 달라진다. 즉, β_i는 $E(R_m)-R_f$에 곱해져야 하는데, 모든 기업의 β_i가 '1'이라면 $E(R_i)=R_f+[(E(R_m)-R_f]$로 되고 모든 기업의 기대수익률은 같을 것이다. 그러나 개별기업 각각의

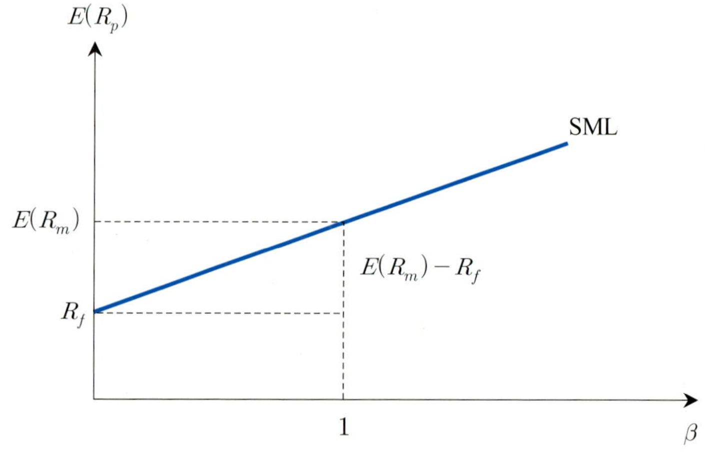

[그림 7.5] SML(증권시장선)

β_i가 '2', '0.5' 등으로 계산되어 '1'이 아니라면 개별기업의 기대수익률은 달라진다. 모든 기업들은 시장상황에 민감하게 반응하는 정도가 다르기 때문에 결국 각 기업들의 주식가격도 달라진다.

7.5.3 체계적 위험(β_i)

β_i는 주로 과거의 시계열자료를 사용하여 계산된다. β_i가 1과 같다면, 시장수익률이 증가할 때 시장수익률만큼의 위험보상을 받을 것으로 기대된다는 의미이다. 그러나 β_i가 1보다 크면, 시장수익률 이상의 위험보상을 받을 것으로 기대된다(위험이 높은 자산). β_i가 0~1 사이면, 시장수익률 이하의 위험보상을 받을 것으로 기대된다(위험이 낮은 자산). 물론 시장수익률이 감소할 때는 β_i가 1보다 크면 더 큰 손실을, β_i가 0~1 사이면 더 적은 손실을 부담한다.

개별주식의 기대수익률 $E(R_i)$는 최소한 무위험수익률 R_f만큼의 수익률이어야 한다. 만일 무위험수익률 R_f가 5%라면 개별주식의 기대수익률 $E(R_i)$도 최소한 그만큼은 되어야 한다. 하지만 개별주식은 아무래도 무위험은 아니기 때문에 위험에 대한 대가로 추가적으로 기대되는 수익률(적어도 이 정도는 되어야 한다는)이 필요하다. 그 부분을 설명하는 것이 위험프리미엄인 $E(R_m)-R_f$이다.

만일, R_f가 '0'이라고 가정하고 β_i가 '2'라면 KOSPI가 10% 상승했을 때, 이 주식은 20% 상승할 것으로 기대되고, KOSPI가 10% 하락했을 때, 이 주식은 20% 하락할 것으로 기대된다. 위험이 높은 주식인 것이다. 반대로, 같은 상황에서 β_i가 0.5이면 KOSPI가 10% 상승했을 때, 이 주식은 5% 상승할 것으로 기대되고, KOSPI가 10% 하락했을 때, 이 주식은 5% 하락할 것으로 기대된다. 위험이 낮은 주식인 것이다. 예외적으로 β_i가 '0'보다 작다면, 이론상 시장과 반대로 움직인다는 뜻인데, 실제적으로 이런 경우는 드물다.

예제 7.5

무위험이자율은 5%이고, KOSPI는 700에서 770으로 상승했다고 한다. i기업의 과거 자료로 β_i를 추정해 보니, $\beta_i=3$이었다. i기업에 투자하는 투자자가 기대하는 수익률은 얼마인가?

해답

$E(R_i)=5\%+(10\%-5\%)\times 3=20\%$

7.5.4 CML과 SML의 비교

CML은 기대수익률과 총위험의 관계를 설명하는 모형이고, SML은 체계적 위험인 β와 기대수익률 간의 관계를 설명한다.

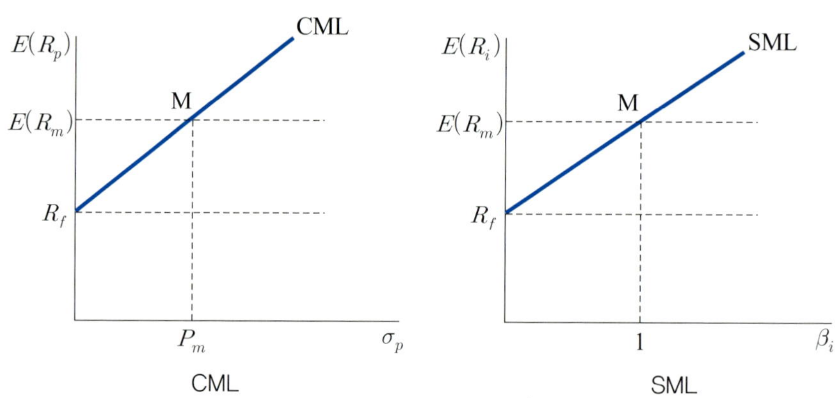

[그림 7.6] CML과 SML

7.5.5 APT

시장수익률이 과연 모든 체계적 위험을 반영하고 있는가에 대한 의문을 제기하는 학자들이 있었다. Ross는 CAPM이 시장수익률과 개별주식의 수익률 간 관계만으로 기대수익률을 설명하려 했다는 점에 의문을 제기하고 APT(Arbitrage Pricing Model)가 CAPM에 대한 대안 중 하나라고 주장하였다.

$$R_i = \beta_0 + \beta_1 F_1 + \beta_2 F_2 + \beta_3 F_3 + \beta_4 F_4 + \beta_5 F_5 + \cdots + e_i \qquad (7.9)$$

Ross는 식 7.9(APT의 식)에서처럼 F 항목들이 수익률에 영향을 미친다고 하면서 인플레이션, 시장이자율, 유가 등 수익률에 영향을 주는 거시경제변수들을 이에 포함시켰다. 즉, 시장의 거시경제변수들을 수식에 포함함으로써 체계적 위험의 범위를 구체화시켰다.

CAPM에 의해 제시되는 시장수익률이 너무 포괄적인 변수임에 반해, APT는 여러 변수들을 독립변수로 설정했다는 점에서 보다 현실적이라 할 수 있다. 다만 APT 변수들은 거시적 경제변수들로서 그 계수들의 경제적 의미에 대해 정확한 해석이 어렵다는 단점이 있다.

➤ 참고 **이상현상(Anomalies)**

CAPM으로 설명할 수 없는 경험적이며 규칙적인 현상을 이상현상이라 하는데, 소규모효과(Small capitalization effect), 저PER효과, 1월효과(January effect) 등이 이에 포함된다. 소규모효과란 시가총액이 작은 종목으로 구성된 포트폴리오는 시장평균수익률보다 높은 수익률을 낸다는 것이며, 저PER효과는 저PER 종목으로 구성한 포트폴리오들이 시장평균수익률보다 높은 수익률을 낸다는 경험적 사실을 의미한다. 1월효과란 전체 월별수익률을 구해보면 1월 수익률이 다른 달에 비해 이상할 정도로 높게 되는 현상을 가리킨다. 이 외에, 과잉반응효과는 과거 일정기간에 걸쳐 성과가 좋았던 종목들은 그 다음 기간 동안에는 성과가 떨어지며, 일정기간 동안에 성과가 나빴던 기업들은 그 다음 기간 동안 성과가 좋게 나오는 현상을 가리킨다. 이러한 현상들은 CAPM의 이론적 틀하에서는 제대로 설명이 되지 않아 이상현상이라 불린다.

7.5.6 시장이자율과 자금의 흐름

재무이론에서 '위험'이라는 것은 가치의 변동 정도를 의미한다. 만일, 은행에 1년 만기 정기예금을 들고, 시장이자율이 연간 4% 내외 정도라고 한다면, 4%의 이자를 받기 위해 예금자는 위험을 거의 부담하지 않는다. 은행이 원리금을 지급하지 못한 경우는 우리나라에서는 드물기 때문이다. 1997년 IMF 위기, 2008년 미국발 금융위기 때에는 일부 은행이 부도위기에 몰린 적이 있었다. 하지만 정부가 예금보험공사를 통해 일정수준 이내의 은행예금에 대하여 원리금지급을 보장하고 있기 때문에 여전히 은행예금은 위험이 거의 없는 투자대상이라고 할 수 있다.

실제 경제상황에서 시장이자율과 주가는 서로 반대 방향으로 움직인다. 시장이자율이 오르면 주가는 떨어지고, 시장이자율이 낮아지면 주가가 높아지는 것이 일반적 현상이다. 부동산 가격도 마찬가지로 시장이자율과 반대 방향으로 움직인다. 시장이자율이 낮아지면 부동산 가격이 상승하는 경향이 있으며 시장이자율이 높아지면 부동산 가격이 낮아지는 경향이 있다.

CAPM에서는 개별주식의 기대수익률이 KOSPI수익률에 의해 영향을 받게 된다. 높은 시장이자율 수준에서는 자금이 은행예금 쪽으로 몰리게 되고 주식시장을 향하는 자금은 적어진다. 즉, 시장이자율이 높아진다면 주가는 오르기 힘들 가능성이 높다. 경제 뉴스에서 '시중자금이 어디로 흘러갈까?'라는 문제제기를 할 때, 자금 흐름에 가장 중요한 변수는 시장이자율의 수준이다. 시장이자율이 높으면 자금은 은행으로 몰리고 시장이자율이 낮으면 자금은 주식시장이나 부동산 시장으로 흘러가게 된다. 일반적으로 가장 대표적으로 사용되는 시장이자율의 대용치로는 국채이자율, 은행의 1년 만기 정기예금 이자율, 혹은 3년 만기 은행보증 회사채수익률 등이 있다.

7.5.7 재무위험과 분산계수(CV)

재무위험(Financial Risk)은 기업의 자본구조상 타인자본이 증가할 때 나타나는 파산가능성 위험이다. 타인자본은 부채이고 부채에 대해서는 정기적으로 이자를 지불해야 한다. 즉, 재무위험은 고정비 성격의 이자비용(이익이 있든 없든 이자는 갚아야 하므로)의 비중에 따라 영향을 받는 위험이다. 이자비용 부담이 적은 기업에 비하여 이자비용 부담이 많은 기업은 영업실적이 조금만 악화되더라도 파산가능성이 높아지게 된다. 이런 기업은 시장이자율이 높아질수록 이자비용도 증가하여 파산가능성이 급격히 높아진다.

주식시장에서도 재무위험이 높은 기업들에 대해 요구되는 기대수익률은 높게 나타난다. 위험이 높기 때문에 투자자들이 요구하는 기대수익률도 높은 것이다. 이를 수치화할 때에는, 각 관찰치가 평균값(기대수익률)에서 벗어난 정도(표준편차)인 불확실성을 측정하는 지표로서 분산계수(CV : Coefficient of Variance)가 이용되곤 한다. 이는 수익률 1단위당 위험이 어느 정도인가의 의미를 갖는다. 분산계수는 식 7.10과 같이 측정된다.

$$CV(\text{분산계수}) = \frac{\text{표준편차}}{\text{기대수익률}} \tag{7.10}$$

분산계수는 기대수익률의 변동 정도를 수치로 나타낸 것이다. 기대수익률이 20%이고 표준편차가 15%인 주식의 분산계수는 15/20=0.75이다. 분산계수가 0.75이고 기대수익률이 20%라면, 이 20%는 표준편차 15% 정도로 변동을 보일 수 있다는 것을 의미한다. 평균 기대수익률은 20%이지만 실제 수익률은 5%에서 35%까지 변동될 확률이 높다.

만일 기대수익률이 30%이고 표준편차가 6%라면 이 주식의 분산계수는 6/30=0.20이다. 이 주식의 기대수익률은 24%에서 36% 사이가 될 가능성이 높다. 즉, 분산계수가 0.75일 때보다 기대수익률 변동치가 적고, 따라서 보다 안정적인 수익을 얻을 가능성이 높아진다.

연습문제

1. CAPM과 포트폴리오 이론의 차이점을 설명하시오.

2. CAPM의 식에 포함되는 β의 의미에 대하여 설명하시오.

3. 체계적 위험과 비체계적 위험은 각각 어떠한 원인에 의하여 생기는 것이며, 분산투자를 하면 비체계적 위험이 왜 없어지는가?

4. Fisher의 분리정리에 대하여 설명하시오.

5. 무위험이자율이 5%이고, KOSPI수익률이 10%이며, KOSPI의 분산이 16이고, (주)동양의 주가의 분산은 36, (주)테크노의 주가의 분산은 49이다. 그리고 KOSPI와 (주)동양, KOSPI와 (주)테크노의 상관계수는 각각 0.5이다. 투자자들이 (주)동양 및 (주)테크노에 투자할 때, 각각 어느 정도의 수익률을 기대하게 될 것인가?

6. KOSPI의 표준편차가 5이고, H사 주식의 분산이 49이다. 그리고 KOSPI와 H사 주식의 상관계수가 1이다. H사 주식의 β는 얼마인가? 그리고 이것이 나타내는 의미는 무엇인가?

7. 무위험이자율이 5%이고, 시장수익률(혹은 KOSPI수익률)이 10%인 경우, A기업은 β가 -0.5, B기업은 β가 $+0.5$, C기업은 β가 $+2$이다. 이때 A, B, C의 요구수익률(혹은 기대수익률)을 계산하시오. 각 기업의 요구수익률(기대수익률)이 차이가 나는데, 이 차이가 무엇에 기인한 것인가를 설명하시오.

8. 무위험이자율은 5%이고, KOSPI는 700에서 770으로 상승했다. 회사의 과거 자료로 β를 추정해 보니, $\beta=3$이었다. 투자자들이 회사에 투자하면서 기대하는 수익률은 얼마이며, 이 중 '위험에 대한 보상'은 얼마인가?

9. (1) 무위험이자율은 5%이고, KOSPI는 700에서 650으로 하락했다고 한다. (주)동양의 과거 자료로 β를 추정해 보니, $\beta=3$이었다. 투자자들이 (주)동양에 투자하면서 기대하는 수익률은 얼마인가?

(2) 무위험이자율은 5%이고, KOSPI는 700에서 770으로 상승했다고 한다. (주)동양의 과거 자료로 β를 추정해 보니, $\beta=0$이었다. 투자자들이 (주)동양에 투자하면서 기대하는 수익률은 얼마인가?

(3) $\beta=0$이라는 의미는 사실상 무위험이자율을 받고 은행에 예금한 것과 유사하다고 할 수 있는가?

CHAPTER

8

자본비용 및 자본구조이론

8.1 자본비용의 의의

8.1.1 자본비용의 개념은 왜 필요한가?

자본비용(Cost of Capital)은 기업이 자본을 사용하는 대가로 자본공급자에게 지급하는 비용이다. 일반 상품에 가격이 있는 것과 같이 자금의 가격역할을 하는 이자율(할인율)과 거의 같은 의미이다. 예를 들면, 기업에 필요한 자금을 은행에서 차입하는 경우 차입금에 대한 이자율이 자본비용이 되며, 기업이 필요한 자금을 주식시장에서 조달할 경우에는 주주에게 지불해야 하는 배당금 또는 기회비용을 자본비용으로 볼 수 있다. 따라서 기업은 지불해야 할 이자나 배당금보다 더 높은 수익률을 얻을 수 있을 때만 자본을 투자하여 새로운 사업을 추진하려 할 것이다.

기회비용이란, A투자안을 선택함에 따라 포기하게 된 B투자안으로부터 얻을 수 있었을 수익을 의미한다. 예를 들어, 현재 1,000만원이 있다고 할 때 이 1,000만원을 은행에 예금하면 1년에 30만원 정도의 이자를 얻을 수 있지만 이 1,000만원을 집에 보관한다면 어떤 이자도 받을 수 없다. 1,000만원을 집에 보관한다 하여 별도로 비용이 들지는 않지만 받을 수 있는 이익 30만원을 받지 못한다. 이 30만원이 기회비용이다.

회사에 보관되어 있는 내부유보이익 자금을 사용할 때 이 자금의 비용을 무료라고 생각하면 안 된다. 은행에서 대출을 받으면 이자를 지불해야 하지만, 내부유보이익금을 이용하면 이자를 지불할 필요는 없다. 그러나 이자를 별도로 지불하지 않는다 하여 비용이 없는 '무료'는 아니다.

8.1.2 자본비용의 기능

재무관리에서 자본비용 개념이 필요한 경우는 다음과 같다.

첫째, 자본비용은 투자안의 가치를 평가할 때 기준이 된다. 자본비용은 투자를 정당화하기 위한 최소한의 수익률이기 때문에 투자가치평가의 기준이 된다. 최소한 자본비용 이상의 수익률을 달성할 수 있는 투자안을 선택해야 한다.

둘째, 자본비용은 투자에 소요되는 자금의 조달방법과 최적자본구조를 결정하는 기준이 된다. 자본비용이 높으면 회사의 부담이 높아지므로 기업가치는 감소하고, 자본비용이 낮으면 회사의 부담이 감소되므로 기업가치는 증가한다. 따라서 기업은 자본비용을 어떻게 낮출 수 있는가를 고려하여 자기자본과 타인자본의 구성이 최적자본구조에 가깝게 되도록 노력한다.

셋째, 자본비용은 기업의 여러 재무의사결정에 중요한 영향을 미친다. 적정 배당액 결정, 리스금융의 이용여부, 운전자본정책 결정 등과 관련하여 자본비용은 중요한 고려요인이 된다.

8.1.3 자본비용과 기업가치

미래현금흐름 관련 변수들(이자 및 원금, 혹은 배당, 이익, 현금흐름)을 현재가치로 할인할 때 필요한 할인율이 가치평가에서 가장 중요한 역할을 담당한다. 이때, 할인율은 자본비용에 해당되는 개념이다.

할인율이 높게 설정될 경우, 미래 이익의 현재가치가 매우 적게 도출되며, 따라서 기업가치는 낮아지게 된다. 반대로 할인율이 낮게 설정되면 미래 이익의 현재가치가 상대적으로 커지게 되므로 기업가치는 높아진다. 즉, 할인율에 의해서 채권 및 기업의 가치가 크게 달라질 수 있다. 따라서 할인율이 잘못 추정되면 다른 변수가 제대로 측정되었다 하더라도 채권가격이나 기업가치는 틀리게 평가되는 것이다.

어떤 기업이 매년 CF_t만큼의 현금을 영구적으로 벌어들인다면, 이 기업의 가치(V)는 식 8.1과 같이 나타낼 수 있다(k_w는 가중평균자본비용).

$$V = \sum_{t=1}^{\infty} \frac{CF_t}{(1+k_w)^t} = \frac{CF_t}{k_w} \tag{8.1}$$

기업의 가치는 자기자본의 가치와 타인자본의 가치의 합과 같다. 기업이 벌어들인 현금흐름 CF_t 중에서 타인자본 소유주에게 매년 이자비용 I가 지급되며 자기자본 소유주에게는 $(CF_t - I)$만큼 귀속된다. 이 경우 기업가치는 식 8.2와 같이 나타낼 수 있다(k_d는 타인자본비용, k_e는 자기자본비용).

$$V = \sum_{t=1}^{\infty} \frac{I}{(1+k_d)^t} + \sum_{t=1}^{\infty} \frac{CF_t - I}{(1+k_e)^t} = \frac{I}{k_d} + \frac{CF_t - I}{k_e} \tag{8.2}$$

위의 두 관계식을 이용하여 가중평균자본비용 k_w를 식 8.3과 같이 계산할 수 있다(단, B는 부채의 시장가치, S는 주식의 시장가치).

$$k_w = k_d \times \left(\frac{B}{S+B}\right) + k_e \times \left(\frac{S}{S+B}\right) \tag{8.3}$$

자본비용은 조달된 투자액에 대해서 최소한 벌어들여야 하는 요구수익률이며 가치평가를 위한 할인율로서 기대수익률, 요구수익률, 필수수익률, 자본환원율, 할인율 등의 용어와 유사하게 사용된다.

예제 8.1

(주)동양에서는 매년 1억원의 현금흐름이 발생하며, 영구적으로 이와 같은 현금흐름을 유지할 것이라고 가정한다. 이러한 경우 (주)동양의 가중평균자본비용이 5%이면 기업의 가치는 얼마인가?

해답

$$V = \frac{1\text{억원}}{(1+0.05)^1} + \frac{1\text{억원}}{(1+0.05)^2} + \cdots = \frac{1\text{억원}}{0.05} = 20\text{억원}$$

8.2 자본비용의 종류

8.2.1 타인자본비용

타인자본비용은 부채를 사용하는 대가로 기업이 채권자에게 지급하는 비용으로 정의된다. B를 차입금, I를 이자지급액이라고 한다면, 부채의 자본비용 k_d는 식 8.4와 같이 나타낼 수 있다.

$$k_d = \frac{I}{B} \tag{8.4}$$

기업이 획득한 이익은 법인세 과세대상이 되는데, 이 중 채권자에게 지급되는 이자비용은 과세대상에서 제외된다. 이자비용은 법인세차감전비용항목이기 때문에 과세대상 이익을 줄여주는 감세효과가 있다. 즉, 법인세율이 t라고 하면, 기업은 지급이자 I만큼 세전 순이익이 감소하여 법인세 납부금액을 $I \cdot t$만큼 절약할 수 있다. 따라서 기업의 입장에서 부채의 세후자본비용은 식 8.5와 같이 나타낼 수 있다.

$$k_d = \frac{I}{B} = \frac{(I - I \cdot t)}{B} = k_d \times (1-t) \tag{8.5}$$

결국 부채의 자본비용은 법인세 절감효과만큼 상대적으로 유리한 자본조달수단일 수 있다. 따라서 기업 입장에서는 어느 정도 수준까지는 부채를 증가시키는 것이 유리할 수 있다. 다만, 부채 증가에 따라 기업의 재무위험(Financial Risk)도 증가할 수밖에 없는데, 투자자들은 이 위험부담을 보상받기 위하여 보다 높은 수익률을 요구한다.

예제 8.2

(주)서양은 10억원의 부채를 사용하고 있으며, 이에 대한 이자비용으로 매년 5천만원의 이자를 지급하고 있다. 이 경우 (주)서양의 부채에 대한 자본비용은 얼마인가? 그리고 법인세효과가 존재한다면 (주)서양의 부채에 대한 세후자본비용은 얼마인가? 단, 법인세율은 20%라고 가정한다.

해답

법인세가 존재하지 않을 경우는 $k_d = \frac{50,000,000}{1,000,000,000} = 5\%$이며, 법인세효과가 존재하는 경우 $k_d(\text{세후}) = 5\% \times (1 - 20\%) = 4\%$가 된다.

8.2.2 우선주의 자본비용

우선주는 부채와 보통주의 성격을 모두 가지고 있는 혼합증권이다. 우선주에는 미리 약정된 배당이 지급되지만, 기업의 경영의사결정에 관한 주주로서의 의결권이 없다.

즉, 우선주는 법적으로 주식이기 때문에 자기자본으로 분류되기는 하지만, 우선주 주주가 보통주 주주보다 우선적으로 약정된 배당을 받기 때문에 보통주 주주의 측면에서는 우선주를 타인자본으로 간주하는 경향이 있다. 이러한 우선주의 자본비용 k_p는 해마다 일정 배당액이 배당되는 배당수익률(Dividend Yield)과 같은 의미가 되며, 배당은 비용처리가 되지 않아 절세효과는 없다. 해마다 같은 금액 D_p가 우선주에 배당된다고 할 때 우선주의 가격 P_p는 다음과 같이 계산될 수 있다(D_p는 우선주의 주당배당액).

$$P_p = \frac{D_p}{1+k_p} + \frac{D_p}{(1+k_p)^2} + \cdots = \frac{D_p}{k_p} \tag{8.6}$$

예제 8.3

(주)고척이 발행한 액면금액 5,000원의 우선주는 약정배당률이 15%라 한다. 이 우선주의 현재 시장가격이 6,000원이며 법인세율이 40%일 때, 우선주의 자본비용을 계산하시오.

해답

우선주의 주당배당액은 액면금액(5,000원)×약정배당률(15%)=750원이 된다. 우선주의 배당은 부채의 이자와 달리 세전비용으로 처리되지 않기 때문에 법인세 절감효과가 없다. 이 우선주의 시장가격이 6,000원이므로, 우선주의 자본비용은 $k_p = \frac{D_p}{P_p} = \frac{750}{6,000} = 12.5\%$가 된다.

8.2.3 자기자본비용

자기자본비용은 기업에 자기자본을 제공한 주주들 입장에서 자신들이 부담하는 위험에 대한 대가로 요구하는 수익률이다. 자기자본에 대한 기대수익률은 이자, 법인세, 우선주배당 등을 지급한 후의 잔여이익과 주가상승에 따른 자본이득으로 구성된다. 따라서 자기자본의 기대수익률은 매우 유동적이며 상대적으로 높은 변동성(위험)을 수반하고 있다. 이와 같이 기대수익률과 실제 수익률 사이에 편차가 발생할 위험이 높으므로 주주는 그 위험에 대한 대가로 더 높은 수익률을 요구할 것이다.

자기자본비용을 구하는 방법으로는 다음과 같은 경우들이 있다.

(1) CAPM을 이용한 자기자본비용 산출

CAPM은 자본시장의 균형상태에서 자산의 위험에 상응하는 기대수익률을 구하는 이론이다. 이는 투자자의 입장에서 부담하게 되는 위험을 보상받기 위해 요구하는 최저요구수익률이기도 하다.

CAPM에 의한 개별자산의 기대수익률은 식 8.7과 같이 무위험수익률과 해당 자산의 위험프리미엄의 합으로 구성된다. 아래 식은 CAPM에서 기대수익률 $E(R_i)$ 대신 i기업의 자기자본비용 k_e를 대입한 것이다. R_f는 무위험수익률이며, R_m은 시장수익률, β_i는 i기업의 베타를 의미한다.

$$i\text{기업의 } k_e = R_f + (R_m - R_f) \times \beta_i \tag{8.7}$$

CAPM에서 특정 개별자산의 위험보상수익률은 시장포트폴리오의 위험프리미엄 $(R_m - R_f)$와 개별자산의 체계적 위험 β_i의 곱으로 결정된다. 예를 들면, 과거 48개월의 월별수익률을 이용하여 개별기업의 β_i를 추정한 후 CAPM에 대입하여 개별기업마다 고유한 자본비용을 계산하는 등의 과정을 거친다. 이때 무위험수익률이 필요한데, 무위험수익률의 대용치로 국채수익률 등이 주로 이용되곤 하며, 시장위험프리미엄은 시장수익률(KOSPI 등)과 무위험수익률의 차이로 계산된다.

이때 '무위험수익률로서 국채수익률을 대입하는 것이 과연 옳을 것인지', 'KOSPI를 시장수익률로 사용하는 것이 적정한지' 등에 대해서는 계속 논란이 존재한다. 더 나은 지수가 있으면 그 지수를 사용할 수 있지만, 현재까지는 국채수익률, KOSPI 등이 가장 일반적으로 사용되는 기준 지수의 역할을 하고 있다.

예제 8.4

무위험수익률이 7%이고, 시장수익률이 13%이며, 베타의 추정치가 1.5인 기업의 자기자본비용을 구하시오.

해답

$k_e = 0.07 + (0.13 - 0.07) \times 1.5 = 16\%$

(2) 배당평가모형을 이용한 자기자본비용

배당평가모형을 이용한 자기자본비용은 성장이 없는 경우와 성장이 일정한 경우로 구분된다. 성장이 없는 경우는 제로성장모형처럼 미래배당이 D로 일정한 경우로서 자본비용 k_e는 식 8.8과 같이 정의할 수 있다.

$$P_0 = \frac{D}{(1+k_e)} + \frac{D}{(1+k_e)^2} + \cdots + \frac{D}{(1+k_e)^\infty} = \frac{D}{k_e} \tag{8.8}$$

$$\therefore\ k_e = \frac{D}{P_0}$$

성장이 없는 경우 배당평가모형을 이용한 자기자본비용의 계산은 방법이 단순하다는 장점이 있다. 그러나 기업이 이익의 일부를 재투자하여 보다 높은 이익을 얻고, 이익이 증가함에 따라 미래배당이 점차 증가되는 경향이 있다는 것을 고려할 때 미래배당이 일정하다는 가정은 비현실적이다. 한편, 고든의 항상성장모형처럼 기업의 미래배당이 매년 일정한 비율(g)로 성장하는 경우에 자본비용 k_e는 식 8.9와 같이 정의된다.

$$P_0 = \frac{D_1}{(1+k_e)} + \frac{D_1(1+g)}{(1+k_e)^2} + \cdots + \frac{D_1(1+g)^{\infty-1}}{(1+k_e)^\infty} = \frac{D_1}{k_e - g} \tag{8.9}$$

$$\therefore\ k_e = \frac{D_1}{P_0} + g$$

식 8.9는 보통주의 자기자본비용이 배당수익률에 성장률을 더한 값으로 구해진다는 것을 의미한다.

항상성장모형에 의해 자기자본비용을 구하기 위해서는 다음 두 가지 조건을 충족해야 한다. 첫째, 배당성장률이 항상 일정해야 하며, 둘째, 그 배당성장률 g가 자기자본비용 k_e보다 작아야 한다. 그러나 배당성장률이 매년 일정하다는 가정은 비현실적이기 때문에, 일반적으로 g는 해당 기업의 과거 수년간 배당실적의 평균 증가율을 사용하기도 한다.

예제 8.5

현재 주식가격이 5,000원이며 해당 연도 말 보통주에 대한 배당을 200원 예상하고 있다. 연간 기대성장률이 4%일 경우 자기자본비용은 얼마인가?

해답

$$k_e = \frac{200}{5,000} + 0.04 = 8\%$$

(3) 신주발행에 따른 자기자본비용

기업이 새로운 주식을 발행하는 경우, 주식청약서·주권 등 인쇄비, 납입금보관은행에 대한 수수료, 주주모집을 위한 광고비, 변경 등기를 위한 등록세 등 발행비용이 발생한다. 따라서 자기자본비용을 측정할 때 자본비용에서 발행비용만큼을 조정해야 하므로 항상성장모형의 식 8.9는 식 8.10과 같이 수정된다. 이 식에서 F_c는 보통주 1주당 발행비용 비율을 의미한다.

$$k_e = \frac{D_1}{P_0(1-F_c)} + g \tag{8.10}$$

예제 8.6

현재 주식가격이 5,000원이고 해당 연도 말 보통주에 대한 배당을 200원으로 예상하고 있다. 연간 기대성장률이 4%이고, 신주발행에 따른 발행비용이 3%일 경우 자기자본비용은 얼마인가?

해답

$$k_e = \frac{200}{5,000 \times (1-0.03)} + 0.04 = 8.12\%$$

8.3 여러 유형의 자본비용이 존재할 경우

8.3.1 가중평균자본비용의 의의

자본비용은 타인자본비용과 자기자본비용을 모두 고려한 '가중평균자본비용(WACC : Weighted Average Cost of Capital)'으로 산출되어 재무의사결정에 이용된다. 즉, 자금의 출처별 자본비용을 구한 다음 각 자금의 구성비율에 따라 가중평균하여 산출한다. V를 기업의 총가치, B를 타인자본의 가치, S를 자기자본의 가치라고 한다면, 가중평균자본비용은 식 8.11과 같이 측정될 수 있다.

$$k_w = k_d \times \frac{B}{V} + k_e \times \frac{S}{V} = \frac{k_d \cdot B + k_e \cdot S}{V} \tag{8.11}$$

만약 세금이 존재한다고 가정할 경우 식 8.11은 다음 식 8.12와 같이 변형된다(t=세율).

$$k_w = k_d \times (1-t) \times \frac{B}{V} + k_e \times \frac{S}{V} = \frac{k_d \cdot (1-t) \cdot B + k_e \cdot S}{V} \tag{8.12}$$

예제 8.7

(주)동양은 자기자본으로 1억 5,000만원, 부채로 5,000만원을 조달하고 있다. 부채에 대해서는 연간 15%의 이자를 갚아야 하고, 자기자본에 대해서는 연간 10%의 배당을 해주어야 한다(단, 부채에 대한 이자는 세법상 비용으로 인정받기 때문에 절세효과가 있으며, 법인세율은 20%라고 가정한다). (주)동양의 가중평균자본비용은 얼마인가?

해답

$$k_w = 0.15 \times (1-0.2) \times \frac{50{,}000{,}000}{200{,}000{,}000} + 0.1 \times \frac{150{,}000{,}000}{200{,}000{,}000} = 10.5\%$$

한편, WACC(가중평균자본비용)를 산출할 때에 각 자본비용에 대한 가중치를 구하는 방법으로는 두 가지가 있다.

첫째, 장부가치로 가중평균하는 방법이 있다. 자기자본과 타인자본에 대한 가중치로 장부가치를 이용할 때에는 재무제표상의 자료를 그대로 이용한다. 재무제표상의 자기자본과 타인자본을 그대로 활용하여 가중평균을 구하는 방법이다. 계산은 간편하지만, 재무제표상의 수치는 보통 과거 회계자료를 이용한 역사적 원가이기 때문에 새로운 투자안에 적용할 할인율로서는 한계가 있다.

둘째, 시장가치로 가중평균하는 방법이 있다. 사채, 우선주, 보통주 등 자본구성항목들을 모두 증권시장 거래가액으로 평가하고 이를 가중치로 사용하여 WACC를 산출한다. 이론적으로 타당하지만, 시장에서 사채, 우선주, 보통주 등의 가격을 모두 별도로 구해야 하는 번거로움이 있다.

만약 해당 기업의 주식이 상장되지 않아 거래가 제대로 이루어지지 않으면 시가정보를 얻는 것은 더욱 어렵다. 또한 상장되어 있어 주가를 바로 파악할 수 있다 하더라도 주가는 매일 변화한다. 주식가격이 변동할 때마다 자본구조를 일일이 변화시키는 것도 불가능하다.

예제 8.8

다음 자료를 이용하여 물음에 답하시오(법인세는 없다고 가정한다).

자본원천	장부가치	시장가치	자본비용
부채	15,000	15,000	10%
보통주	10,000(=5,000원×2주)	35,000	5%
합 계	25,000	50,000	

1) 장부가치에 의한 WACC를 구하시오.
2) 시장가치에 의한 WACC를 구하시오.
3) 두 가지 방법 중 어느 방법에 의한 WACC가 이론적으로 보다 나은 방법인가?

해답

1) 장부가치에 의한 $k_w = 10\% \times \frac{15,000}{25,000} + 5\% \times \frac{10,000}{25,000} = 8\%$

2) 시장가치에 의한 $k_w = 10\% \times \frac{15,000}{50,000} + 5\% \times \frac{35,000}{50,000} = 6.5\%$

3) 시장가치의 객관성만 확보한다면 장부가치보다 시장가치에 의한 방법이 타당한 방법이다. 목적적합한 정보 산출이 가능하며, 현실을 반영한 자본비용 계산이 가능하기 때문이다.

8.3.2 가중평균자본비용의 산출과 기업가치

기대현금흐름은 투자의사결정에 의해 결정되고 그 결과는 기업가치에 큰 영향을 미친다. 다만, 같은 수준의 기대현금흐름이 발생했다 하더라도 자본비용을 줄임으로써 기업가치를 더 증대시킬 수 있다. 자본비용은 자금의 조달방법에 따라 영향을 받는데, 만약 가중평균자본비용을 최소화함으로써 기업가치를 극대화할 수 있는 자본구조가 존재한다면 재무관리 담당자가 이를 찾는 것은 투자결정 이상으로 중요한 일일 것이다.

(1) 타인자본의 가치

자본구조이론에서는 영속기업을 가정하므로 부채도 영구부채로 가정한다. 따라서 부채의 가치는 미래에 지급될 이자비용의 현재가치이므로 식 8.13과 같다. 여기서 B는 부채(타인자본)의 가치, k_d는 부채의 이자율로 타인자본비용을 의미한다.

$$B = \sum_{t=1}^{\infty} \frac{I}{(1+k_d)^t} = \frac{I}{k_d} \tag{8.13}$$

식 8.13에서 타인자본비용(k_d)은 식 8.14와 같이 도출된다.

$$k_d = \frac{I}{B} \tag{8.14}$$

(2) 자기자본의 가치

일정한 순이익이 영속적으로 발생한다는 가정이 성립하면 자기자본의 가치는 식 8.15와 같다. 여기서 S는 자기자본의 가치, E는 순이익, k_e는 자기자본비용을 의미한다.

$$S = \sum_{t=1}^{\infty} \frac{E}{(1+k_e)^t} = \frac{E}{k_e} \tag{8.15}$$

식 8.15에서 자기자본비용(k_e)은 식 8.16과 같이 도출된다.

$$k_e = \frac{E}{S} \tag{8.16}$$

(3) 기업의 가치

자기자본과 타인자본으로만 조달하는 경우 기업가치는 자기자본의 가치와 부채의 가치를 합한 값이므로 식 8.17과 같다.

$$V = S + B \tag{8.17}$$

한편, 가중평균자본비용은 타인자본비용과 자기자본비용을 가중평균한 값으로 식 8.18과 같다.

$$k_w = k_d \times \frac{B}{V} + k_e \times \frac{S}{V} = \frac{k_d \cdot B + k_e \cdot S}{V} \tag{8.18}$$

예제 8.9

(주)민성은 매년 현금흐름이 5억원 발생하고 있으며, 향후에도 이러한 흐름은 지속될 것이라고 예상하고 있다. (주)민성의 자기자본은 2억원이고, 이에 대한 요구수익률은 10%이며, 부채는 5억원이고, 해당 부채에 대한 이자율은 8%이다. 법인세율이 20%라고 가정할 경우 (주)민성의 기업가치를 계산하면 얼마인가?

해답

$$k_w = 8\% \times (1-20\%) \times \frac{5억원}{7억원} + 10\% \times \frac{2억원}{7억원} = 7.43\%$$

$$V = \frac{5억원}{0.0743} = 67.29억원$$

8.3.3 EVA를 이용한 가중평균자본비용

자본비용을 추정하는 또 하나의 방법이 경제적 부가가치(EVA : Economic Value Added)를 이용하는 방법이다. 회계적으로는 포괄손익계산서의 당기순이익에서 자기자본비용을 차감해 주는 것으로 정의된다. 포괄손익계산서의 당기순이익은 타인자본에 대한 이자비용만 차감시키고 자기자본에 대한 기회비용은 고려하지 않는다. EVA는 이를 개선하여 자기자본에 대한 기회비용도 고려한 지표라 할 수 있다.

자본비용을 추정하는 단 하나의 방법은 존재하지 않는다. 따라서 각 회사별로 그 회사 특성에 맞는 신용도 및 경제적 상황을 고려하여 그 회사의 고유한 자본비용을 추정해야 한다. 자본비용 추정과 관련된 정교한 이론이 아직 개발되어 있지 않기 때문에 자본비용에는 여러 측정오차가 발생할 수 있다는 점도 감안해야 한다.

8.4 신용평가기관

8.4.1 신용평가기관의 역할

신용도가 높은 기업은 자금조달시 낮은 수준의 자본비용으로도 자금을 조달할 수 있지만, 그렇지 않은 기업은 높은 자본비용을 부담하게 마련이다. 이는 해당 기업에 대한 공식적인 신용도 평가에 따라 큰 영향을 받는다. 공식적인 신용도 평가는 주로 국내외에서 인정받는 신용평가기

〈표 8.1〉 세계적 신용평가기관의 신용등급 평가기준 예시

이자 및 원금 상환가능성 최상수준	AAA	Aaa
이자 및 원금 상환가능성 매우 높음	AA+ AA AA−	Aa1 Aa2 Aa3
이자 및 원금 상환가능성 높음. 미래 환경변화에 따라 저하가능성	A+ A A−	A1 A2 A3
이자 및 원금 상환가능성 인정. 미래 환경변화에 따라 저하가능성	BBB+ BBB BBB−	Baa1 Baa2 Baa3
이자 및 원금 상환가능성 인정. 미래 안정성 보장 못하는 투기수준	BB+ BB BB−	Ba1 Ba2 Ba3
이자 및 원금 상환가능성 약함. 투기적인 면이 강함	B+ B B−	B1 B2 B3
채무불이행의 가능성이 있음	CCC	Caa
채무불이행의 가능성이 높음	CC	Ca
현재 연체이자가 있고 채무불이행 가능성이 높음	C	C
지급불능상태에 있음	D	

관들에 의해 이루어진다. 이 신용평가기관들이 해당 기업의 채권을 신용도가 양호하다고 평가하면 보다 낮은 금리로 자금을 유치할 수 있지만, 신용평가기관들이 해당 기업의 신뢰도를 낮게 평가하면 그만큼 높은 금리를 지불할 가능성이 높다.

세계적으로 지명도가 높은 신용평가기관으로는 미국의 Standard & Poors, Moody's, 영국의 Fitch IBCA 등이 있다. 이들 기관에서 사용하는 평가기준 및 등급은 〈표 8.1〉의 사례들과 같은 방식으로 제공된다.

뉴욕의 월가(Wall Street)에서는 B등급 수준만 되더라도 사실상 '투자부적격'으로 보기도 한다. 투자부적격 기업에 대해서는 대출이나 투자를 하지 않는 것이 원칙이며, 이러한 신용등급에 따라 실질적인 대출이자율 등이 정해진다.

8.4.2 국내 신용평가기관

국내에도 국내 기업들을 대상으로 회사채 등을 평가하는 신용평가기관이 있다. 한국신용평가, 한국신용정보, 한국기업평가 등이 대표적인데, 이들 평가기관들은 주로 회사채나 CP의 발행을 원하는 기업의 등급을 매겨 발표한다. 신용평가기관의 신용분석에서는 주요 회계자료 등이 이용되며, 이 외에도 '기업체의 업력', '기업의 규모(자산 혹은 매출 규모)', 생산전망, 시장점유율, 국제경쟁력 등도 점수화시켜, 종합점수 100점 만점 등을 기준으로 하여 등급을 매기기도 한다.

8.5 자본구조란 무엇인가

자본구조이론은 기업가치를 극대화하는 최적자본구조를 찾고자 하는 이론이다. 주식이나 내부이익금을 바탕으로 하는 자기자본의 기회비용과 회사채발행이나 차입에서 비롯되는 타인자본비용은 서로 다르다. 따라서 자기자본과 타인자본의 구성비율에 따라 기업가치를 측정하는 데 필요한 할인율인 가중평균자본비용이 변화하게 되는데, 가중평균자본비용이 변화하게 되면 결국 기업가치도 변화하게 된다. 가중평균자본비용과 기업가치는 식 8.19와 같은 관계이므로 가중평균자본비용의 변화는 직접적으로 기업가치의 변화를 가져온다.

$$\text{기업가치}(V) = \frac{\text{미래현금흐름}(CF)}{\text{가중평균자본비용}(WACC)} \tag{8.19}$$

자본구조의 변화가 할인율 변화와는 관계가 없다고 보는 견해, 즉 자본구조의 변화가 기업가치의 변화와 관련이 없다고 보는 이론을 무관련이론이라 한다. 반면, 자본구조의 변화가 할인율에 영향을 미치고 따라서 기업가치도 변화한다고 보는 이론을 관련이론이라 한다. 관련이론에서는 기업의 가치를 극대화시키는 최적자본구조가 존재한다고 본다.

자본구조이론은 다음과 같은 가정에 기반하고 있다.

① 기업의 자본조달은 타인자본과 자기자본의 두 가지 형태에만 의존한다.

② 기업은 자본규모의 변화 없이 자본구조를 변화시킬 수 있다. 이는 사채를 발행하여 보통주를 매입하거나, 보통주를 발행하여 사채를 상환함으로써 가능하다.

③ 모든 기업의 영업위험은 동일하다.

④ 기업의 미래 영업이익의 확률분포는 매기 일정하기 때문에 기업

의 기대영업이익은 일정하고, 영속적이다.

⑤ 기업의 순이익은 모두 주주에게 배당으로 지급된다.

⑥ 일체의 세금이 존재하지 않는다.

⑦ 재무적 파산비용이 존재하지 않는다.

⑧ 기업의 내부자와 외부자는 동일한 정보를 갖고 있다.

⑨ 경영자는 항상 주주의 부를 극대화하는 것을 목적으로 한다.

8.6 전통적인 자본구조이론

자본구조이론에서 가장 유명한 이론은 MM(Modigliani & Miller)의 자본구조이론이다(이하 MM이론). MM이론이 나타나기 이전의 전통적 자본구조이론, 그리고 MM 이후의 이론으로 나누어 검토해 볼 필요가 있다.

전통적 자본구조이론에서는 기본적으로 가중평균자본비용을 최소로 하여 기업가치를 극대화할 수 있는 최적자본구조가 존재한다고 본다.

전통적 자본구조이론에서는 이자율과 배당률을 비교해서 이자율이 낮다면 타인자본을 확충하여 가중평균비용을 낮출 수 있으며, 배당률이 낮다면 자기자본을 확충하여 가중평균비용을 낮출 수 있을 것으로 보았다.[1] 이자율이 낮으면 부채를 더 끌어들이고, 배당률이 낮으면 주식을 더 발행하여 자금을 조달하는 방식이다. 이와 같이 더 낮은 비용으로 자본을 조달하면 기업의 이익을 극대화할 수 있다고 보았다.

1) 전통적 자본구조이론은 다음과 같은 가정을 전제로 한다.
- 법인세와 투자자의 개인소득세는 고려하지 않으며, 거래비용과 파산비용도 존재하지 않는다.
- 순이익은 전부 배당으로 지급되고 순영업이익은 이자와 배당으로 지급된다. 또한 기업의 성장은 없고, 영업위험은 동일하기 때문에 순영업이익(NOI)은 항상 일정하다.
- 자본조달은 부채와 자기자본만으로 이루어지고, 기업의 자본구조는 일정하며, 자본조달수단의 변화에 의해서만 변경된다.

전통적 자본구조이론에는 순이익접근법, 순영업이익접근법, 전통적 접근법 등이 있다.

8.6.1 순이익접근법

순이익접근법은 자기자본비용 k_e와 부채비용 k_d가 일정할 때, 자기자본비용 k_e가 부채비용 k_d보다 클 경우 부채비율이 증가할수록 가중평균자본비용도 감소될 수 있다고 본다. 가중평균자본비용이 감소하면 기업의 가치는 증가하게 된다. 즉, 부채비용이 자기자본비용보다 낮을 경우 부채를 증가시키면 자기자본으로 자금을 조달하는 경우보다 적은 비용으로 자금을 조달할 수 있다. 이때 자기자본으로 자금을 조달하는 경우보다 순이익이 더 증가하게 되므로 기업가치도 증가한다. 이를 그림으로 나타내면 [그림 8.1]과 같다.

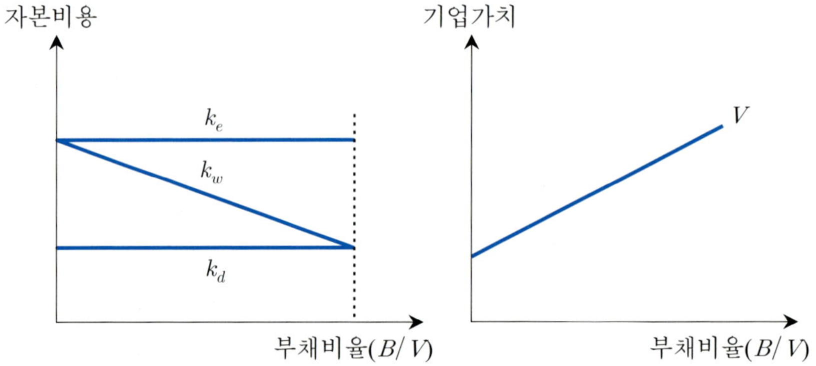

[그림 8.1] 순이익접근법에 따른 자본구조와 기업가치의 관계

순이익접근법의 한계점은 다음과 같다.

첫째, 부채가 계속적으로 증가함에도 불구하고 기업가치가 계속적으로 증가한다는 결론도 설득력이 적다. 부채가 계속적으로 증가할 경우에는 기업 파산 등 지급불능위험이 증가하여 기업가치가 감소하는 것이 일반적이다.

둘째, 부채비율의 증가에 따라 파산하게 될 재무위험이 확대될 경우 주주들은 추가적인 보상을 요구한다. 따라서 부채비율이 증가하면 자기자본비용도 증가하게 된다.

8.6.2 순영업이익접근법

순영업이익접근법에 따르면 부채비용 k_d가 일정하다는 가정하에 부채비율이 증가할수록 파산위험 때문에 자기자본비용 k_e는 증가한다. 다만, k_e가 k_d보다 클 경우 부채비율이 증가한다는 의미는 k_e로 자금조달하는 비중이 줄고 k_d로 자금조달하는 비중이 늘어난다는 뜻이 된다. k_e의 비중이 줄고 k_d의 비중이 늘어 결국 가중평균자본비용 k_w는 부채비율의 증감에 관계없이 항상 일정하게 된다. 가중평균자본비용이 일정하므로 기업가치도 일정하다. 결국 자본구조는 기업가치에 영향을 미치지 못한다고 본다. 이를 그림으로 나타내면 [그림 8.2]와 같다.

즉, 순영업이익접근법에서는 부채비율이 계속 증가해도 가중평균비용이 일정하다고 본다. 그러나 자본비용이 증가한다면 가중평균자본비용도 증가하는 것이 상식적이다. 자본비용이 증가함에도 불구하고 가중평균자본비용이 일정하다는 가정은 순영업이익접근법의 한계이다.

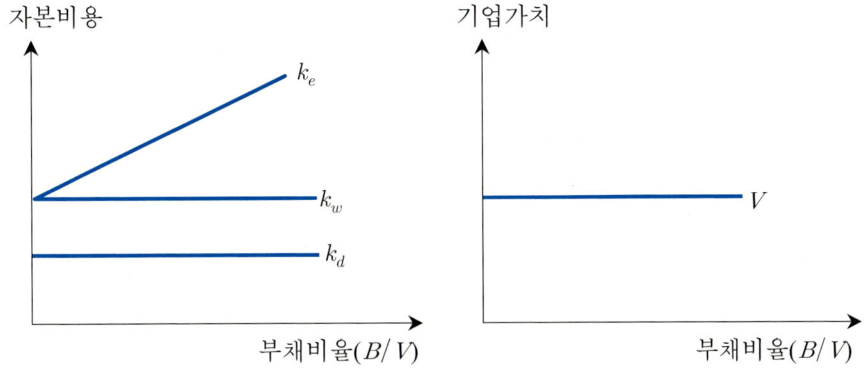

[그림 8.2] 순영업이익접근법에 따른 자본구조와 기업가치의 관계

8.6.3 전통적 접근법

전통적 접근법에서는 가중평균자본비용이 일정하지 않고 최저점이 존재한다고 본다. 가중평균자본비용이 최저가 되는 부채비율 수준에서 기업가치의 극대화가 이루어지며, 이 점이 최적자본구조라는 것이다.

부채비율이 X지점일 때 가중평균자본비용이 최저값이 되어 기업가치가 최대가 된다. 그러나 부채비율이 일정수준(X)보다 높아질 경우 재무위험이 증가하여 주주들이 추가적인 보상을 요구함으로써 자기자본비용이 증가하게 되고, 지급불능이나 파산가능성에 대한 우려로 부채비용도 더 증가할 수 있다.

즉, X라는 점에서 최적자본구조가 존재한다. 그런데 시장의 불완전성 때문에 이 X라는 점을 명확히 계산하는 것이 현실적으로 어렵다는 것이 전통적 접근법의 한계이다.

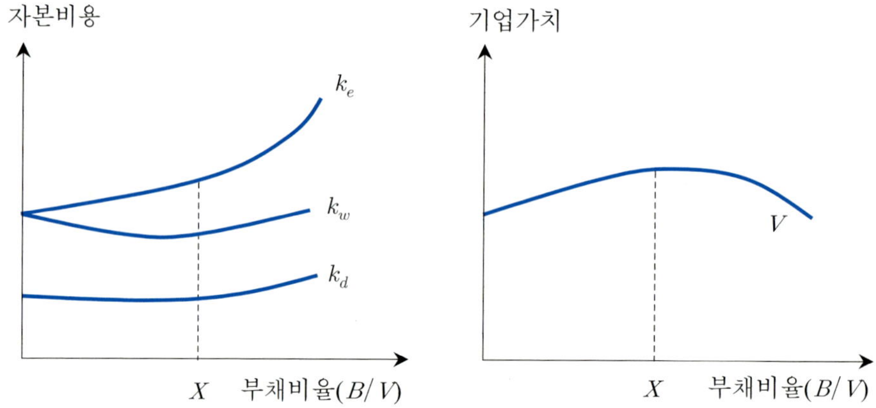

[그림 8.3] **전통적 접근법에 따른 자본구조와 기업가치의 관계**

8.7 MM의 자본구조이론

MM이론에서는 세금이 없는 완전자본시장이 존재하는 경우 기업가치는 자본구조와 무관하다고 주장하였는데, 이를 MM의 무관련이론이라고도 한다. MM의 무관련이론은 NOI(순영업이익)접근법에 근거하고 있다.

MM이론은 타인자본과 자기자본의 가중치 비율에 따라 기업가치가 달라질 것인가에 대해 연구하였다. 즉, '경영자가 타인자본과 자기자본의 비중을 변화시키는 자본구조 정책을 통해 기업가치를 증대시킬 수 있는가?'를 이론적으로 검증하였다. 이를 위해서는 우선 타인자본비용과 자기자본비용을 각각의 비중에 따라 평균하는 가중평균자본비용을 구해야 한다.

가중평균자본비용을 구해야 하는 이유는, 기업이 현재의 상태를 유지하기 위하여 적어도 어느 정도의 이익률을 실현해야 하는가를 알 필요가 있기 때문이다. 다른 조건이 일정하다면(매출로부터의 수익이 일정하다면), 가중평균자본비용이 낮을수록 기업가치가 증가한다.

MM이론은 이자율이 낮아서 추가 차입을 하게 되면 파산 등의 재무위험으로 그 이익이 상쇄된다고 보았다. 결국 자본구조의 조정이 기업가치를 변화시키지는 않는다는 것이다. 전통적인 자본구조이론에서는 부채비율이 증가하더라도 주주들의 요구수익률이 일정하다고 가정하고 있으나, MM이론의 논리에 따르면 이자율이 낮아 추가차입을 할 경우 주주들의 요구 배당수익률이 증가한다. 즉, 타인자본비용 사용이 늘어나면 재무위험이 증가하므로 주주들의 요구 배당수익률이 상승하고, 그에 따라 자기자본비용이 상승한다.

MM이론은 이러한 효과가 수학적으로 정확히 상쇄되어 가중평균자본비용은 일정하게 유지되며, 따라서 자본구조의 변경은 채권자와 주주들의 몫인 이자와 배당의 비중을 변화시키는 결과만 가져올 뿐 기업가치를 변경시키지는 못한다는 것을 수학적으로 증명하였다. 즉, MM이론은 이익이 일정하다면 자본구조의 변경을 통하여 가중평균자본비용이

변경될 수 없기 때문에 기업가치는 변하지 않는다는 주장을 하였다.[2)]

MM은 자신들의 주장을 세 가지 명제로 정리하였다. 제1명제는 기업가치의 평가에 대한 명제이고, 제2명제는 자기자본비용에 대한 명제이며, 제3명제는 가중평균자본비용에 대한 명제이다.

8.7.1 MM이론의 제1명제(기업가치)

MM이론의 제1명제에서 기업의 총시장가치(V)는 기대영업이익을 가중평균자본비용(WACC)으로 할인한 값이며, 이는 자본구조와 무관하다. 기업가치는 기업의 미래 기대영업이익 $E(NOI)$를 영업위험이 반영된 자본비용(ρ)으로 할인한 값일 뿐이다. 기대영업이익은 이자비용을 차감하기 전의 이익으로 부채비율에 따라 기대영업이익이 변동하지는 않는다. 따라서 영업이익의 변동가능성인 영업위험을 반영한 자본비용도 부채비율에 의해 영향을 받지 않는다.

MM의 제1명제는 식 8.20과 같다. 여기서 V_U는 무부채기업(Unlevered Firm)의 가치이고, V_L은 부채사용기업(Levered Firm)의 가치이며, ρ는 영업위험이 반영된 자본비용을 의미한다.

$$V_U = V_L = \frac{E(NOI)}{\rho} \tag{8.20}$$

따라서 MM의 제1명제인 기업가치와 자본구조의 관계는 다음과 같다.

---

2) MM은 자신들의 논리를 전개하기 위하여 앞에서 언급한 가정 이외에 다음을 추가로 가정하였다.

- 자본시장은 완전시장이다. 즉, 증권의 거래나 발행에 비용이 발생하지 않으며, 투자자는 기업과 동일한 이자율로 차입할 수 있다.
- 기업은 영업위험이 같은 동질적 위험집단으로 분류할 수 있다. 이때 특정 위험집단 내에 속해 있는 기업들은 영업이익의 크기나 영업위험은 동일하며, 자본구조만 다른 기업들이다.
- 기업과 투자자의 부채는 무위험부채이다. 즉, 기업이나 투자자는 얼마만큼의 부채를 이용하든지 무위험이자율로 차입할 수 있다.

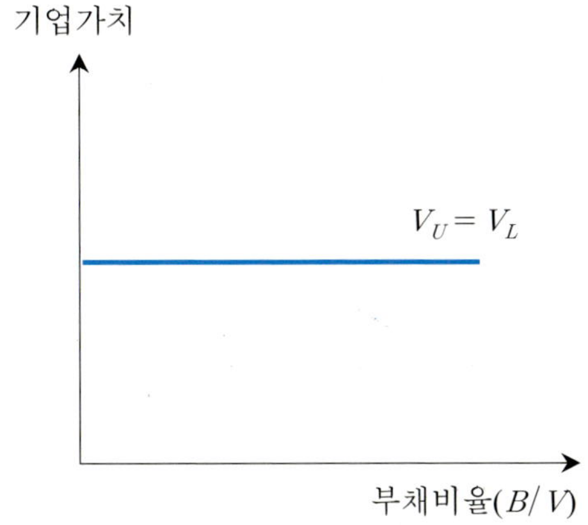

[그림 8.4] MM이론의 제1명제에 따른 자본구조와 기업가치의 관계

8.7.2 MM이론의 제2명제(자기자본비용)

MM이론의 제2명제에서 자기자본비용(k_e)은 부채비율이 증가함에 따라 증가된다. 자기자본비용은 식 8.21과 같이 표현된다.

$$k_e = \rho + (\rho - k_d)\frac{B}{S} \tag{8.21}$$

ρ : 무부채기업의 자기자본비용
k_d : 타인자본비용
B/S : 부채비율

MM이론의 제2명제에 의하면 자기자본비용은 ρ와 $(\rho - k_d)(B/S)$의 합으로 구성된다. 여기에서 ρ는 자본구조와 관계없이 일정한 값이며, $(\rho - k_d)(B/S)$는 부채사용이 증가함에 따라 증가하는 값으로 재무위험에 대한 프리미엄을 나타낸다. MM이론에서는 무위험부채를 가정하므로 부채베타는 0이며, 타인자본비용은 레버리지(B/S)와 관계없이 일정하다. 한편, 자기자본비용은 레버리지가 증가함에 따라 $(\rho - k_d)(B/S)$만큼씩 선형으로 증가한다.

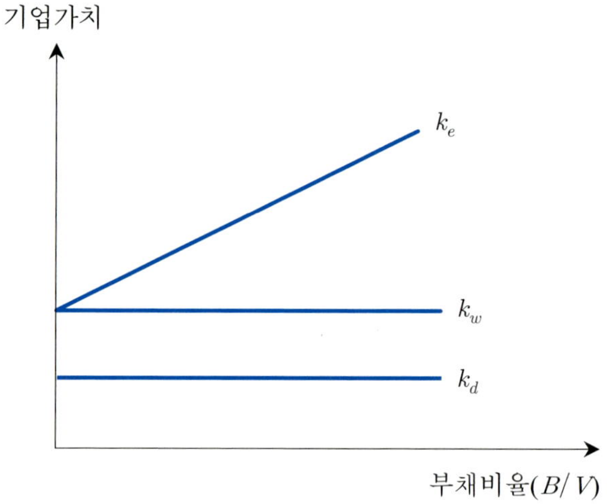

[그림 8.5] MM이론의 제2명제에 따른 자본구조와 자본비용의 관계

예제 8.10

무부채기업의 자기자본비용이 20%이고 타인자본비용이 10%이며 부채비율은 100%라고 할 때 MM이론의 제2명제에 따른 자기자본비용을 계산하면 얼마인가?

해답

$$k_e = \rho + (\rho - k_d) \times \frac{B}{S} = 0.2 + (0.2 - 0.1) \times 1 = 0.3\text{억원}$$

8.7.3 MM이론의 제3명제(가중평균자본비용)

MM이론의 제3명제에서 가중평균자본비용은 항상 일정하다. 새로운 투자안의 선택여부를 결정하는 거부율(Cut-Off Rate)로서도 기능하는 가중평균자본비용은 투자안의 영업위험에 따라 결정되어야 하며 자본조달방법과는 관계없다. 즉, 투자결정과 자본조달결정은 서로 무관하므로 독립적으로 결정할 문제이다. 투자결정문제는 재무위험과는 상관이 없으므로 자본조달방법과도 무관하다. 가중평균자본비용은 식 8.22로 표현된다.

$$k_w = k_d \frac{B}{V} + k_e \frac{S}{V} \tag{8.22}$$

여기서, 제2명제로부터 $k_e = \rho + (\rho - k_d)\frac{B}{S}$이므로

$$k_w = k_d \frac{B}{V} + \left[\rho + (\rho - k_d)\frac{B}{S}\right]\frac{S}{V} = \rho \tag{8.23}$$

따라서 부채비율의 증가에 따른 k_e의 상승은 부채비용의 저렴한 이점을 완전히 상쇄하게 되어 가중평균자본비용 k_w는 항상 ρ로 일정하고 기업가치는 변화되지 않는다. 기업가치는 기대영업순이익 $E(NOI)$를 k_w로 할인하여 결정된다.

8.8 MM의 수정이론

MM은 자본구조와 기업가치는 무관하다는 자본구조의 무관련이론을 발표하였다. 그 후 MM은 법인세가 존재할 경우에 대한 수정이론을 발표하였다. 법인세가 존재하는 불완전시장에서는 레버리지가 증가할수록(부채가 증가할수록) 가중평균자본비용은 감소하고 따라서 기업가치도 증가하게 된다. 결국 MM의 수정이론에서는 100% 부채를 사용하는 경우에 기업가치가 극대화된다고 보았다.

즉, 법인세가 존재하면 부채에 대한 이자비용은 법인세를 절감시켜준다. 법인세가 존재할 경우 이자비용에 대한 법인세 $k_d \cdot B \cdot t_c$만큼의 법인세 절감효과가 발생하고 이는 그만큼의 현금유출을 감소시킨다. 따라서 기업가치는 높아지게 된다.

8.8.1 MM의 수정이론 제1명제(기업가치)

MM의 수정이론 제1명제에서 부채기업의 가치 V_L은 무부채기업의 가치 V_U에 법인세 절감분의 현재가치인 $B \cdot t_c$(부채의 가치×법인세율)를 더한 것과 같다. 따라서 부채가 증가할수록 기업의 가치는 증가한다. 법인세가 존재할 경우 부채기업의 가치는 식 8.24와 같다.

$$V_L = V_U + B \cdot t_c \tag{8.24}$$

$B \cdot t_c$는 부채의 사용으로 인한 레버리지이득으로 부채의 사용이 늘어날수록 증가한다. 따라서 법인세가 존재하면 기업가치는 부채사용이 많아질수록 증가한다. 반면, 법인세가 없다면 $V_L = V_U = E(NOI)/\rho$가 되어 무관련이론과 일치한다.

8.8.2 MM의 수정이론 제2명제(자기자본비용)

MM의 수정이론 제2명제에서 자기자본비용 k_e는 부채비율이 증가함에 따라 증가한다. 법인세가 존재할 경우 k_e는 식 8.25와 같다.

$$k_e = \rho + (\rho - k_d)(1 - t_c)\frac{B}{S} \tag{8.25}$$

식 8.25에 의할 경우 ρ는 자본구조와 관계없이 일정한 값이며, $(\rho - k_d)(1 - t_c)(B/S)$는 부채의 사용이 증가함에 따라 증가하는 값으로 재무위험에 대한 프리미엄을 나타낸다. 따라서 자기자본비용은 부채비율이 증가함에 따라 $(\rho - k_d)(1 - t_c)(B/S)$만큼씩 선형으로 증가한다. 만약, 법인세가 없다면 $k_e = \rho + (\rho - k_d)(B/S)$가 되어 무관련이론과 일치하며, 무부채기업의 경우에는 $B=0$이므로 $k_e = \rho$가 된다.

예제 8.11

무부채기업의 자기자본비용(ρ)이 10%, 타인자본비용(k_d)이 5%, 법인세율(t_c)이 20%이다. 부채의 가치(B)가 10억원, 자기자본의 가치(S)가 24억원이라 할 때, 이 기업의 자기자본비용을 계산하면 얼마인가?

해답

$$k_e = 0.1 + (0.1 - 0.05) \times (1 - 0.2) \times \frac{10\text{억원}}{24\text{억원}} = 0.1167\text{억원}$$

8.8.3 MM의 수정이론 제3명제(가중평균자본비용)

MM의 수정이론 제3명제에서 부채기업의 가중평균자본비용은 무부채기업의 가중평균자본비용보다 낮다. 무부채기업의 가중평균자본비용보다 부채기업의 가중평균자본비용이 낮으므로, 무부채기업도 부채를 끌어들여 사업을 하면 더 큰 수익을 얻을 수 있다. 따라서 투자판단기준은 부채기업의 가중평균자본비용이 되어야 한다.

법인세가 있을 때의 MM의 수정이론 제3명제는 식 8.26과 같이 표현된다.

$$k_w = k_d(1 - t_c)\frac{B}{V} + k_e\frac{S}{V}$$

여기에서 $k_e = \rho + (\rho - k_d)(1 - t_c)\frac{B}{S}$ 이므로

$$k_e = k_d(1 - t_c)\frac{B}{V} + \left[\rho + (\rho - k_d)(1 - t_c)\frac{B}{S}\right]\frac{S}{V}$$

$$= \rho\frac{S + B}{V} - \rho \cdot t_c\frac{B}{V} = \rho\left(1 - t_c\frac{B}{V}\right)$$

$$k_e = \rho\left(1 - t_c\frac{B}{V}\right) \tag{8.26}$$

MM의 수정이론 제3명제에서 $t_c > 0$이므로, 부채의 사용이 늘어날수록 가중평균자본비용은 감소한다. 무부채기업의 경우 $B = 0$이므로 $k_e = \rho$가 되기 때문에 부채기업의 가중평균자본비용이 무부채기업의 가중평균자본비용보다 낮게 된다.

8.9 MM이론의 한계

MM이론은 기업의 자본구조에 대한 분석적 사고의 틀을 제공함과 아울러 자기자본과 타인자본의 구성을 최적수준으로 맞추기 위해서는 법인세, 신용도 하락 요인 등을 고려하는 것이 중요하다는 사실을 제시하여 자본구조이론의 발전에 공헌하였다.

그러나 MM이론은 현실적으로 다음과 같은 한계점을 갖고 있다.

첫째, 부채사용의 증가에 따른 재무적 곤경 위험은 기대보다 훨씬 클 수 있다. 타인자본의 사용이 지나치게 증가될 경우 기업이 부도날 수 있는 재무위험이 높아지고, 재무위험이 높아지는 경우 기업의 신용도가 떨어지게 되어 이자지불액이 급격히 증가하는 등 재무적 곤경에 처할 수 있는 것이 현실이다.

둘째, MM이론에서는 완전시장, 투자자의 합리성을 가정하여 재정거래가 활발히 일어난다고 가정하였다. 그러나 실제의 금융시장은 법인세, 개인소득세, 파산비용, 대리인 비용 및 기관투자자에 대한 제한 등이 존재하는 불완전시장이다. 따라서 자본구조와 기업가치가 무관할 정도로 차익거래가 활발히 일어날 수 없다. 뿐만 아니라 현실적으로 존재하는 대리인 비용과 정보비대칭(Information Asymmetry)의 문제도 존재한다.

셋째, 기업의 부채비용과 개인의 부채비용이 동일하다고 가정하여 개별투자자가 기업과 동일한 이자율에 자금을 차입할 수 있다고 가정하였다. 즉, 기업의 레버리지와 개인의 레버리지 간에 완전한 대체가 가능하다고 보았다. 그러나 개인과 기업은 자금차입능력, 신용도, 위험, 이자율 등에 차이가 있으므로 개인부채와 기업부채 간의 완전한 대체는 불가능하다. 현실적으로 개인보다 자금력이 있고 규모가 큰 기업은 개인보다 더 낮은 이자율로 자금을 차입한다. 개인은 기업보다 더 높은 이자율로 자금을 차입할 수밖에 없기에 기업과 개인의 차입 이자율이 동일하다는 MM이론의 가정은 설득력이 떨어진다.

넷째, MM이론은 모든 기업을 영업위험이 동일한 동질적 위험집단으로 분류할 수 있다고 가정하고 있으나 현실적으로 모든 기업을 동질적 집단으로 분류하기 어렵다. 또 설사 모든 기업을 동질적 집단으로 분류한다 하더라도 실제 기업들간에는 경쟁력 차이가 존재한다.

8.10 기타 추가적 고려사항

8.10.1 파산비용에 대한 고려

MM의 수정이론에서는 완전시장 가정하에서 법인세를 고려할 경우 부채가 100%일 때 기업가치는 극대가 되어 최적자본구조를 이룬다고 하였다. 그러나 현실적으로 금융시장에는 파산비용, 거래비용, 정보획득비용 등의 시장불완전 요인이 존재하고 있다.

부채사용이 증가하면 파산위험 증가로 인한 파산비용도 증가한다. 이자지급으로 인한 법인세 감세효과가 파산비용 증가 효과와 상쇄될 수도 있지만 부채가 과도하게 증가하는 경우 지급불능상태나 재무적 부실상태에 처하게 되어 법적·재무적 비용이 발생하거나 최종적으로 법적 청산·정리절차를 거쳐 파산하게 되는데, 이런 파산비용을 고려해야 한

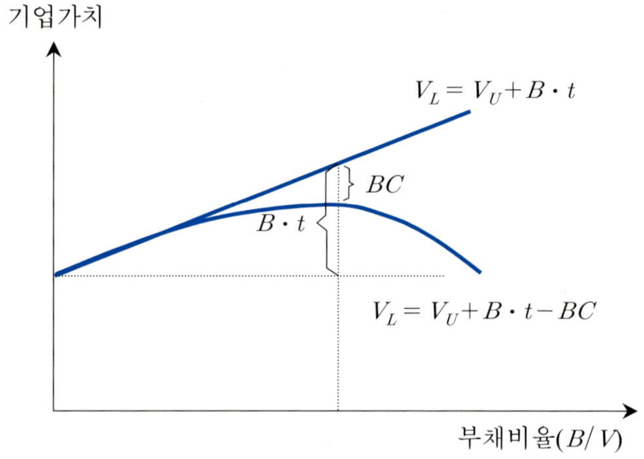

[그림 8.6] 자본구조와 파산비용

다는 것이다.

파산비용 효과를 고려한 자본구조이론에서는 부채사용이 증가할수록 기대파산비용이 급격히 증가한다. 부채비율의 증가에 따라 세금효과와 파산비용을 고려할 경우, 기업가치는 식 8.27과 같이 기대되는 파산비용(Bankruptcy Cost)의 현재가치 BC만큼을 차감한 값이 된다.

$$V_L = V_U + B \cdot t - BC \tag{8.27}$$

8.10.2 대리인 비용에 대한 고려

대리인 관계는 위임자가 의사결정 권한을 대리인에게 위임하여 대신 수행하도록 하는 묵시적인 계약관계를 말한다. 대리인 관계에서는 위임자와 대리인 간 이해상충 문제와 대리인 비용이 발생하는 경우가 빈번하다. 이해상충의 문제는 대리인 입장의 전문경영자가 추구하는 목표와 위임자인 주주 및 채권자가 추구하는 목표가 다르기 때문에 발생된다. 대리인 비용(Agency Cost)은 주주나 채권자가 자신들의 권익보호를 위해 대리인을 감시하거나 상호 이해상충을 방지하기 위해 추가적으로 발생하는 비용을 말한다.

이 중에서 특히 자본구조와 관련된 대리인 비용은 자기자본의 대리인 비용과 타인자본(부채)의 대리인 비용으로 구분하여 살펴볼 수 있다. 자기자본의 대리인 비용은 경영에 참여하지 않는 외부주주와 경영에 참여하는 내부주주 사이에 이해관계가 상충하여 발생하는 대리인 비용을 말한다. 경영자(미국에서 경영자는 보통 해당 회사의 주식을 어느 정도 보유하고 있다. 따라서 내부주주는 경영자를 가리킨다)는 호화로운 사무실 유지와 값비싼 승용차 구입 등의 행위를 자기 이익을 위해서 할 수 있다. 또한 경영자가 직무를 태만하게 할 경우에도 외부주주의 비용은 증가된다.

부채의 대리인 비용은 채권자와 주주 사이에 이해관계가 상충하여 발생한다. 예를 들어, 전문경영자가 위험 높은 투자안을 채택할 때 증가한다. 채권자는 안전하게 원금을 돌려받는 것을 원하지만, 전문경영자들은 원금을 돌려주는 것보다 위험성이 높더라도 투자에 성공하는 것에 더 중점을 둘 수 있다. 위험성 높은 투자로 인해 증대되는 채무불이행 위험을 보상받기 위해 채권자는 더 높은 이자율을 요구하기도 하고, 별도의 계약서를 작성하는 등 감시비용이 발생한다.

Jensen & Meckling은 경영자, 주주, 채권자 사이의 대리관계 중 이해가 서로 상충해서 추가적으로 발생하는 비용을 대리인 비용이라고 정의하였고, 이들간의 이해상충관계와 대리인 비용 효과를 고려한 최적자본구조를 제시하였다. 즉, 대리인 비용을 고려하는 경우 최적자본구조는 총대리인 비용을 최소화하는 점에서 결정되며, 총대리인 비용이 최저가 되도록 자기자본비율을 수정함으로써 기업가치 극대화가 가능하다고 본다. 기업가치를 극대화하는 최적자본구조는 법인세(세율 t로 가정), 파산비용(BC), 대리인 비용(AC)을 동시에 고려할 경우 식 8.28과 같이 나타난다.

$$V_L = V_U + B \cdot t - BC - AC \tag{8.28}$$

8.10.3 정보효과에 대한 고려

정보효과는 기업의 내부자인 경영자와 외부자인 주주 및 채권자들이 갖는 정보의 비대칭성(Information Asymmetric) 문제에서 출발한다. 즉, 정보효과(Signaling Effect)는 정보의 비대칭성이 있는 경우 기업 내용에 대해 우월한 정보를 갖고 있는 기업의 경영자가 자신이 알고 있는 정보를 일반투자자에게 전달해 주는 수단으로 자본조달방법이나 배당정책 등을 이용한다는 것이다. 즉, 일반투자자는 기업 경영자가 선택하는 자본조달방법이나 배당정책의 내용을 보고 그 기업의 내부 정보를 파악할 수 있다. 자본조달방법과 배당정책을 통해서 기업 경영자의 정보가 일반투자자에게 전달될 수 있는 것이다.

어떤 기업이 새로운 사업을 추진하기 위하여 회사채를 발행한다고 발표하면, 이 기업이 현재 어떤 상태인지, 투자자금을 어떻게 조달하는지, 그리고 어느 정도까지의 부채를 감당할 수 있는지 등에 대한 정보를 일반투자자가 전달받을 수 있다. 내부 자금과 부채를 어느 정도 활용할 것인지에 대한 기업의 결정을 보면, 이 기업의 현재 자본구조가 적정한지, 어떤 방향으로 나아가려 하는지에 대한 정보를 획득할 수 있다. 즉, 기업이 자본구조를 변화시키려고 하는 정보는 일반투자자에게 기업의 경영자만 알 수 있는 정보를 간접적으로 전달하는 정보효과를 지닌다.

연습문제

1. 자본비용의 개념에 대하여 설명하시오.

2. 자기자본비용을 계산할 때 기회비용을 고려하는 이유를 설명하시오.

3. 자본비용의 개념이 경영자의 의사결정에서 어떻게 고려되는지 설명하시오.

4. 다음은 (주)동양의 자본구조와 자본비용에 관한 자료이다. 이를 토대로 다음 물음에 답하시오.

구 분	금 액	자본비용
타인자본	60억원	8%
자기자본	20억원	14%
합 계	80억원	

(1) 가중평균자본비용(WACC)은 얼마인가?

(2) (주)동양은 매년 10억원의 현금흐름이 일정하게 발생하며, 이는 영구적으로 계속된다고 가정할 경우 기업의 가치는 얼마인가?

5. (주)동양은 자기자본으로 5,000만원, 부채로 1억 5,000만원을 조달하고 있다. 부채에 대해서 연간 15%의 이자를 갚아야 하고, 자기자본에 대해서 연간 10%의 배당을 주어야 한다(부채에 대한 이자는 세법상 비용으로 인정받기 때문에 절세효과가 있으며, 법인세율은 10%라고 가정한다). (주)동양의 가중평균자본비용은 얼마인가?

6. (주)고척이 사용하는 부채의 이자비용은 7%이고 법인세율은 22%이다. 과거 자료를 이용하여 추정한 (주)고척의 자기자본비용은 21%이다. (주)고척의 타인자본은 60억원, 자기자본은 30억원이다. (주)고척의 가중평균자본비용은 얼마인가?

7. 자본구조와 최적자본구조에 대하여 설명하시오.

8. 자본구조이론 중 순이익접근법과 순영업이익접근법에 대해 설명하시오.

9. MM이론과 수정 MM이론의 차이점을 설명하시오.

10. 파산비용과 최적자본구조에 대하여 설명하시오.

CHAPTER

9

주주에 대한 배당정책

9.1 배당정책의 의의

9.1.1 배당이 이루어지는 과정

타인자본의 경우에는 기업이 이익을 실현하든 적자를 실현하든 무조건 채권자에게 이자를 지급해야 하는 의무를 가진다. 그러나 자기자본의 경우에는 이익이 날 경우에만 배당을 주는 것이 일반적이다. 손실이 났을 경우에는 배당금을 지급하지 않을 수 있다.

주주에게 지불하는 배당금은 일반적으로 현금으로 지급하는 것이 원칙이지만 주식으로 지급될 수도 있다. 배당금을 현금으로 지급할 경우 회사 측에서는 현금이 유출되는 것이기 때문에 부담스러울 수 있다. 하지만 주식으로 배당이 이루어지면 기업 입장에서 현금유출을 억제할 수 있다. 이렇게 기업에 현금이 유보되면 추후 재투자에 소요되는 자금을 회사 내에서 조달할 수 있다는 장점이 있다.

배당은 매 결산기말 현재 주식을 보유하고 있는 주주에게 지급되며 지급금액은 주주총회(결산일로부터 90일 이내)에서 결정된다. 따라서 12월 결산법인의 경우 12월 31일 현재의 주주가 3월 말이 되기 전에 결정되는 배당금의 수령자가 된다. 1월 2일 이후에 주주가 되는 투자자는 전년도 이익에 대한 배당을 받을 수 없다(1월 1일은 항상 휴일이기 때문에 1월 2일부터 다시 주식시장이 개장된다). 따라서 1월 2일 이후 투자자는 3월에 배당금 수입이 없다는 것을 전제로 하여 투자를 해야 한다. 12월 31일 주가는 배당할 현금이 회사에 있다는 것을 반영한 주가이지만, 1월 2일부터는 배당금이 3월에 지불될 것이라는 것을 반영한 주가여야 한다는 뜻이다. 그러므로 1월 2일 주가는 12월 31일 주가에 비해 배당금에 해당되는 가치만큼 이론적으로 하락해야 한다.

예컨대, 12월 31일 기업의 주가가 5,000원이었고 다음해 3월에 주당 500원의 현금배당을 하고자 한다고 하자. 그러면 다른 조건이 일정할 때 1월 2일 주가는 이론상 4,500원으로 간주하고 거래를 하는 것이 타당하다. 주당 500원의 현금유출이 조만간 이루어지기 때문에 이론적 기업가치가 그만큼 감소되어야 한다.

한편, 주식배당을 하는 경우, 5,000원짜리 주식 10주를 가지고 있는 주주에게 1주씩의 주식배당을 한다면, 배당 후 이 주주는 11주를 소유하게 된다. 이 경우 기업 외부로 자금이 유출되는 것은 아니기 때문에 주식배당을 하기 전과 주식배당 후의 기업가치에는 차이가 없다. 하지만 주식수는 변화되었기 때문에 이론상 주가(1주당 주가)는 조정되어야 한다.

원래의 기업가치는 1주당 5,000원이었고 이 주주는 10주를 보유하고 있었으므로 이 주주의 부는 5,000원×10주=50,000원이다. 그런데 주식배당 후 이 주주는 11주를 보유하게 되고, 이 회사의 가치는 현금유출이 없기 때문에 똑같고, 이 주주의 소유 지분도 동일하기 때문에 이 주주가 가지고 있는 가치도 같아야 한다(이 주주의 주식만 10% 증가된 것이 아니라, 모든 주주의 주식수가 10% 증가한 것이기 때문에 주주들이 보유하고 있는 주식 비중은 동일하다). 따라서 5,000원×10주=50,000원의 식은 X원×11주=50,000원으로 바뀌어야 한다. 그리고 이 X가 주식배당일 이후의 이론적인 주가수준이 되어야 한다. 즉, 50,000원/11주=4,545원으로 1주당 주가가 455원만큼 감소된 것으로 판단해야 한다. 발행주식수가 많아졌는데 기업가치는 그대로이므로 1주당 주가는 감소하는 것이다. 따라서 이와 같이 주식배당이 있는 경우 12월 31일 주가는 5,000원이지만, 1월 2일 다시 주식시장이 열릴 때 다른 변동사항이 없었다면 이론적 주가는 4,545원부터 시작해야 한다. 다만, 매 순간 주가에 영향을 미치는 요인이 배당 외에도 많기 때문에 배당으로 인한 하락분을 상쇄하고 주가가 상승하는 경우도 있다.

배당과 관련된 기업의 주요 정책은 기업이 얼마의 배당금을 주주에게 주어야 하는가의 문제에 관련된다. 배당금을 너무 많이 주면 기업의 현금흐름이 경색될 가능성이 있고, 배당을 너무 안 주면 주주들의 눈에 보이는 이익이 적어 주주들이 반발할 가능성이 크다. 하지만 배당금을 지급하지 않으면 그 자금은 회사에 축적되어 있다가 나중에 재투자로 활용된다. 재투자는 기업의 가치를 높여 주식 상승이 이루어지게 되므로 주주 입장에서도 이익이 될 수 있다.

배당정책(Dividend Policy)이란 기업의 이익을 주주에 대한 배당금과 재투자를 위한 유보이익으로 나누는 의사결정을 말한다. 재무관리의 목표는 기업가치의 극대화이므로 배당정책에서는 기업가치를 극대화하기 위하여 배당과 유보의 조화로운 결정을 하는 것이 가장 중요하다. 따라서 배당이 많고 적음에 따라 기업가치 또는 주가가 달라질 것인가, 달라진다면 기업가치를 극대화할 수 있는 배당수준은 얼마인가 하는 것이 배당정책의 주요 논점이다.

그러나 배당이 기업가치에 어떠한 영향을 주는가에 대하여는 학자들 사이에 완전히 합의된 통일된 견해가 있는 것은 아니다. 즉, 배당금을 많이 지급해야 기업가치가 증가한다는 견해가 있는가 하면, 그 반대 견해도 있다. 이렇게 배당정책과 기업가치에 대하여 일관된 의견이 제시되지 못하는 이유는 금융시장이 실제로는 완전시장의 속성을 충분히 갖추고 있지 못하기 때문일 수 있다. 또한 주주의 배당소득 또는 자본이득에 대한 선호도에 따라 다르기 때문이기도 하다.

9.1.2 배당과 관련된 재무비율

회사채의 이자는 고정적으로 정해져 있는 반면, 배당금은 이익이 발생할 때에만 지불된다. 따라서 배당액은 유동적이며 탄력적일 수 있다. 배당금은 변화될 수 있기 때문에 기업은 배당지급에 관한 최적의사결정이 이루어지도록 의사결정을 수행할 수 있다.

배당 의사결정과 관련된 주요 재무비율 지표들은 다음과 같다.

(1) 주당배당액

주당배당액(DPS : Dividend Per Share)은 1주의 주식에 대해 지급되는 배당액이다. 즉, 식 9.1과 같이 배당액을 발행주식수로 나누어 계산한다.

$$주당배당액(DPS)=\frac{배당액}{주식수} \tag{9.1}$$

(2) 배당성향

배당성향은 배당액을 순이익으로 나누어 측정한다. 배당성향은 배당수준을 나타내는 상대적인 척도로서 순이익 중에서 어느 정도가 배당으로 지급되는가를 의미하는데, 식 9.2와 같이 계산된다.

$$배당성향=\frac{배당액}{순이익}=\frac{주당배당액}{주당순이익}=\frac{DPS}{EPS} \tag{9.2}$$

(3) 배당수익률

배당수익률(Dividend Yield)이란 기말의 주당배당액을 현재의 주가로 나눈 값을 말하는 것으로 식 9.3과 같다(12월 결산법인의 경우 기말 12월 31일 기준으로 결정되는 주당배당액을 현재의 주가로 나눈다).

$$배당수익률=\frac{주당배당액}{현재의\ 주가} \tag{9.3}$$

(4) 배당률

배당률이란 주당배당액을 주당 액면금액으로 나눈 값을 말한다. 배당률은 식 9.4와 같다.

$$배당률=\frac{주당배당액}{주당\ 액면금액} \tag{9.4}$$

예제 9.1

(주)서양은 당해 연도 당기순이익이 200,000,000원으로 이 중 50,000,000원을 배당하였다. 주식의 액면금액은 주당 5,000원이고 자본금은 150,000,000원이며, 현재 주식가격은 30,000원이다. 이 자료를 근거로 주당배당액, 배당성향, 배당수익률, 배당률을 구하시오.

해답

(1) $\text{주당배당액} = \frac{50,000,000}{150,000,000/5,000} = 1,667\text{원}$

(2) $\text{배당성향} = \frac{50,000,000}{200,000,000} = 0.25$

(3) $\text{배당수익률} = \frac{1,667}{30,000} = 0.056$

(4) $\text{배당률} = \frac{1,667}{5,000} = 0.333$

9.2 완전시장에서의 배당정책

9.2.1 배당무관련이론

MM은 세금, 거래비용 등이 존재하지 않는 완전시장에서의 배당정책은 기업가치와 무관하다는 것을 주장하였는데, 이를 MM의 배당무관련이론이라고 한다. 즉, MM의 배당무관련이론은 배당정책이 기업의 주가나 자본비용에 전혀 영향을 미치지 못한다는 주장이다. 현금으로 배당을 하든 주식으로 배당을 하든 기업의 주가에도 영향을 미치지 않고 자본비용에도 상관이 없다는 것이다.

MM의 배당무관련이론은 다음과 같은 사항을 가정한다.

① 자본시장은 세금이나 거래비용이 존재하지 않는 완전자본시장이다.
② 투자자들은 배당소득과 주식보유에 따른 자본이득(Capital Gain)에 대해 동일한 만족을 느낀다.
③ 모든 투자자들은 미래의 이익, 배당을 확실히 예측할 수 있으며, 동질적 기대를 한다.
④ 기업은 부채를 사용하지 아니하며, 투자를 위한 재원은 모두 자기자본으로 조달한다.

주주가 배당에 따라서 아무런 이익이나 손실을 보지 않는다는 것은 기업의 배당정책이 기업가치에 영향을 미치지 못한다는 것을 의미한다. 기업의 가치는 투자의 수익성에 의하여 결정되는 것이지 이익을 배당과 유보로 구분하는 것은 단순한 기술적인 문제로 배당정책과 기업가치는 무관하다는 것이다.

9.2.2 MM의 고객이론

MM은 '고객이론'을 제시하면서 배당정책과 기업가치가 무관하다는 것을 주장하였다. 고객이론이란 서로 다른 배당성향을 갖는 주식들에 대해 분리된 시장이 형성되어 각각의 수요와 공급에 따라 시장균형가격이 형성되는데, 균형가격에서 배당성향을 변경하더라도 기업가치에 영향을 주지 않는다는 이론이다.

즉, 주식시장에서는 배당성향이 서로 다른 주식들이 거래되며, 주주들의 배당성향에 대한 요구도 각기 다르다. 따라서 높은 배당을 선호하는 투자자는 배당성향이 높은 주식에 투자할 것이고, 자본이득을 선호하는 투자자는 배당성향이 낮은 주식에 투자할 것이다. 즉, 투자자들이 배당성향이 다른 여러 기업들의 주식에 선택적으로 투자함으로써 그들의 배당성향에 대한 요구를 스스로 완전히 충족시킬 수 있다. 따라서 배당정책이 기업가치에 아무런 영향을 미치지 못한다.

배당정책과 기업가치가 무관하다는 것은 MM의 자가배당조정논리에 의해서도 설명된다. MM이 가정한 모형에서 특정기업의 배당수준이 낮은 경우 투자자는 보유주식을 처분할 수 있고, 배당수준이 높은 경우 배당금을 이용하여 추가적인 주식매입을 통하여 원하는 배당수준으로 조정할 수 있다. 즉, 기업의 배당정책이 변경되더라도 투자자가 스스로 배당수준을 조절할 수 있기 때문에 기업이 어떤 배당정책을 사용하든 주주의 이익은 항상 동일하게 유지될 수 있다. 또한 기업 입장에서도 배당정책에 따라 실질적인 이익이나 손실이 나타나지 않는다. 따라서 배당정책에 따라 기업가치가 변화하지 않는다.

9.2.3 MM의 배당무관련이론의 한계

MM의 배당무관련이론에서 기업가치란 기업이 보유하는 투자안과 그 투자활동으로 인하여 증대되는 이익의 크기에 의하여 결정되는 것이며, 단순히 기업의 이익 배분형태인 배당과 유보수준의 결정이 기업가치에 영향을 미치지 않는다고 본다. 즉, 기업 배당과 유보에 대한 의사결정은 기업가치와는 무관하다고 주장한다.

그러나 MM의 배당무관련이론은 다음과 같은 한계가 있다. MM의 주장은 완전시장을 가정한 것이지만 실제의 자본시장은 완전시장이 아니다. 즉, 금융시장에는 세금과 수수료가 존재하고, 금융시장에 참여하고 있는 이해관계자들 사이에 대리인 비용이 발생한다. 그리고 이해관계자들 사이에는 정보불균형이 발생하게 된다. 이러한 의미에서 MM의 배당무관련이론은 지나치게 엄격한 가정을 통하여 도출되었다는 한계를 내포하고 있다. 따라서 MM의 엄격한 가정을 완화하여 실제의 상황에 적용할 필요가 있다.

9.3 불완전시장에서의 배당정책

9.3.1 배당선호이론

배당선호이론은 회사의 이익을 내부적으로 유보하는 것보다는 배당을 충분히 해 주는 것을 주주들이 더 선호한다는 이론이다. 이익금을 회사에 유보하는 것은 향후 투자금으로 활용하기 위해서이다. 그러나 앞으로 어떤 사업에 투자가 될지, 그리고 그 투자에서 과연 적정한 이익을 볼 수 있는지, 언제쯤 투자이익이 실현될 수 있을지 예측하기 힘들다. 합리적 주주라면 이익의 재투자로 실현되는 미래 불확실한 현금흐름보다는 보다 확실한 현재의 수입으로 평가되는 배당을 선호하게 된다는 것이다.

투자자들이 배당을 선호하는 이유는 배당금 지급이 투자자들의 불확실성을 해소시키기 때문이다. 먼 미래에 받게 될 현금흐름보다는 가까운 장래에 받게 될 현금흐름을 선호한다. 그리고 배당금은 수중에 있는 현금이고, 자본이득은 언제 실현될지 모르는 위험한 소득이다. 즉, 배당은 수중의 새(Bird-In-The-Hand)에 해당하고, 자본이득은 숲속에 있는 새(Bird-In-The-Bush)에 해당하므로, 투자자들은 보다 안전한 배당을 선호한다.

미래의 배당은 현재의 배당에 비해 훨씬 불확실하기 때문에 현재의 배당을 희생하여 미래의 배당을 증가시키는 경우 증가된 위험에 의해 주주들의 요구수익률이 더 높아진다. 그 결과 기업의 주가가 감소할 수 있는데, 이는 불완전시장에서는 주주의 배당선호에 따라 기업가치가 달라질 수 있다는 것을 의미한다.

9.3.2 배당불선호론

시장의 불완전성 가운데 배당정책과 관련된 가장 중요한 요인 중 하나는 세금이다.

배당정책과 관련해서 법인세는 배당정책에 영향을 미치지 않는 것이 원칙이다. 법인세는 기업의 이익에 대하여 과세되는 것으로 주주들에 대한 배당정책과는 무관하기 때문이다.

다만, 배당의 경우 개인에 대한 소득세가 부과된다. 기업에서 배당되는 금액은 법인세 차감 후의 순이익이다. 따라서 법인세가 이미 모두 반영된 금액이 배당되는 것이기 때문에, 법인세가 배당구조를 어떻게 하는가에 대해 영향을 미치지는 않는다. 하지만 배당금을 받는 개인은 배당으로 인하여 소득이 증가된다. 개인은 이 소득에 대해서 세금을 지불해야 한다.

기업이 배당을 하게 되면 주주는 배당에 대한 소득세를 지불해야 한다. 하지만 배당을 하지 않고 미래의 재투자를 위해 이를 유보할 경우 주주가 별도로 배당소득세를 낼 필요가 없다. 만일 재투자의 결과로 이익이 발생하고 이 이익이 주가에 반영된 후 주식을 매각하게 되면 주주는 그 자본이익에 대해 자본소득세를 납부한다. 만약, 배당소득세율과 자본소득세율이 동일하다면 배당정책이 주주의 부에 미치는 영향은 없다. 그러나 배당소득세율과 자본소득세율 사이에 차이가 있다면, 배당정책은 기업가치에 영향을 준다.

배당소득세율이 자본이득세율보다 높다면, 세금을 지불하는 투자자의 입장에서는 배당성향이 낮은 기업을 선호하고, 기업은 배당을 지급하기보다는 이익을 유보하려고 할 것이다. 또한 배당소득세는 배당금을 받을 때 부과되지만 자본소득세는 주식을 처분할 때까지 이연되기 때문에 다른 모든 조건이 일정하다면 자본소득이 주주에게 유리하다. 따라서 주주는 지금 배당금을 적게 받고 대신 투자를 하여 주식가격이 오르는 것을 더 선호하게 된다. 주주는 배당과 유보 중에 배당을 더 적게 받으려는 저배당정책을 선택하게 되고, 기업은 배당금 지급 대신 그 돈을 재투자하여 기업의 가치를 증가시킨다.

9.3.3 배당의 정보효과

배당의 정보효과는 배당정책의 변화가 경영정책의 변화를 야기할 것이라는 신호로 주주들에게 인식되어 주가에 반영된다는 것이다. 배당을 많이 하는 기업이 우량하다는 신호를 투자자에게 제공하는 셈이 된다. 즉, 경영자는 기업의 실적 또는 미래 전망에 대한 내부정보를 일반투자자에게 전달하기 위한 수단으로 배당을 사용한다는 것이다.

이러한 논리는 경영자가 주주보다 기업 내용에 관한 우월한 정보를 가지고 있다는 정보의 비대칭성에 기반한다. 실제로 경영자들이 기업의 실적과 전망에 대하여 일반투자자보다 더 많은 정보를 갖고 있을 것이다. MM의 배당무관련성이론은 일반투자자와 경영자들이 기업의 현재 이익과 장래 기회에 대하여 동일한 정보를 지니고 있다는 가정에 입각하고 있지만, 현실적으로 기업의 경영자와 일반투자자들 사이에는 정보불균형(Information Asymmetry)이 존재한다. 따라서 경영자들은 배당금을 증가시켜 시장에 기업의 미래이익과 현금흐름이 양호할 것이라는 신호(Signal)를 시장에 전달하려고 하는 것이다.

기업의 가치에 대한 정보는 재무제표, 이익예측에 의해서도 전달될 수 있다. 하지만 배당금은 일반투자자들에게 보다 신뢰를 줄 수 있는 효율적인 정보전달수단으로 인식된다. 현재 아무리 재무제표가 우수하다 하더라도 향후 기업실적과 미래 전망이 양호하지 않은 기업은 배당금을 증가시키는 데 한계가 있다. 따라서 배당금이 높은 기업은 현재 기업실적만이 아니라 향후 미래실적도 긍정적이라고 경영자들이 믿고 있다는 신호로 보는 것이다. 그 때문에 일반투자자는 배당금이 높은 기업들이 더 높은 가치를 가지고 있다고 믿는다. 이와 같이 배당의 증가가 일반투자자들에 의해 기업의 미래현금흐름에 대한 유리한 정보로 해석될 경우 기업가치, 즉 주가에 긍정적인 영향을 미친다.

그러나 배당금 지급으로 인하여 발생되는 기회비용 등은 기업에 부담으로 작용한다. 배당금이 제공하는 신호수단으로서의 긍정적 가치와, 기회비용으로 인한 부담적인 측면은 서로 상충관계에 있다. 기업은 이러한 이익과 손실을 고려하여 최적 배당정책을 결정하게 된다.

9.3.4 배당정책과 대리인 비용

대리인이론에서는 경영자와 주주의 이해관계가 상충될 때 경영자는 주주의 이익보다는 자신의 이익을 먼저 추구한다고 본다. 내부주주는 주주이면서 동시에 경영자이기 때문에 기업의 중요방침을 결정함에 있어서 기업과 모든 주주의 이익을 위하기보다는 자신의 이익을 위해 행동하는 대리인 문제가 발생할 수 있다는 것이다. 외부주주의 입장에서는 대리인 비용을 감안하여 주식 고배당을 요구하게 되고, 경영자는 이러한 문제를 종식시키기 위하여 고배당을 통해 경영성과에 대해 높은 평가를 받으려는 경향이 있다. 양자의 이해가 서로 일치하면서 기업의 능력보다 더 많은 배당을 하게 될 수 있다. 이런 고배당은 결국 기업가치를 장기적으로 훼손하는 효과를 가져오게 된다.

9.4 배당정책에 대한 관리방안

9.4.1 배당결정에 영향을 미치는 요인

기업들은 배당과 유보의 비중을 결정할 때 배당의 정보효과, 투자자의 선호도 등을 고려하지만 현실적으로는 다음과 같은 요인들을 추가로 고려한다.

첫째, 기업은 배당을 결정할 때 부채상환, 새로운 투자기회 등 기업의 자금계획을 고려하여 적정한 유동성을 고려한다. 즉, 배당은 기업 현금의 사외유출을 의미하므로 배당에 따른 투자기회 상실로 인해 기회비용이 발생된다. 또한 현금배당에 따른 일시적인 유동성 악화로 지급불능위험에 빠지게 될 수도 있다.

둘째, 기업은 배당을 결정할 때 미래의 투자기회를 고려해야 한다. 가까운 장래에 수익성이 양호한 신규 투자안을 계획하고 있는 기업의 경우 해당 신규 투자안에 필요한 자금조달을 위하여 배당을 축소하려고 한다. 이는 미래 시점에서 현실적으로 필요한 자금조달이 용이하지 않을 수 있기 때문이다. 투자자금이 부족해지지 않도록 현재의 배당수준을 조절해야 한다.

셋째, 배당정책은 기업의 지배권과 관련이 있다. 배당을 위한 현금을 확보하기 위하여 유보이익을 사용할 경우에는 기존의 지배권에 변화가 없다. 그러나 배당금 확보를 위하여 새로운 주식을 발행하는 경우 기존 주주는 자신의 지분율만큼 신주를 인수해야 한다. 기존 주주가 신주를 인수할 자금이 부족하여 신주를 인수하지 못하고, 새로운 주주가 해당 주식을 인수하는 경우에는 주주간 지분비율이 변화하게 된다.

이러한 지분비율 변경에 의하여 새로운 대주주가 나타나게 되면, 이 새로운 대주주는 기업경영에 간섭을 하거나 기업의 지배권을 가지고 있던 기존 대주주의 지위에 영향을 미칠 가능성이 있다.

넷째, 배당의 원천은 당기순이익인데 당기순이익이 크면 주주들은 높은 수준의 배당을 기대한다. 따라서 경영자들은 배당수준을 결정할 때 당기순이익을 중요한 요인으로 고려한다. 즉, 기업의 당기순이익이 안정적이면 고율의 배당이 가능하지만 당기순이익의 변동폭이 큰 기업의 경우에는 미래의 이익이 목표이익에 미치지 못하는 경우를 대비하여 일반적인 경우보다 유보를 더 많이 해야 한다.

다섯째, 기업의 배당정책은 자율적으로 결정되지만 현실적으로 배당가능이익이 존재해야만 배당이 이루어질 수 있다. 배당가능이익이 없는 경우에도 배당을 하면 이는 채권자 보호에 부정적인 영향을 미친다. 즉, 채권자는 자신의 안전을 보장하기 위하여 자본을 유지하기를 원하게 되는데, 이는 주주의 배당확보정책과 상충된다. 주주는 배당청구권을 가지고 주주의 이익을 보호하기 위해 일정한 배당을 확보하고자 할 것이나, 채권자는 현금배당이 기업의 유동성에 영향을 미치기 때문에 배당의 크기에 제한을 두고 싶어 한다.

9.4.2 배당안정화정책

배당안정화정책은 안정된 배당정책이 주주나 기업에 이롭다고 생각하고, 목표배당을 정하여 주당배당금 또는 배당성향을 일정하게 유지하려는 정책이다. 즉, 기업의 이익수준에는 큰 변동이 없더라도 직전연도의 배당과 유사한 수준을 유지하려고 한다. 이런 배당의 안정성 유지는 주가의 안정 또는 상승과 연결된다고 본다.

기업이 배당안정화정책을 선호하는 이유는 다음과 같다.

첫째, 특정기간의 이익이 감소되더라도 배당을 직전연도와 유사한 수준으로 지급하는 경우, 당해 연도의 이익감소가 회복하기 어려운 것이 아니라 일시적인 것이라는 것을 간접적으로 나타내는 정보전달의 효과가 있다.

둘째, 퇴직자나 연금수령자 등 안정적인 배당수입을 선호하는 투자자가 증가하고 있기 때문이다. 이들은 생활자금을 배당수입 등으로 조달하기 때문에 기업의 배당정책 변화로 배당수입의 변동폭이 큰 것을 선호하지 않으며, 안정적인 배당을 지급하는 주식을 선호한다.

9.4.3 잔여배당정책

잔여배당정책은 신규투자를 위한 자본을 유보이익에서 우선적으로 조달하는 정책이다. 즉, 유보이익 중에서 신규투자안에 투자하고 남은 잔여자금으로 배당금을 지급하는 정책을 말한다.

또한 기업들이 배당재원 마련을 위해 신주를 발행하는 경우가 있는데, 이는 신주발행비용이 발생하며 바람직하지 못하다. 그러므로 기업들은 신주발행의 필요성을 최소화하기를 원하며, 배당보다는 유보하기를 원한다고 할 수 있다.

잔여배당정책에서의 배당수준은 신규투자의 자본조달, 유보이익 등에 의하여 결정되기 때문에 다른 배당정책보다 배당금이 변동될 가능성이 많으며, 이는 배당에 대한 불안정성으로 이어질 수 있다. 잔여배당정책에 의하면 성장기회를 갖고 있는 도입기의 기업은 배당성향이 낮은 반면, 투자기회가 거의 없는 오래되고 성숙기에 접어든 저성장기업의 배당성향은 높게 나타난다.

9.4.4 자사주매입

자사주매입(자기주식 취득)은 기업이 이미 발행하여 유통되고 있는 주식을 매입소각하거나 재발행할 목적으로 재취득하는 행위이다. 자기주식의 취득은 '기업은 언제나 법정자본금을 유지하고 이에 상당하는 재산도 유지하고 있어야 한다'는 '자본충실의 원칙'에 위배되므로 상법에서는 원칙적으로 자기주식의 취득을 제한하고 있다. 그러나 감자를 위해 혹은 상장기업의 경우 주가관리를 위해 자기주식을 취득하는 것은 예외적으로 허용되고 있다.

자기주식을 일시적으로 보유하기 위해서 취득한 경우에는 일정기간 후 자기주식을 매각할 수 있으나 회계처리상으로는 재무상태표의 '자본조정'에 귀속시킴으로써 기업의 총가치가 그만큼 감소했다고 판단한다. 그러나 자기주식을 주식시장에 매각하여 자금을 다시 조달할 가능성이 있는 만큼 자산성이 있고, 자사주를 매입한 행위만으로는 기업가치가 동일한 것으로 보는 게 옳을 수 있다. 만일 기업의 총가치가 감소했다고 보는 경우에도, 1주당 주가는 이론상 자기주식 매입 전의 가치를 그대로 유지한다. 기업이 총발행주식수의 50%를 매입하여 소각하였다면, 회계처리상 기업가치는 절반으로 감소할 것이나, 발행주식수도 절반으로 감소한 것으로 처리가 되므로, 1주당 주가는 그대로 유지되어야 하는 것이다.

자기주식을 매입하면 배당압력이 낮아지고 유통주식수가 적어진다는 심리적인 효과 때문에 주가가 상승할 것으로 기대된다. 또한 주가가 상승할 때 이를 매각하여 자본이득을 올린다면 배당을 받는 효과가 있다. 일반적으로 자본이득세가 배당소득세보다 낮기 때문에 자사주매입은 주주들의 세금을 절약시켜 준다. 결국 자기주식 매입은 주가를 상승시키는 효과가 있어 주주들에게 배당금을 지급하는 것과 같은 효과가 있다.

자기주식을 매입하는 방법으로는 공개시장재매입과 공개매수가 있다. 공개시장재매입은 기업이 시장에서 일반투자자와 마찬가지로 자사주를 매입하는 방법이다. 공개시장에서 거래되는 주식을 기업이 직접 매수주문을 내고, 현금을 주면서 사들인다. 주식을 사고자 하는 수요가 증가하기 때문에 주가가 상승하는 경향이 있다.

공개매수는 기업이 매수하고자 하는 주식의 수, 가격, 기간을 정하여 공시하고 희망자로부터 청약을 받아 매입하는 것이다. 일반적으로 주식시장에서 거래되는 가격보다 높은 가격을 제시한다. 그러면 현재 주식가격보다 더 높은 가격을 받고 판매하기를 원하는 주주들이 기업에 자기가 보유한 주식을 매도한다.

9.4.5 주식배당

주식배당은 배당의 일부 또는 전부를 현금 대신 새로이 발행된 주식으로 배당하는 경우를 말한다. 즉, 법정자본을 증가시키기 위하여 이익잉여금의 일부(임의적립금과 이월이익잉여금)를 자본금으로 전입하며 주식을 주주들에게 무상으로 교부해 주는 것을 말한다. 주식배당은 회사재산의 유출 없이 이익배당의 효과가 있으며 주식수가 증가하기 때문에 주식의 시장성을 높일 수 있는 이점이 있다. 반면 총주식수가 증가하므로 미래의 배당압력이 가중되는 부담이 있다. 투자자 입장에서 주식배당의 회계처리는 지분율이 변동하거나 주식발행회사의 순자산이 변동하는 것은 아니기 때문에 투자자에게 실질적인 이익이 될 수 없다는 것이 통설이다.

즉, 주식배당은 이익잉여금을 현금으로 배당하지 않고 자본금으로 전입함으로써 신주를 발행하여 지분비율에 따라 무상으로 배분하는 제도이다. 주식배당을 함으로써 기업성장을 위한 자본조달의 원천으로 유보이익을 이용할 수 있고, 이것은 주식시장에서 실적 호조라는 긍정적인 신호로 해석되는 배경이 된다. 그러나 자금부족으로 인하여 현금배당 대신 주식배당을 실시할 경우에 주식배당은 투자자들에게 부정적 신호로 해석될 수 있다.

주식배당과 현금배당은 모두 이익잉여금으로부터 지급된다는 점에서 같지만, 주식배당은 현금배당과는 달리 기업의 성과를 사외로 유출하는 것이 아니므로, 이론적으로 기업의 시장가치에 영향을 미치지 않는다.

연습문제

1. '주식배당은 이론적인 기업가치와 주주의 부를 변화시키지 않는다'라는 명제는 맞는 표현인가 틀린 표현인가? 그 이유는?

2. '현금배당은 이론적인 기업가치와 주주의 부를 변화시키지 않는다'라는 명제는 맞는 표현인가 틀린 표현인가? 그 이유는?

3. '주주 입장에서, 배당을 받든 안 받든 주주의 부는 그대로이다'라는 명제는 맞는 표현인가 틀린 표현인가? 그 이유는?

4. '현금배당과 주식배당은 각각 기업가치에 영향을 주거나 주지 않지만, 배당을 지급한다는 사실 자체가 주주에게 현금 혹은 주식을 나누어 주는 것이므로 주주 입장에서는 모두 부가 증대된다'라는 명제는 맞는 표현인가 틀린 표현인가? 그 이유는?

5. 고객이론에 대하여 설명하시오.

6. 배당의 정보효과에 대하여 설명하시오.

7. 잔여배당정책에 대하여 설명하시오.

8. 배당선호이론과 Bird-In-The-Hand에 대하여 설명하시오.

9. 배당안정화정책에 대하여 설명하시오.

10. 기업의 자사주 매입이 기업의 배당과 관련하여 어떤 의미가 있는지 설명하시오.

CHAPTER

10

자본조달 의사결정

10.1 장기자본조달의 주요 개념

자본을 조달할 때, 조달기간에 따라 장기와 단기로 구분할 수 있다. 장기와 단기를 구분하는 기준은 보통 1년이다. 1년 이내의 기간 동안에 자금을 빌리고자 할 경우 단기자본조달이라 하고, 1년 이상의 기간 동안에 자금을 빌리고자 할 경우 장기자본조달이라 한다.

단기로 자본을 조달하는 것은 자금을 기업의 운영자금을 위해서 사용하고자 할 경우이다. 단기자본조달의 경우 일반적으로 자본비용이 저렴하고(이자율이 낮고), 상환기간이 짧다. 만약 단기로 자본을 조달한 다음 계속해서 만기를 연장해 나간다면 장기와 동일한 효과를 얻을 수도 있다. 하지만 단기로 자본을 조달하는 것은 경기변동에 따라 가변성이 높다. 호황인 경우에는 자본을 조달하는 것이 용이하지만, 만약 경기가 불황으로 돌아선 경우에는 자본조달이 어려울 수 있다. 즉, 단기자본조달은 경기변동에 따라 차입가능성이 불투명해지는 문제가 있어, 단기자본으로 장기적 자금운영을 하기에는 한계가 있다.

기업이 장기적으로 자본을 조달하는 경우는 공장의 확대 등 비유동자산을 증가시키는 경우에 주로 발생한다. 이러한 투자에 대한 자금은 유보이익 또는 충당금 등 내부자금으로 충당할 수도 있다. 그러나 대부분의 기업은 이러한 내부이익, 충당금만으로 공장 등의 투자를 시행하기는 한계가 있다. 따라서 대부분의 기업은 장기자본을 조달하고자 하며, 그 방법으로는 주식발행, 회사채발행, 금융기관으로부터 장기차입금 대출, 리스 등이 있다. 재무관리 담당자는 기업의 사정에 맞는 적절한 장기자본의 조달방법, 금액, 시기 등을 고려하여 기업가치가 극대화될 수 있도록 장기자본과 관련된 의사결정을 해야 한다.

자본조달 의사결정과 관련하여 고려해야 할 주요 요소는 다음과 같다.

첫째, 조달원천별로 자본비용이 기업가치에 어떠한 영향을 미치는지를 고려해야 한다. 타인자본과 자기자본의 조달이 기업가치에 미치는 영향이 각각 다르기 때문이다.

둘째, 자본조달의 원천에 의하여 기업의 소유권과 경영권에 영향을 미치는지를 고려해야 한다. 보통주 또는 전환사채, 신주인수권부사채 등은 주주의 지분율에 영향을 미치기 때문이다.

셋째, 자본조달의 소요기간과 시기를 조절할 수 있어야 한다. 장기자본을 조달하는 데는 많은 시간과 비용이 소요되며, 이는 자본의 조달시기에도 영향을 미친다. 또한 자본을 반환하는 시기에 대해서도 고려되어야 한다.

10.2 장기자본조달과 증권시장

경제학의 시조인 애덤 스미스(Adam Smith)는 그의 유명저서 『국부론』에서, '자본주의하의 기업 대규모화, 분업화 등을 통한 생산성 향상은 기업을 부유하게 하였으며 이것으로부터 그 나라의 사람들이 부강해진다'는 주장을 하였다. 이러한 애덤 스미스의 논리에 대해서 마르크스 등 사회주의 경제학자들은 반론을 제기하였다. 하지만 20세기부터 활성화된 자본주의 사회는 긍정적인 면과 부정적인 면이 혼재하는 가운데 현재까지 전 세계의 주요한 국가들에서 여전히 채택되어 운영되고 있다.

현실적으로 소규모 형태의 기업으로는 경쟁력이 높아지기 어렵다. 경쟁력이 높아지기 위해서는 대규모화할 필요가 있고, 기업을 대규모화하려면 대규모의 자본이 투여될 필요가 있다. 하지만 일반적으로 개인의 수준에서 공장을 지을 수 있을 정도로 대규모의 자본을 보유하고 있지는 못하다. 대규모의 자본이 모이기 위해서는 많은 사람들의 자본이 모여야 한다. 투자자금이 모일 수 없으면 대규모의 투자도 이루어지기 어렵다. 대규모의 투자가 없으면 대기업이 형성되기 어려우며 경쟁력이 강화되기 어려울 수 있다.

타인의 돈이 투자되기 위해서는 믿을 수 있는 시장이 필요하다. 서로가 잘 모르는 사람들끼리라 하더라도 서로 믿고 거래할 수 있는 신뢰성을 제공하는 시장이 있을 경우 대규모의 자금이 모일 수 있다. 만일 어떤 물건을 사거나 팔 때, 꼭 아는 사람들하고만 거래를 해야 한다면 경제활동에 큰 제한이 된다. 물건이 사고 팔리는 시장이 신뢰성이 없다면, 시장이 활성화되기 어려우며 거래당사자간 자유로운 거래도 잘 이루어지지 못한다.

어떤 금융시장이 믿을 만한 시장이라면, 보다 많은 자금이 거래되고 이 자금은 좋은 회사에 투자될 수도 있다. 회사가 설립되는 초기에는 아는 사람들끼리 돈을 모아 회사를 설립한다. 하지만 회사가 계속 성장해나가기 위해서는 모르는 사람들도 우리 회사에 투자하고 자금을 빌려줄 수 있도록 하는 시장 시스템이 필요하다. 주식거래는 어디에서나 이루어질 수 있지만, 사람이 많이 모이는 시장에 좋은 물건이 있고 제값을 받고 팔 수 있듯이, 주식도 투자자가 신뢰를 하면서 모이는 시장에서 제대로 거래가 되고 활발한 거래가 이루어질 것이다. 따라서 주식시장 등을 포함한 금융시장이 발전될 때 기업에 대한 투자가 용이하게 이루어지고, 기업도 자금조달을 용이하게 할 수 있다. 이런 과정을 거쳐 기업의 발전, 나아가 경제 전체의 발전도 가능해진다.

10.2.1 주식시장의 유형 및 기능

우리나라 기업들이 주식을 상장시킬 수 있고 주식거래가 활발히 이루어질 수 있도록 형성된 시장을 '한국거래소'라 하며, KOSPI와 KOSDAQ지수가 발표되고 있다. 한편, 장외시장(OTC : Over-The-Counter Market)은 소규모로 거래가 되는 시장으로 제3시장이라고도 한다.

금융시장은 자금을 필요로 하는 자금수요자들과 적절한 자금의 투자처를 찾기 원하는 투자자들을 연결시켜 주는 곳이다. 금융시장에 다양한 금융상품들이 존재하여 투자자들을 유인하고 이들로부터 보다 많은 투자자금이 금융시장으로 유입된다. 그리고 이 유입된 자금은 우량기업들에 배분되어 자금이 효율적으로 사용될 수 있도록 해준다.

투자자와 기업은 금융시장 중 주식발행시장에서 처음 자금거래를 한다. 회사는 자금을 공급하는 투자자들에게 주식을 발행하고, 그 대신 설비투자 등에 필요한 자금을 공급받는다. 이미 발행된 주식 등이 서로 다른 투자자들 사이에 팔리고 구매될 수 있는 주식유통시장이 존재하기 때문에, 투자자들은 투자원금 회수와 관련된 큰 위험 없이 기업이 발행하는 주식을 구입할 수 있다. 따라서 주식이 원활히 발행되기 위해서는 주식유통시장이 존재해야 한다. 주식유통시장이 존재하고 주식이 활발히 거래가 될 때, 투자자는 처음에 회사에서 발행하는 주식을 기꺼이 구입할 것이다. 만약 주식유통시장이 활성화되지 않아 구입한 주식을 다시 처분하기 어려워지면, 아무리 기업에 대한 평가가 좋다 하더라도 막상 그 회사의 주식을 사기는 쉽지 않다. 즉, 주식유통시장이 존재해야 하는 이유는 바로 주식유통시장이 활성화됨을 전제로 주식발행시장이 발달할 수 있기 때문이다. 경제사회가 정말로 필요로 하는 것은 기업이 자금조달을 원활히 할 수 있는 주식발행시장이 발달되는 것이지만, 주식유통시장이 발달되어야만이 주식발행시장도 존재할 수 있다.

[그림 10.1]에서 '주식발행을 원하는 기업'과 '최초의 투자자'가 연

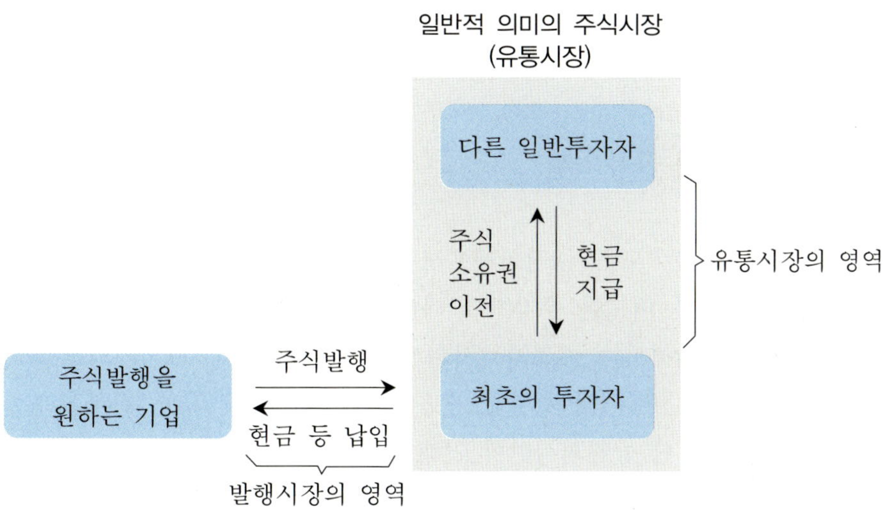

[그림 10.1] 주식의 발행과 주식의 유통

결되는 영역이 주식발행시장의 영역이다. 한편, '최초의 투자자'가 '일반투자자'와 주식거래를 하는 영역이 주식유통시장의 영역이 된다. 상장회사라면 [그림 10.1]의 오른쪽 박스 안의 영역에서 주식이 원활히 유통되는 셈이다. 이후, 주식을 보유한 일반투자자는 또 다른 일반투자자들과의 사이에 계속적으로 거래를 형성시킬 수 있다.

정리하면, 어떤 회사가 기업의 소유권을 나타내는 주식을 발행하면 증권회사 등이 중개하여 최초의 투자자들과 연결시켜 준다. 그 다음, 이 주식을 매입한 투자자들은 일정시기가 지난 이후에 주가가 일정수준 이상으로 올라가거나, 또 다른 주식을 구입하고 싶을 때, 현금이 필요한 시기 등에 자유롭게 이 주식을 팔려고 할 것이다. 이때, 이 회사가 상장되어 있는 회사라면 최초의 투자자는 사실상 언제든지 다른 투자자에게 주식을 팔고 현금을 회수할 수 있다. 물론, 주가는 매일매일 변화하기 때문에 다소의 손해나 이익이 있을 수 있지만, 투자자 입장에서 중요한 것은 언제든지 보유주식을 현금화시킬 수 있다는 믿음이다.

만일 유통시장이 제 역할을 하지 못한다면 개인들은 주식시장 자체에 참여하는 것을 꺼리게 될 것이고, 발행시장에서 주식을 발행하여 자금을 조달하려던 상장기업은 새로운 투자자금을 구하기 어려워진다. 기업의 투자가 원활히 이루어지지 않으면 궁극적으로 경제가 활성화되기 어려워지는 부작용이 발생할 수 있다.

10.2.2 증권관련 금융기관

증권회사는 모든 주식거래에서 거래상대방으로서의 역할을 담당한다. 즉, 주식을 매도한 투자자에 대해서는 매입자로서의 역할을, 매입한 투자자에 대해서는 매도자로서의 역할을 담당한다. 한국거래소에서 관장하는 주식시장에서는 일반 개인은 거래를 할 수 없고, 한국거래소에 회원등록을 한 증권회사만이 거래할 수 있다. 따라서 증권을 사거나 팔려고 하는 개인들은 직접 한국거래소에서 증권을 매매하는 것이 아니라, 증권회사를 통해서 주식을 사거나 팔 수 있다. 증권회사들은 개인을 대행해서 주식거래를 해주고, 그 업무의 수수료를 일반투자자로부터 받는다. 이 수수료는 증권회사의 주된 수입원 중 하나이다.

이와 같이 증권회사가 증권거래과정에 항상 개입하기 때문에, 주식의 매입자와 매도자는 상호간에 상대방이 누군지 모르고 거래를 하게 된다. 매입자는 증권회사에 매입주문을 하고, 매도자도 증권회사에 매도주문을 한다. 이 증권회사들은 한국거래소에서 서로 거래를 하고, 그 거래 결과를 각각 매입자, 매도자에게 전달한다. 실제 거래는 증권회사들 사이에서 이행되는 것이기에 매입자, 매도자는 서로에 대해서 알지 못하고 알 수도 없다.

주식시장에 주식을 상장시키고 싶어 하는 기업과 투자를 하고 싶어 하는 투자자들을 연결시켜 주는 역할을 하는 증권회사의 주요 업무 중에는 주식발행시점에서 기업과 투자자를 연결시켜 주는 '인수주선업무'가 있다. 발행시장에서 신규 상장기업 등이 주식을 발행할 때에 이를 일반투자자가 바로 인수하기는 힘들다. 따라서 주간 증권회사 등이 회사가 발행한 주식을 일단 자기책임하에 대량 인수한다. 이렇게 기업으로부터 직접 인수한 주식을 일반투자자들에게 다시 배분하여 판매를 하는데, 이런 대행업무의 대행수수료도 증권회사 등의 주된 수입 중 하나이다.

10.2.3 주식시장의 한계

소규모의 금융기관만 있을 경우 이들로부터 자금을 유치할 수 있는 기업의 수는 매우 적으며 경제규모 자체도 더 이상 커지기 힘들다. 그러나 대규모의 금융기관이 있는 경우 자금의 흐름이 커지고 그 자금을 이용하는 기업들의 투자규모도 커진다. 그 결과 경제규모 자체도 커진다. 나아가 전 세계적으로 움직이는 금융기관은 전 세계로부터 자금을 끌어모으므로 자금의 규모도 더 커진다. 그 결과 투자규모도 커지고 자본규모도 커진다. 즉, 금융시장은 크면 클수록 더 자금이 모이고 투자규모도 커지며, 그 결과 발생하는 수익규모도 커진다.

이와 같이 금융시장이 확대되면 새로운 아이디어를 가지고 있는 사람들이 사업을 일으키기 위하여 자금을 조달하기 쉬운 환경이 될 수 있으며, 자금수요자와 투자자가 이 시장으로 몰려들 것이다. 그러나 아무리 금융시장이 크면 클수록 좋다고 해도 무한대로 커질 수 있는 것은 아니다. 기업은 투자받은 자금을 가지고 그보다 더 높은 수익을 올려야만 한다. 만약 기업들이 자금을 투자받고서 높은 수익을 올리지 못한다면 금융시장은 유지되기 힘들다. 투자자금이 적었을 때에는 이 투자자금으로 수익을 올리는 것이 상대적으로 용이하다. 하지만 투자자금이 많아 여러 기업들이 동시다발적으로 투자를 하게 되면, 이 투자로부터의 수익에 한계가 발생할 수 있다. 이렇게 투자로 인한 수익이 증가되지 않으면 금융시장의 성장도 한계에 부딪히게 되며, 금융위기로 이어질 수 있게 된다.

거시경제학의 대가인 케인즈는 주식시장이 너무 발달하면 경제에 해롭다고 경고한 바 있다. 주식시장이 발달하면 기업이 은행 등으로부터 자금을 차입할 필요가 줄어들어 기업의 자금운영이 원활해지고 자금조달비용이 낮아질 수 있다. 그러나 기업의 이익을 배당이라는 형태로 유출시키는 경우가 더 많을 수도 있다. 주식을 발행하면 그 주식에 대한 배당금을 계속 지불해야 한다. 즉, 주식발행이 어느 수준 이상으로 이루어질 때 주식시장을 통해 유출되는 자금이 유입되는 자금보다 많아질 수 있다. 주식시장의 지나친 발달은 이러한 역기능을 일으킬 수 있다는 주장도 있다.

10.3 자기자본에 의한 장기자본조달

10.3.1 주식발행의 의의

유보이익은 자금조달을 계획할 때 우선적으로 고려할 수 있는 수단이 될 수 있다. 하지만 유보이익은 자본조달규모의 제약(대부분 유보이익이 공장설립자금을 충당할 정도로 많지는 않다), 배당안정화정책에 따른 자금 유출(향후 배당금을 계속 지불해야 하는데, 이를 위해서 어느 정도 현금을 보유하고 있어야 한다), 자금조달의 시기(유보이익은 계속 변동할 수 있다. 공장 설립과정 중 큰 자금이 소요될 때, 유보이익이 충분히 있을 것이라는 보장이 적다) 등에 있어서 한계점이 있다.

이러한 이유로 인하여 대부분의 기업들이 장기투자에 필요한 장기자본을 조달하기 위해 주로 고려하는 수단은 '주식'을 발행하는 것이다. 주식은 금융시장의 다양한 수요를 충족시키기 위하여 생성된 금융투자상품 중 가장 대표적이며 모든 주식회사들이 설립과 동시에 그리고 이후 꾸준히 자금조달을 하는 수단이 주식발행이다(회사에는 주식회사 외에 합명, 합자회사 등도 존재한다. 합명회사, 합자회사의 경우에는 주식이라는 말을 쓰지 않고 단순히 '출자금'이라고 표현한다).

10.3.2 주식의 종류

주식은 투자자의 요구를 충족시키기 위하여 다양한 형태로 발행될 수 있다. 일반적으로 발행되는 주식의 종류에는 보통주와 우선주가 있다. 기업이 주식을 발행할 때, '의결권'과 '배당을 받을 수 있는 권리'를 제공하는데, 보통주와 우선주는 의결권과 배당청구권 등 경제적 권리에 있어서 차이가 있다.

(1) 보통주

보통주는 특별한 권리가 부여된 우선주와 구분하기 위하여 붙여진 명칭으로, 주식이라 하면 통상적으로 보통주를 의미한다. 기업의 이익배분이나 잔여재산의 배분에 있어서 채권자와 우선주보다 후순위권리를 갖는다. 즉, 기업의 잔여재산은 채권자가 먼저 다 가져가고 남은 재산에 대해서만 권리를 행사할 수 있다. 기업의 이익에 대해서는 우선주 주주가 먼저 배당을 받고, 남은 이익에 대해서 배당을 받는다. 따라서 보통주는 채권과 우선주에 비해 배당과 투자액의 회수에 대한 리스크가 상대적으로 크다. 하지만 보통주는 회사의 경영에 참여할 수 있는 의결권이 주어지는데, 의결권의 중요성 때문에 보통주를 통한 자본조달은 활발히 이루어지는 경향이 있다.

(2) 우선주

의결권보다는 시세차익이나 배당에 관심을 더 갖는 투자자들도 많다. 이러한 투자자들을 위해 의결권을 주지 않으면서 배당은 더 주는 주식을 발행하기 시작하였는데 이것이 '우선주'이다.

보통주를 추가로 발행한다면, 주주는 지분율만큼 추가로 자금을 투자해야 지배력이 유지된다. 그런데 우선주를 발행하면 주주지분에 대해 신경쓸 필요가 없다. 현재 기업의 경영권에 영향을 미치는 대주주 입장에서는 우선주를 아무리 많이 발행하더라도 회사를 지배하는 데 문제가 없다. 회사 지배권에 영향을 미치지 않으면서 자기자본을 조달할 수 있기 때문에 우선주는 매력적인 자금조달방법이 된다.

의결권을 보유하고 있는 보통주에 비하여 우선주는 주가가 매우 낮게 형성되는 것이 일반적이다. 보통주와 우선주에서 가격차이가 나타나는 것은 바로 의결권의 가치 및 배당 정도에 대한 차이를 측정하는 시장의 정직한 반응이라고 할 수 있다.

우선주에도 누적적 우선주, 참가적 우선주, 전환우선주 등 여러 종류가 있다. 누적적 우선주는 어떤 해에 이익이 실현되지 않은 경우 다음

해라도 배당을 받을 수 있도록 보장해 주는 것이다. 누적적 우선주를 보유한 경우, 3년간 이익이 없어 배당을 받지 못했더라도 4년차에 이익이 생긴다면 투자자는 4년째에 4년간 못 받았던 배당을 모두 받을 수 있다. 이러한 권리가 있는 우선주를 누적적 우선주라 하며, 그러한 권리가 없는 우선주를 비누적적 우선주라 한다.

참가적 우선주는 일단 정해진 배당을 받은 후 이익의 잔여분에 대하여 추가로 귀속을 정할 때 보통주와 대등하게 자신의 몫을 받을 수 있는 우선주를 지칭한다. 우선주로서의 배당과 보통주로서의 배당을 동시에 받을 수 있다. 이런 권한이 있는 우선주를 참가적 우선주라 하며, 잔여지분에 대하여 청구권이 없는 우선주를 비참가적 우선주라 한다.

또한 '전환우선주'는 발행시점에서는 우선주이지만, 약속된 일정기간이 지나면 보통주로 전환할 수 있는 권리를 주는 우선주이다.

10.3.3 유상증자

유상증자는 기 발행된 주식에 추가적으로 '신주'를 발행하는 것이다. 일반적으로 기존 주주에게 신주를 우선 살 수 있는 권리를 주는데, 기존 주주들은 유상증자에 참여함으로써 현재 시가보다 낮은 가격으로 주식을 살 수 있다.

유상증자는 회사 입장에서는 주식이 많이 발행되는 것이므로 향후 배당압력이 높아질 수 있다. 또한 최대주주 입장에서는 자신의 지분이 낮아져서 의결권 비중의 문제가 발생할 수 있다(유상증자는 자신이 돈을 더 내서 주식을 구입해야 한다. 대주주의 경우 더 내야 하는 돈이 많아지기 때문에 유상증자를 받을 권리를 포기하는 경우도 있다. 유상증자를 모두 받아야 자신의 현재 지분 비율이 그대로 유지될 수 있는데, 유상증자를 받지 않으면 자신의 지분 비율은 떨어진다. 결국 자신의 의결권 비중이 낮아지는 문제가 발생한다).

현재의 주가가 15,000원인 기업이 유상증자를 하려 한다면 대략 12,000원에서 13,000원 정도의 가격이 제시되는 경향이 있다. 유상증자 가격은 현재의 주가, 주식시황, 신주가 발행이 될 때까지의 시차 등을 고려해서 할인폭이 결정된다.

한편, 유상증자는 자금조달의 수단을 넘어서 경영권의 재분배라는 결과를 가져올 수 있다. 유상증자시 기존 주주에게 소유한 주식수에 비례하여 신주인수에 관한 우선권을 부여하는데, 이를 통해 구 주주의 의결권 및 재산권을 보호할 수 있다. 유상증자가 이루어질 경우 구 주주의 지분율만큼 신주인수권을 행사하여 유상증자에 참여하게 되면 발행가격에 상관없이 유상증자의 전후 구 주주의 부에는 변함이 없게 된다.

10.3.4 무상증자

'무상증자'는 형식적으로는 발행주식수가 늘어나지만 실질적으로는 현금유입을 가져오지 않아 기업의 가치가 증가되지 않는 증자형식을 말한다. 즉, '무상'이기 때문에 신규납입 없이 주식만 추가로 발행되는 것이다. 신규납입이 없으므로 기업가치는 그대로이다. 다만, 증자는 이루어진 것이므로 주식수는 늘어난다. 주식수가 늘어나는 부분은 대부분 자본잉여금에서 비롯된다.

무상증자는 재무상태표상에 계상되어 있던 자본잉여금 등을 자본금으로 변경시키는 것이므로, 신주는 기존 주주에게 지분율에 비례하여 명확하게 귀속된다. 무상증자시 기업에 유입되는 자금은 없지만 자본금이 증가함에 따라 향후 배당액이 증가하므로 기업의 현금이 기업 외부로 더 많이 유출될 가능성도 있다.

액면금액 5,000원인 주식 10주를 1주당 12,000원에 유상증자로 발행했다면 회사에 유입되는 자금은 120,000원이며, 이 중 50,000원이 자본금, 70,000원이 자본잉여금이 된다. 1주당 주가는 12,000원이며 기업가치는 120,000원이다.

만일, 여기서 자본잉여금 70,000원을 액면가 5,000원짜리 주식의 형태로 발행하여 14주의 신주를 발행한다면(5,000원×14주) 이제 주식수는 총 24주가 된다. 자본금과 자본잉여금의 합은 그대로 120,000원이며, 단지 자본금 50,000원, 자본잉여금 70,000원에서, 자본금 120,000원, 자본잉여금 0원으로 변경되었을 뿐이다.

기업가치는 그대로이고 주식수만 늘어난 형태이므로 1주당 주가는 (120,000원/10주=12,000원)이 아니고 (120,000원/24주=5,000원)이 되는 것이다. 결국 이론적으로 무상증자가 있었더라도 기업의 총가치는 그대로이고 주주의 부도 변동되지 않는다. 다만, 주식수가 많아지면서 주식의 유동성이 늘어난다는 장점이 있다.

10.4 타인자본에 의한 장기자본조달

10.4.1 채권의 개념과 특성

채권(Bond)은 정부, 공공기관, 특수법인과 주식회사가 일반투자자들로부터 장기의 자금을 집단적·대량적으로 조달하기 위하여 부담하는 채무를 표시하는 유가증권이라고 정의된다.

채권은 다음과 같은 특성을 가진다.

첫째, 채권은 유통시장에서 자유로운 거래가 가능하기 때문에 유동성이 높은 유가증권이다. 유동성은 화폐가치의 손실 없이 현금으로 전환될 수 있는 정도를 말하는 것으로, 채권은 만기일까지 보유하여 확정된 이자와 원금을 받을 수도 있고 만기일 전에 증권회사 등을 통해 언제든지 팔아 현금화할 수도 있다. 특히, 채권수익률 변동에 따른 가격변동폭이 적은 단기채권과 발행자의 신용도가 높아 안전성이 보장된 채권은 다른 채권보다 유동성이 높다.

둘째, 채권은 원금과 이자를 지급받을 수 있기 때문에 주식에 비하여 안정성이 높다. 특히, 정부·지방자치단체·특수법인·금융기관·신용도가 높은 주식회사가 발행한 채권은 안정성이 높다고 할 수 있다.

그러나 모든 주식회사의 신용도가 높은 것은 아니기 때문에 신용도가 낮은 주식회사의 경우 반드시 채권의 안정성이 높다고 할 수는 없다.

셋째, 채권을 보유함으로써 이자소득이 발생하고, 또한 자본소득도 발생할 수 있기 때문에 수익성이 보장된다. 이자소득은 채권을 보유함으로써 발생하는 이자로서 투자한 자금에 대한 보상의 성격을 갖는다. 그리고 채권가격이 오르면 이 채권을 판매하여 자본이득을 올릴 수 있다. 즉, 채권투자는 일정한 이자가 보장되어 있을 뿐 아니라 투자운용에 따른 자본이득도 얻을 수 있다.

10.4.2 채권의 종류

채권은 발행주체, 이자지급방법, 상환기간, 보증유무 등에 따라 다양하게 발행될 수 있다. 이하에서는 채권의 종류에 대해서 알아본다.

(1) 발행주체에 의한 분류

채권은 발행주체에 따라 〈표 10.1〉과 같이 국채, 지방채, 특수채, 금융채, 회사채로 구분된다. 채권은 신뢰성이 중요하기 때문에 채권을 발행할 수 있는 주체는 법률에 의하여 규정된다.

〈표 10.1〉 발행주체에 의한 채권의 종류 예시

구 분	발행주체	종류 예시
국채	국가가 발행하는 채권	국고채권, 국민주택채권, 재정증권, 양곡증권, 외국환평형기금채권 등
지방채	지방자치단체가 발행하는 채권	서울도시철도채권, 지역개발채권 등
금융채	금융기관이 발행하는 채권	산업금융채권, 통화안정증권, 중소기업금융채권 등
회사채	주식회사가 발행하는 채권	일반사채, 전환사채(CB), 신주인수권부사채(BW), 교환사채, 담보부사채 등

(2) 이자지급방법에 의한 분류

채권은 이자지급방법에 따라 단리채, 복리채, 할인채, 이표채로 구분할 수 있다. 채권의 이자지급방법에 의한 분류는 〈표 10.2〉와 같다.

〈표 10.2〉 이자지급방법에 의한 채권의 종류

구 분	이자지급	종 류
단리채	원금에 대해서만 이자를 계산하는 채권	1년 이내의 단기상품
복리채	이자가 복리로 재투자되어 만기시에 원금과 이자가 지급되는 채권	국민주택채권, 지역개발채권, 외국환평형기금채권, 금융채권중 복리채 등
할인채	액면금액에서 상환기일까지의 이자를 공제한 금액으로 발행하는 채권	산업금융채권, 통화안정증권 등
이표채	채권권면의 이표에 의해 이자지급일에 일정한 이자를 지급받는 채권	회사채, 3년 이하 국고채 등

위와 같은 채권 중 이표채가 가장 일반적인 형태로, 이표채는 일정기간 동안 이자를 지급하다가 만기에 원금을 상환하는 형태이다.

(3) 보증유무에 의한 분류

채권의 담보 유무에 따라 담보부사채(회사가 담보를 제공하고 사채를 발행하는 경우)와 무담보부사채(회사가 담보를 제공하지 아니하고 사채를 발행하는 경우)로 구분된다. 무담보부사채에 대한 위험이 담보부사채에 비해 높으므로 투자자들은 더 높은 수익률(할인율)을 요구하게 된다. 따라서 다른 조건이 동일하다면 무담보부사채는 담보부사채에 비해 낮은 가격에 거래가 형성된다.

10.4.3 회사채의 종류

(1) 일반 회사채

회사채(Bond)는 기업이 투자자로부터 직접 자금을 차입할 수 있는 수단이다. 확정채무를 표시하는 회사채를 발행하여 약정된 이자를 정기적으로 지급함과 동시에 만기에 원금을 상환할 것을 증서상으로 약정한다. 단, 모든 기업들이 회사채를 발행할 수 있는 것은 아니고, 신용평가기관에 회사채평가등급을 받은 회사들만이 회사채를 발행할 수 있다. 회사채 발행은 일반적으로 기업 입장에서 볼 때, 거액의 자금을 장기로 조달할 수 있다는 장점이 있다.

(2) 신주인수권부사채

기업이 유상증자를 하기 위하여 신주를 발행할 때, 기존 주주들은 자신들이 가지고 있는 지분율만큼의 신주를 우선적으로 인수할 권리를 갖게 된다. 이를 기본적 의미의 신주인수권이라고 하며, 이 권리를 가진 투자자는 보통 주식시장에서 형성되는 가격보다 할인된 가격으로 신주를 인수한다. 이를 포기할 경우 자신의 지분율은 그만큼 줄어들며, 의결권에 침해를 받을 수 있다.

이와 같이 신주인수권은 기존의 주주들에게만 부여하는 것이 원칙이다. 그러나 신주인수권부사채(BW : Bond with Warrant)는 사채를 보유하고 있는 제3자에게도 이러한 신주인수의 권리를 부여한다. 즉, 기업이 신주인수권을 첨부한 회사채를 발행하여 신주발행시 미리 약정된 가격에 따라 일정한 수의 신주인수를 청구할 수 있는 권리를 함께 부여한다.

신주인수권부사채를 보유하고 있는 투자자는 일반 사채권자와 마찬가지로 정해진 사채이자를 받을 수 있고 만기에는 사채원금도 받을 수 있다. 동시에 이 사채에 부여된 신주인수권을 이용하여 회사 측이 발행하는 신주를 받을 수 있다.

신주인수권부사채에서는 신주를 인수하는 가격을 사채발행시 미리

정하는 것이 일반적이다. 이때 신주인수권을 행사할 때의 주가가 미리 정한 신주인수권 가격보다 낮다면 투자자는 신주인수권을 행사하지 않을 수 있다. 그러나 신주인수권 행사시점의 주가가 미리 정한 신주인수권 가격보다 높다면, 신주인수권을 행사하여 높은 수익을 얻을 수 있다. 기업 입장에서는 신주인수권의 대가로 보다 낮은 이자율을 제시한 회사채를 발행할 수 있고, 채권자 입장에서는 기본적인 채권수익률과 더불어 주식을 보다 싼 가격에 구입할 수 있는 투자수익을 기대할 수 있다는 장점이 있다.

신주인수권부사채 발행의 사례

20×1년 초 액면가 1,000,000원(표면이자율 5%, 만기 3년, 행사가 10,000원)인 신주인수권부사채를 1,000,000원에 액면발행(시장이자율 10%)

→ 신주인수권부사채 발행가액 = 1,000,000원

→ 신주인수권부사채의 부채요소(일반사채 현재가치)

$= 50{,}000 \times 2.48685 (= 1/1.1 + 1/1.1^2 + 1/1.1^3) + 1{,}000{,}000 \times 0.75131 (= 1/1.1^3)$

= 875,653원

→ 신주인수권대가 1,000,000 − 875,653 = 124,347원

(신주인수권 없는 일반사채였다면 875,653원에 발행되었을 것인데, 신주인수권 부여로 일반사채보다 124,347원만큼 많은 대가를 사채발행회사가 수령)

(3) 전환사채

전환사채(CB : Convertible Bond)는 회사채로 발행되어 만기에 액면금액을 보장받을 수 있고, 또한 사채를 주식으로 전환할 수 있는 전환권도 갖고 있는 회사채이다. 일반적으로 전환사채는 보통 회사채에 비해 이자율이 낮다. 발행회사가 표면이자율을 낮게 책정하는 대신 주식으로 전환할 수 있는 권리를 부여하는 것이 전환사채이다.

때로는 전환사채의 발행조건 중 만기까지 보유할 경우 액면가에 일정률의 이자상당액을 추가적으로 지급하기로 약정한 전환사채도 있다. 이때 액면금액에 추가적으로 지급하는 금액을 상환할증금이라 한다. 사채보유자가 만기까지 전환권을 행사하지 않을 경우, 일정이자를 추가적

으로 만기에 보전해 주기로 약속하는 것이다.

전환사채 보유자는 전환권을 행사할 수 있는 시점의 주가가 높은 상태이면 회사채의 권리 대신 주식으로서의 권리를 갖기 위하여 전환사채를 주식으로 전환할 수 있다. 반대로 전환권 행사시점의 주가가 낮은 상태이면 주식으로 전환하지 않고 전환사채에 표시된 이자율대로 이자를 받기를 원하게 된다. 즉, 전환사채의 전환권을 가지면 미래 주가변동에 따른 이익을 얻을 수 있는 대신 일반 회사채에 비하여 다소 비싼 가격을 지불한다. 이렇게 함으로써 개인 입장에서는 위험을 최대한 피하면서 적절히 높은 수익률을 기대할 수 있다. 기업 입장에서도 낮은 금리로 자금을 조달할 수 있다는 장점이 있으며, 더 나아가 주가가 오를 경우 이 채권이 주식으로 전환되면서 원금의 상환의무가 없어진다는 매력이 있다.

그러나 만약 기업의 신용도 혹은 성장성에 대한 확신을 투자자에게 줄 수 없는 상태라면, 전환사채를 발행한다는 것은 불가능하다. 기업의 주가가 향후 상승할 것이라는 기대가 애초부터 없다면, 일반 회사채에 비해 낮은 이자를 지불하는 전환사채를 구입할 투자자는 없다. 기업이 계속 성장하여 향후 주가가 오를 것이라는 기대가 있을 때 낮은 이자를 감수하고서라도 전환사채를 구입할 투자자가 존재하게 된다.

전환사채 발행의 사례

20×1년 1월 1일 액면 1,000,000원(표면이자율 7%, 만기 3년)의 전환사채를(유효이자율 15%에 불구하고) 1,000,000원에 액면발행

→ 일반사채 현재가치

$=70{,}000\times2.28323(=1/1.15+1/1.15^2+1/1.15^3)+1{,}000{,}000\times0.65752(=1/1.15^3)$

$=817{,}346$원

→ 전환권대가 $=1{,}000{,}000-817{,}346=182{,}654$원

(전환권 없는 일반사채였다면 817,346원에 발행되었을 것인데, 전환권 부여로 일반사채보다 182,654원만큼 많은 대가를 전환사채 발행회사가 수령)

(4) 환매조건부채권

투자자 입장에서 환매조건부채권(RP : Repurchase Agreement)은 일반 정기예금과 유사하다. 사실상 금융기관에 예금을 하는 것이지만, 형식상은 금융기관이 보유하고 있는 회사채를 구입한다. 표면상으로는 회사채를 구입하면서 투자자 본인이 회사채의 부실화에 대해 책임을 지게 되고 은행예금에 비해 더 큰 위험을 택한 셈이 된다. 하지만 여기에 금융기관이 환매조건을 첨부함으로써 '만기가 되면 금융기관이 무조건 정해진 가격에 다시 되사주겠다고 약속'을 한다면 이는 은행예금과 다를 바 없다고 할 수 있다.

은행은 RP를 통해 자금조달방법을 다양하게 할 수 있으며 보유채권을 근거로 자금조달을 한다는 면에서 장점이 있다. 은행이 채권을 구입하고 싶지만 자금이 충분하지 않은 경우, 일반인에게 환매조건부채권을 판매하면 채권을 구입할 자금을 쉽게 동원할 수 있게 된다.

(5) 자산유동화증권

금융기관이 보유한 상품을 조합하여 상품을 만드는 것 중 하나로 자산유동화증권(ABS : Asset Backed Security)이 있다. 이는 금융기관이 보유하고 있는 자산 중 부실화된 채권 등을 묶어 증권화시킨 후 원래의 시가보다 싸게 판매하는 것이다.

현재 회사 상태가 좋지 않아 신용평가회사로부터 투자부적격 판정을 받은 회사채를 정크본드(junk bond)라 한다. 정상적인 경우라면 이러한 채권은 아무도 사지 않을 것이며, 설령 가격을 아주 싸게 한다 하더라도 위험이 높아 사려는 투자자들이 많지 않을 것이다. 이러한 채권들을 모아서 한 묶음으로 만든 것이 자산유동화증권이다. 여기에는 정크본드뿐 아니라 유동성이 낮은 부동산, 매출채권, 각종 저당채권 등이 포함된다. 이들 유동성이 떨어지는 채권들을 한 묶음으로 만들어 새로 하나의 채권으로 만든 것이다.

각각 하나의 채권들은 부실 채권들이기는 하지만, 이 채권들 모두

가 다 실제 부도가 나는 것은 아니다. 몇몇 채권은 최종적으로 부도가 나겠지만, 그래도 여러 채권이 부도가 나지 않을 수 있다. 몇몇 채권이 부도가 난다 하더라도, 나머지 채권들은 높은 이자율을 지급하므로, 전체적으로는 어느 정도의 수익이 발생할 수 있는 것이다.

일부 M&A 전문회사들은 부실화된 기업의 유가증권 등의 자산을 매우 싼 가격에 집중 구입하여 이런 자산유동화증권의 형태로 만들어 이윤을 남기고 팔기도 한다.

10.5 리스를 통한 자본조달

10.5.1 리스의 의의

리스(Lease)란 시설임대를 전문으로 하는 사업주체가 기계장치, 차량, 설비 등을 구입하여 이들 자산을 필요로 하는 이용자에게 일정기간 동안 대여하여 그 대가로 사용료를 징수하는 임대인과 임차인 간의 계약이다. 여기서 임차인은 리스이용자, 임대인은 리스회사가 되며, 사용료는 리스료라고 한다. 이 계약을 통하여 리스이용자는 리스회사에게 일정금액의 리스료를 정기적으로 지급하는 조건으로 리스회사 소유의 특정자산을 사용할 수 있는 권리를 갖게 된다.

만일, 설비자산을 구입하려는 데 자금이 부족하다면, 금융기관으로부터 자금을 차입하여 자산을 구입해야 하겠지만, 대신에 원하는 자산 자체를 리스회사로부터 빌리고 사용료만 내는 경우를 생각해 볼 수 있다. 즉, 리스이용자는 자산의 사용료에 해당하는 금액을 정기적으로 리스회사에 지불하기만 한다면 다른 금융기관으로부터 자금을 차입하지 않고서도, 즉 설비자산을 직접 구입하지 않고서도 효과적으로 원하는 설비자산을 사용할 수 있게 된다.

10.5.2 리스의 장단점

리스의 가장 큰 장점은 리스이용자에게 재무구조의 개선효과가 나타나 추가적인 자금을 빌리는 데 유리하다는 점이다. 설비구입을 위하여 차입을 한다면 이 자금으로 자산을 구입하더라도 이 회사의 장부에는 거액의 차입금이 기재되고 높은 부채비율이 나타나게 된다. 그러나 리스회사로부터 직접 자산을 빌려 사용하고 사용료인 리스료만 낸다면 회사의 장부에는 부채가 나타나지 않게 된다.[1)]

리스의 장점들을 정리해 보면, 소요되는 자금의 100% 융자효과, 자금운용의 융통성 확보, 건전한 재무구조 유지, 소유에 따른 위험의 회피 등이 있다. 즉, ① 구입시에 거액의 자금이 소요되지 않는 자금조달상의 이점, ② 감가상각비보다 많은 리스료 계상에 따른 세금절감효과, ③ 부외금융의 효과, ④ 기업의 담보능력이 부족하더라도 시설을 사용할 수 있는 효과 등이 있다.

특히, 부외금융의 효과는 운용리스를 이용하는 가장 중요한 목적 중 하나이다. 자산의 소유권이 리스회사에 있는 경우를 운용리스의 형태라고 하는데, 리스회사의 장부에 리스자산이 모두 계상되어 있으면, 리스자산을 사용하는 기업은 자산과 부채의 계상 없이 리스료만을 지급하면 되어 자신의 재무구조를 양호하게 유지할 수 있다.

반면, 단점은 ① 일반적인 이자비용보다 리스료가 높다는 점, ② 리스기간 중 소유권이 없으므로 적시에 처분할 수 없다는 점, ③ 중도해지가 실질적으로 불가능하다는 점 등이 있다.

1) 다만, 회계기준에서는 이와 같은 부채비율 개선효과를 자유롭게 놓아둘 경우 정보이용자의 혼돈을 야기할 우려가 있어 리스회계처리기준을 까다롭게 규정하고 있다.

예제 10.1

동양리스사는 컴퓨터 1대를 구입하여 리스할 수 있는 상태로 만들었고 서양(주)와 리스계약을 체결하였다. 계약에 따르면 동양리스사는 다음해 1월 1일까지 서양(주)에 리스자산을 인도하고 서양(주)는 그때부터 3년간 매년 12월 31일에 리스료로 600,000원씩을 동양리스사에 지불한다. 컴퓨터의 경제적 내용연수는 3년이고 잔존가치는 200,000원으로 추정된다. 리스회사의 내재이자율은 10%라고 가정한다. 이 사실에 근거하여 이 리스자산(사용권자산)의 공정가치를 계산하시오.

해답

$$\text{공정가치} = \frac{600,000}{(1+0.1)^1} + \frac{600,000}{(1+0.1)^2} + \frac{600,000}{(1+0.1)^3} + \frac{200,000}{(1+0.1)^3}$$

$$= 1,642,400\text{원}$$

예제 10.2

20×1년 초 다음 조건으로 리스계약을 체결하고 기계장치를 리스하였다.

- 리스기간 : 20×1년 1월 1일부터 20×6년 12월 31일까지
- 연간 고정리스료 : 100,000원
- 할인율 : 연 5%

리스종료일에 80,000원의 행사가격으로 매수선택권을 행사할 가능성이 확실하며, 고정리스료는 매년 12월 31일에 지급된다. 리스자산(사용권자산)의 공정가치는 얼마인가?

해답

리스자산(사용권자산)의 공정가치=100,000×5.07569(기간 6, 5%, 연금현가계수)+80,000×0.74622(기간 6, 5%, 1원 현가계수)=567,267원

연습문제

1. 주식발행을 통해 자금을 조달할 때와, 차입을 통해 자금을 조달할 때의 차이점을 설명하시오.

2. 금융시장이 제 기능을 할 수 없는 상황에서 어떠한 일들이 벌어질 것인가에 대하여 간단히 서술하시오.

3. 일반적인 우선주와 누적적 우선주의 관계에 대하여 설명하시오.

4. 리스를 취급함으로 인해 리스회사와 리스이용자가 각각 얻게 되는 일반적인 장점은 무엇인가?

CHAPTER

11

운전자본관리

11.1 운전자본관리의 주요 개념

운전자본(Working Capital)은 기업의 경영활동, 회사의 운영과 관련하여 단기적으로 활용되는 자본을 의미한다. 운전자본은 총운전자본과 순운전자본으로 구분된다. 총운전자본은 재무상태표상 1년 이내에 현금화될 것으로 예상되는 유동자산으로, 현금 및 현금성자산, 매출채권, 재고자산 등 1년 이내에 현금으로 전환될 것으로 예상되는 자산을 말한다. 그리고 순운전자본은 유동자산에서 유동부채를 뺀 금액으로 정의되며, 일반적으로 운전자본은 순운전자본과 같은 의미로 사용된다. 이러한 유동자산과 유동부채의 운용과 관련된 관리를 운전자본관리라고 한다.

운전자본은 업종에 따라 다르지만 기업의 총자산에서 차지하는 비중이 상당히 큰 것이 일반적이다. 운전자본의 중요성이 강조되는 이유는 운전자본과 관련하여 기업의 수익성과 유동성이 상충관계에 있기 때문이다. 운전자본을 보유하고 있을 경우 유동성이 증가되기는 하지만 수익성은 낮아진다. 운전자본을 유동자산으로 가지고 있지 않고 채권 등을 구입한다면 이자 수입을 기대할 수 있다. 또한 보유하고 있는 운전자본으로 부채를 갚아버릴 경우 이자 지출이 감소된다. 즉, 운전자본을 과다하게 보유할 경우 자금의 조달에 따른 이자 등을 포함하는 기회비용을 유발하게 되어 잠재적인 기업의 비용이 증가한다. 반면 운전자본을 거의 보유하고 있지 않으면 생산 및 판매 활동에 차질을 초래하여 수익증대 기회를 상실하게 된다. 또한 운전자본이 부족한 경우 기업의 유동성 상실로 인해 재정부실화를 야기할 수도 있다. 기업의 경영성과가 흑자를 기록하더라도 당장 운전자본이 부족하면 부도가 날 수 있다. 흑자도산은 수익성을 지나치게 추구하면서 유동성을 간과하여 나타나는 현상이다.

한마디로, 운전자본을 적게 보유하면 수익성은 증가되지만 유동성이 낮아진다. 반면 운전자본을 지나치게 많이 보유하면 유동성은 높아지지만 수익성은 낮아진다. 따라서 운전자본관리를 통하여 현금 및 현금성자산, 매출채권, 재고자산 등 개별 유동자산의 구성과 적정한 보유수준 등을 달성할 필요가 있다. 즉, 기업의 부도 등 지급불능위험을 감소시킬 수 있는 적정한 수준의 유동성을 확보하면서도 기업의 수익성을 증대시켜 기업가치를 극대화할 수 있도록 해야 한다.

11.2 운전자본을 통한 자금조달

운전자본은 유동자산에서 유동부채를 차감한 값이다. 유동자산은 투자에 관한 결정, 즉 자산운용의 문제라고 할 수 있으며, 유동부채는 소요자금의 조달, 즉 자금조달의 문제에 관련된다. 이하에서는 운전자본관리의 중요한 요소에 해당하는 운전자본의 운용과 조달에 대해서 살펴본다.

11.2.1 운전자본의 운용

운전자본의 운용은 주로 유동자산의 구성비율 및 적정한 보유수준과 관련된다. 유동자산의 보유수준은 계절적 또는 순환적 변동에 의하여 달라질 수 있다. 유동자산을 여유 있게 확보하는 경우 영업활동의 원활한 운영과 지급능력을 확보할 수 있지만, 각종 기회비용이 발생할 수 있다. 유동성과 관련된 기회비용에는 명시적 비용과 암묵적 비용이 있다.

명시적 비용은 포괄손익계산서에 표시되는 원재료비, 노무비, 임대료 등 생산요소를 사용하는 대가로 지불하는 비용으로 회계적 비용이라 하며, 암묵적 비용은 선택하지 않아 포기하는 다른 기회에 대한 비용으로 잠재적 비용이라 한다. 한편, 유동자산을 보유함에 있어서 발생하는 비용을 유지비용이라고 하고, 유동자산이 부족하여 발생하는 비용을 부족비용이라고 한다.

유동자산의 유지비용에는 재고자산 유지와 관리에 대하여 지출되는 비용, 매출채권의 관리와 대손상각비 등이 있으며, 부족비용으로는 현금 등을 긴급하게 조달하는 경우 발생되는 수수료, 재고자산의 빈번한 주문비용 등이 있다. 부족비용과 관련되어 암묵적으로 발생하는 비용이 있는데, 재고자산의 부족에 따른 서비스 저하 및 판매기회 상실, 신용판매 기회의 상실 등이 있다.

운전자본관리에 있어서 이러한 유지비용과 부족비용을 최소화시키는 관리정책이 필요하다. 암묵적 비용의 경우에는 계량적으로 정확하게 파악하기 어렵고, 경영진의 위험에 대한 태도가 반영된다. 경영진이 유동성을 보다 중시하면 암묵적 비용이 감소될 수 있으며, 유동성보다 수익성을 중시하면 운전자본을 보유하는 데 따른 암묵적 비용이 크게 나타난다.

일반적으로 유동자산의 최적 보유수준은 [그림 11.1]과 같이 U자형 곡선으로 나타나게 된다. [그림 11.1]과 같이 유지비용은 유동자산의 규모가 증가할수록 빠르게 상승하는 경향이 있으며, 부족비용은 유동자산

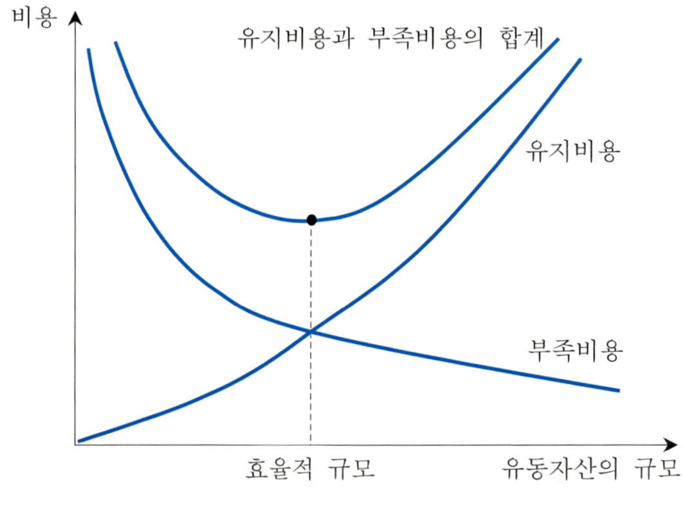

[그림 11.1] 유동자산의 최적 보유수준

이 작아질수록 상승하게 된다. 따라서 이상적인 유동자산의 보유수준은 두 비용의 합계가 최소화되는 점이 된다.

11.2.2 운전자본의 조달

기업의 현금유입 시점과 현금유출 시점은 서로 다르다. 따라서 현금유출이 필요한 시기에 현금유입이 아직 되지 않아 유동성이 부족해질 수가 있다. 또한 기업의 운영이 계절적 변동의 영향을 받을 경우 현금유입은 계절에 따라 크게 차이가 발생한다. 하지만 기업 운영과 관련된 현금유출은 1년 동안에 유사하게 유지되는 경향이 있다. 즉, 현금이 유출되는 시기와 현금이 유입되는 시기 사이에 서로 차이가 존재하고, 이 때문에 운전자본이 부족하게 되는 경우가 존재한다. 이때 운전자본을 별도로 조달해야 하는데, 이러한 운전자본의 수요에 대한 자금조달정책을 운전자본조달정책이라고 한다.

단기자본은 자금시장의 상황에 따라 필요한 자금을 적시에 조달할 수 없을 가능성이 있다. 지금 당장 운영자본이 필요하지만, 은행의 정책, 경제상황의 악화 때문에 필요한 자금을 구하기 어려울 수가 있다. 만약 장기적으로 필요한 자금을 유동부채의 형태로 조달한 경우에는 장기간 동안 단기적인 자금 조달과 상환을 반복적으로 해야 한다. 이때에는 이자비용과 거래비용이 증가하여 장기자본을 사용하는 것보다 단기자본을 이용할 때의 총비용이 더 높아질 수 있다.

11.3 운전자본조달정책

운전자본조달정책과 관련된 유동자산은 변동적 유동자산과 영구적 유동자산으로 구분된다. 변동적 유동자산은 유동자산 중 계절적 변동 또는 순환적 변동으로 인하여 영향을 받는 자산을 말하며, 영구적 유동자산은 계절적 변동 또는 순환적 변동에도 불구하고 크게 변화하지 않는 자산을 말한다. 영구적 유동자산과 비유동자산은 그 자산의 규모가 지속적으로 해당 기업 내에서 유지되면서 장기적으로 활용된다.

한편, 유동부채는 자생적 유동부채와 비자생적 유동부채로 구분된다. 자생적 유동부채는 정상적인 영업활동에서 발생되는 매입채무, 미지급금, 미지급비용 등과 같은 부채를 말하며, 비자생적 유동부채는 단기차입금 등과 같이 이자비용이 발생되는 부채를 말한다.

운전자본조달정책은 그 조달자본의 특성에 따라 만기대응정책, 공격적 정책, 보수적 정책으로 구분된다.

11.3.1 만기대응정책

만기대응정책은 '단기자금은 단기부채로 조달하고 장기자금은 장기부채나 자기자본으로 조달'하는 방법이다. 만기대응정책은 자금의 이용기간과 조달자금의 만기를 대응시키는 정책으로 [그림 11.2]와 같다.

만기대응정책에서 비유동자산과 영구적 유동자산은 장기부채와 자기자본으로 조달하고 변동적 유동자산은 단기부채로 조달한다. 이로써 자금의 과부족이 발생하지 않도록 운전자본을 관리한다. 단기자금을 장기부채 등의 형태로 조달한다면 필요하지 않은 자금이 기업 내부에 존재하여 기회비용이 발생하게 되어 수익성이 악화되는 결과가 초래될 수 있다. 만기대응정책은 운전자본 수요와 공급을 예상하기 용이할 때에는 적절하게 운영될 수 있다. 그러나 운전자본수요의 변동과 조달비용을

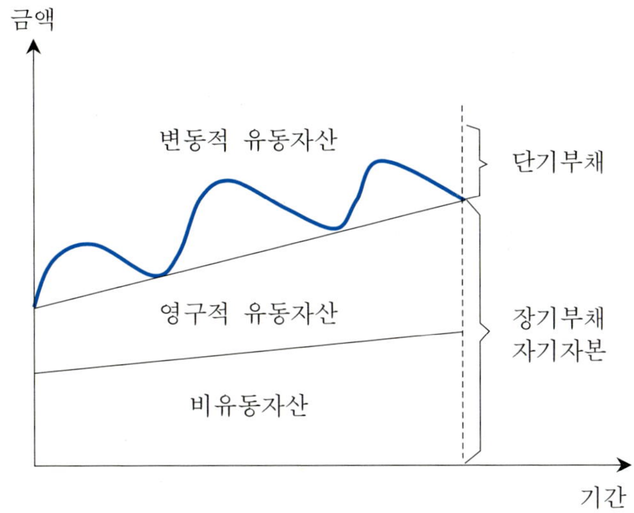

[그림 11.2] 만기대응정책

정확하게 예측할 수 없는 불확실한 상황에서는 운영에 한계를 가진다.

11.3.2 공격적 정책

공격적 정책은 만기대응정책보다는 확장된 형태로 변동적 유동자산과 영구적 유동자산 중 일부는 단기부채로 조달하고, 비유동자산과 영구적 유동자산 중 일부는 장기부채나 자기자본으로 조달하는 방법이다.

만기대응정책이 이론상 적절한 운전자본관리방법일 수 있지만, 실제로는 기업의 유동자산관리과정에서 단기자금 유출, 유입의 시기와 금액을 정확히 일치시키는 것은 불가능하다. 따라서 공격적 정책에서는 영구적 유동자산 중 일부는 기업의 상황에 알맞게 단기부채와 장기부채로 충당한다. 영구적 유동자산의 일부는 장기부채 또는 자기자본으로 충당하고, 일부는 단기부채로 충당하도록 하여 [그림 11.3]과 같이 적용하는 방법이다.

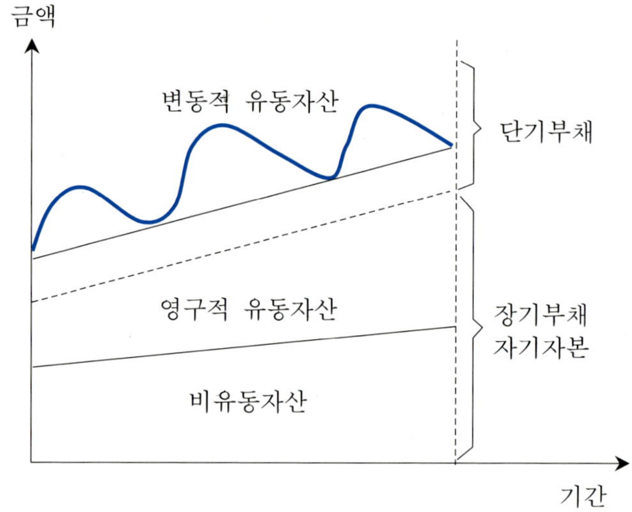

[그림 11.3] 공격적 정책

공격적 정책은 만기대응정책과 마찬가지로 기업에서 필요한 자금 이상을 보유하고 있지 않기 때문에 이자비용을 절감할 수 있으나, 여유자금을 많이 보유하고 있지 않기 때문에 필요한 자금을 적시에 조달하지 못할 위험에 처할 수 있다.

11.3.3 보수적 정책

보수적 정책은 필요한 모든 자금을 장기자금으로 조달하는 방법이다. 이 방법은 비유동자산, 영구적 유동자산, 변동적 유동자산 등에 필요한 자금을 모두 장기자금으로 조달하는 방법으로 방어적 정책이라고도 한다.

보수적 정책에서는 상황에 따라 일시적인 여유자금이 발생할 경우 [그림 11.4]와 같이 유동성이 높은 유가증권 등에 투자하고 자금수요가 부족한 경우에는 이를 매각하여 자금을 조달하게 된다. 따라서 수익성보다 유동성에 중점을 둔 정책이라고 할 수 있다. 이 외에도 공격적 자금조달정책과 보수적 자금조달정책의 중간적인 형태로 절충형 자금조달정책이 사용될 수 있다.

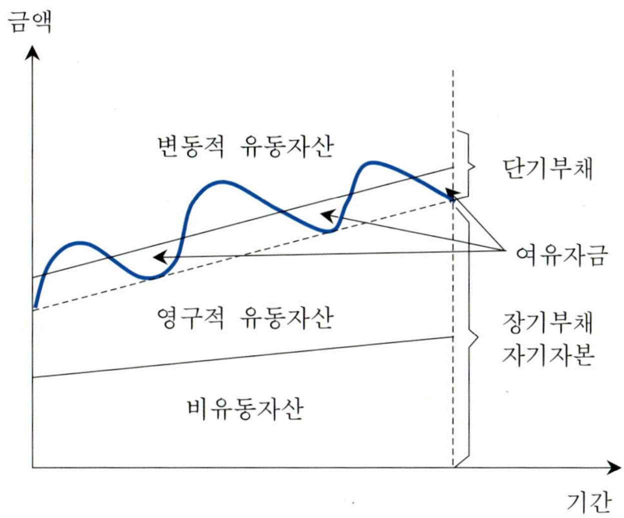

[그림 11.4] **보수적 정책**

기업의 이상적인 자본조달은 유동자산과 유동부채가 정확히 일치하여 운전자본이 0이 되는 것이라고 할 수 있으나 이는 현실적으로 불가능하다. 따라서 어떠한 운전자본조달정책을 사용할 것인가는 기업이 처한 경영상황 등을 고려하여 이루어져야 한다.

11.4 현금의 관리방안

11.4.1 기업의 현금순환과정

필요한 자금을 적시에 조달하지 못할 경우 사업운영의 차질은 물론 부채상환이 이루어지지 못해 부도를 맞는 상황도 초래할 수 있다. 따라서 기업의 재무담당자는 자금의 수요와 공급을 예측하고 이를 통제해야 하며,

계획에 따라 자금을 조달해야 한다. 이러한 과업의 수행을 위한 첫 번째 단계는 자금의 수요·공급을 예측하는 것이다. 이러한 예측을 위해 우선 자금의 수요·공급 과정을 이해하는 것이 필요하다.

[그림 11.5]에서는 회색 바탕의 타원형들은 자금의 유입원을, 하늘색 바탕의 타원형들은 자금의 유출원을 표시한다. 현금매입과 미지급금은 기업의 생산활동을 위한 자산구입과 비용으로 지출되며, 이는 상품의 판매를 유발하여 현금판매나 매출채권과 같은 자금유입의 근원이 된다. 따라서 기업이 안정적으로 운영되는 상황에서는 자금의 유출이 자금의 유입을 유발하고 이러한 유입이 다시 자금의 유출에 활용되는 순환과정이 이루어진다. 이를 현금순환과정이라 한다. 그런데 기업이 설립 초기이거나 사업의 확장이 필요한 경우 또는 자금의 순환이 원활하지 못한 경우에는 외부에서 자금을 조달해야 한다. [그림 11.5]의 주식발행이나 부채로 인한 자금조달이 이에 해당한다. 이렇게 조달된 자금은 다시 현금순환과정에 투입된다.

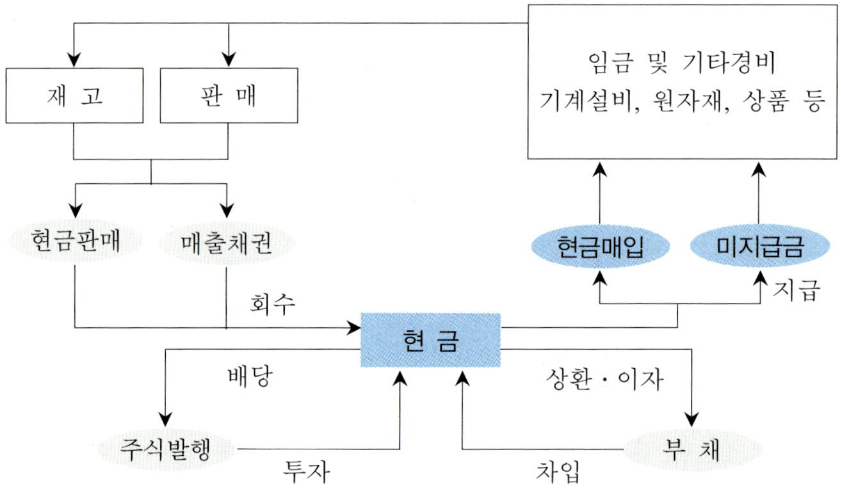

[그림 11.5] 기업의 현금순환과정

11.4.2 현금관리의 의의와 현금전환사이클

현금은 기업이 보유하고 있는 자산 중 가장 유동성이 높은 자산으로 기업의 지급수단으로 사용된다. 그러나 현금은 그 자체로는 아무런 수익성을 가지지 못하기 때문에 보유에 따른 기회비용이 발생하게 된다. 따라서 현금관리는 적정한 유동성과 수익성을 동시에 고려하며 이루어져야 한다. 또한, 기업가치를 극대화하기 위한 최적의 현금보유량에 대한 의사결정과 그에 대한 관리 측면에서 이루어져야 한다.

현금전환사이클(Cash Conversion Cycle)이란 제품 제조를 위한 원재료 구입에 대해 현금을 지출하는 시점과, 제품을 판매하여 현금이 회수되는 시점까지의 시간적 간격을 의미한다. 현금전환사이클은 다음과 같이 영업사이클에서 매입채무회전기간을 차감한 기간이다.

$$\text{현금전환사이클} = \text{영업사이클} - \text{매입채무회전기간} \quad (11.1)$$

$$\text{영업사이클} = \text{재고자산회전기간} + \text{매출채권회전기간} \quad (11.2)$$

여기서 재고자산회전기간은 원재료가 제품으로 완성된 이후 제품이 판매되기까지 소요되는 평균기간을 의미하며 재고자산 평균잔액을 1일 매출액으로 나눈 값으로 측정된다. 매출채권회전기간은 제품을 판매한 이후 매출채권을 회수하여 현금화되기까지 소요되는 평균기간을 의미하며 매출채권 평균잔액을 1일 매출액으로 나눈 값으로 측정된다. 한편, 매입채무회전기간은 원재료의 구입시점과 그에 대한 매입채무가 지급되는 시점 간의 평균기간을 의미한다.

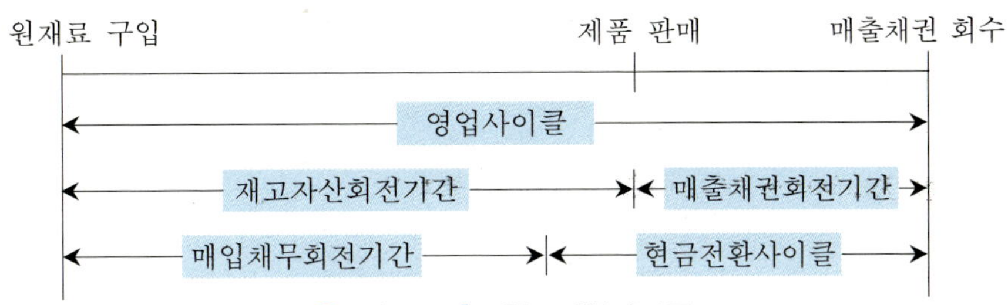

[그림 11.6] 현금전환사이클

예제 11.1

연간 매출액이 657,000,000원, 재고자산 평균잔액이 54,000,000원, 매출채권 평균잔액이 72,000,000원 그리고 매입채무회전기간이 20일이다. 이 경우 현금전환사이클은 얼마인가?

해답

$$\text{재고자산회전기간} = \frac{54,000,000}{657,000,000/365} = 30\text{일}$$

$$\text{매출채권회전기간} = \frac{72,000,000}{657,000,000/365} = 40\text{일}$$

$$\text{현금전환사이클} = 30 + 40 - 20 = 50\text{일}$$

11.4.3 현금예산

현금예산은 당장의 구체적인 실행을 목적으로 이루어져야 한다. 따라서 구체적이고 상세한 방식으로 이루어져야 한다. 현금예산의 계획기간은 6개월 이상이 되는 것이 이상적이다. 그러나 현금흐름이 매우 불규칙하거나 변동이 심한 경우에는 계획기간을 좀더 짧게 정할 수 있다. 즉, 기업에 따라 현금예산의 기간은 다를 수 있다. 이렇게 현금예산의 계획기간이 정해지면 주별 또는 월별로 현금 유입과 유출을 예측하고 유입과 유출의 차이인 순현금유출입금액을 산출한다. 이후 이에 근거하여 자금조달계획을 수립하게 된다.

현금 유입과 유출에 대한 예측의 첫 번째 단계는 산업의 경기동향과 판매정책 등을 고려하여 미래의 매출액을 기간별로 예측하는 것이다. 일반적으로 매출은 신용판매로도 이루어지기 때문에 해당 회계연도에 모두 현금으로 유입되지 않는다. 따라서 예측된 매출액을 현금매출과 신용매출로 구분하고, 신용매출을 회수시기별로 정리하여 현금유입을 추정하도록 한다.

두 번째 단계는 현금유출액을 추정하는 단계이다. 현금유출은 다양한 부서에서 다양한 항목들에 걸쳐 발생하므로 재무관리담당자는 현금유출의 추정 및 취합이 용이하게 항목의 구분을 설정하는 것이 필요하다.

현금유출은 일반적인 영업활동에 관련된 항목들이므로, 매출의 변화에 따라 안정적인 추이로 예측가능한 항목들이 존재한다. 원재료의 매입이나 노무비, 세금, 이자, 전기료와 같은 수도광열비, 기타간접비 등이 이에 해당한다. 반면 일상적인 영업활동 이외에 새로운 비유동자산의 구입이나 배당금, 법인세 지급과 같이 시점에 따라 특이하게 발생하는 현금유출 항목들도 존재한다.

이러한 두 가지 유형들은 다시 신용거래로 인해 매입시점과 현금유출 시점이 상이할 수 있는 경우와 그렇지 않은 경우로 구분된다. 이렇듯 안정적 예측이 가능한지 여부 또는 신용거래가 발생할 수 있는지 여부에 따라 예측방법이나 항목 구분이 이루어지는 것이 예측의 효율성을 높일 수 있다.

또한 재무관리자는 항목의 구분시 개별 부서들 입장에서 실무적으로 구분 및 이해가 용이하도록 항목을 설정해야 한다. 이와 같이 항목들이 정해지면 이에 따라 개별 부서들의 유출규모가 예측되고 이를 합산함으로써 현금의 총유출액이 예측된다. 이때 신용거래가 발생하는 경우 매입시기와 현금유출시기 사이의 시간적 간격이 반영되어야 한다.

세 번째 단계는 앞서 예측된 현금 유입액과 유출액 및 기업의 자금조달정책에 근거하여 자금조달계획을 수립하는 과정이다. 대표적인 예는 기업의 최저현금보유량이다. 매월 자금 필요액에 정확히 맞추어 자금을 조달하게 되면 해당 기업의 월말 현금보유액은 0이 될 것이다. 이 경우 예기치 못했던 자금수요가 발생하면 대처가 어렵게 되므로 기업은 어느 정도의 여유자금을 보유하고 있어야 한다. 이러한 이유로 최저현금보유액을 미리 정해두는 것이 필요하다.

11.5 매출채권에 대한 관리방안

현금의 회수기간에 영향을 미치는 중요한 요소로 매출채권의 관리가 있다. 매출채권은 신용판매, 즉 추후에 대금을 지급받을 것을 약속받고 상품을 먼저 전달하는 과정에서 발생한다. 신용판매에서 매출은 지금 이루어지지만 현금은 추후에 유입된다. 따라서 신용판매 운영방식에 따라 매출채권의 규모, 그리고 현금회수기간이 영향을 받게 된다.

신용판매와 관련된 기업의 의사결정 사항으로는 신용판매의 조건에 해당되는 신용기간과 신용기준이 있다. 신용기간은 물품구입부터 대금지급까지의 약속된 기간을 의미하며, 신용기준은 외상매출을 허용할 고객을 선별하는 기준을 말한다. 신용기간의 증대나 신용기준의 확대가 이루어질 경우 더 많은 고객들에게 구매의 기회를 제공하며, 기업의 매출 증대에 공헌할 수 있다. 그러나 신용판매에 따른 매출채권 증대가 기업의 유동자산 또는 현금회수기간을 증가시킴으로써 발생시키는 비용도 고려되어야 한다.

한편, 신용판매는 회수불능채권을 발생시킨다는 점도 고려되어야 한다. 이와 관련해서 기업은 매출채권의 회수정책을 수립해야 하는데, 이러한 정책은 대손금과 회수비용의 합계를 최소화할 수 있는 방식으로 수립되어야 한다.

이와 관련한 대안으로 팩토링회사 또는 신용보험회사들의 이용을 고려할 수 있다. 팩토링회사는 기업으로부터 매출채권을 장부가 대비 낮게 구입하여 직접 회수함으로써 수익을 얻는다. 매출채권을 매각하는 기업은 매출채권을 바로 현금화하여 자금순환을 원활히 하고 수금을 전문으로 하는 기업에 채권회수를 맡김으로써 대손의 위험을 전가시킬 수 있다. 그리고 신용보험회사는 보험료를 받고 매출채권의 회수가 불가능한 경우나 지정된 회수날짜가 지났을 때 이를 보상해 주는 기능을 수행한다.

마지막으로 현금을 지불하고 구매하는 고객에 대한 현금할인제도와 같은 정책은 신용판매에 간접적으로 영향을 미치게 된다. 현금할인제도는 현금구매의 매력도를 증가시켜 신용판매와 그에 따른 매출채권을 감소시킨다. 그러나 현금할인제도 또한 그 자체로 할인판매라는 비용을 유발하므로 그 영향이 엄밀히 평가되어야 한다.

11.6 재고자산에 대한 관리방안

재고자산은 생산, 제조, 판매 등 경영활동에서 남아 있는 원재료, 재공품, 제품 등을 말한다. 과거 재고자산을 다량 보유하는 것이 기업의 외형을 확대하는 것으로 인식되었다. 그러나 최근에는 재고관련 비용발생, 재고자산에 현금이 묶인다는 인식으로 인하여 기업은 재고자산을 최소한으로 보유하고자 한다. 즉, 재고자산관리는 "특정시점에서 기업이 얼마만큼의 재고자산을 보유하고 있는 것이 최선인가?"라는 것에 답하기 위한 것이다.

재고자산관리에서는 재고자산을 단순히 "0"으로 줄이는 것을 목표로 하지 않는다. 재고자산을 보유함에 있어서 예상과는 달리 과다보유 또는 과소보유하게 할 경우에는 아래와 같이 서로 상반된 성격의 비용을 발생시킬 수 있기 때문에 기업은 적정한 수준으로 재고자산관리를 수행할 필요가 있다.

첫째, 재고자산을 지나치게 적게 보유하는 과소보유의 경우에는 재고고갈비용과 주문비용이 발생한다. 재고고갈비용은 판매기회상실의 기회비용과 생산활동의 차질, 그에 따른 고객서비스 저하 및 고객 이탈 등과 관련된 비용을 말하고, 주문비용은 대량구매할인에 대한 기회상실, 납품업체 선정이나 협상, 주문추적 등과 관련된 비용을 말한다.

둘째, 재고자산을 지나치게 많이 보유하는 과다보유의 경우에는 재고유지비용이 발생한다. 재고유지비용은 과다보유한 재고자산으로 인하여 발생하는 추가적인 관리비용, 즉 보관비, 보험료, 임대료, 인건비 등과 유동자산 증가에 의한 기회비용 등을 의미한다.

재고자산이 증가할수록 재고유지비용은 증가하며, 재고자산이 감소할수록 재고고갈비용과 주문비용은 증가하게 된다. 따라서 재고자산을 지나치게 적게 보유하거나 많이 보유하지 않는 경제적 주문량(EOQ : economic order quantity)을 결정하고 유지하는 것이 재고자산관리에서 핵심이 된다.

경제적 주문량은 재고유지비와 주문비용 등이 최소가 되도록 하는 1회 주문량으로 식 11.3과 같이 계산된다.

$$\text{경제적 주문량}(Q) = \sqrt{\frac{2 \cdot \text{연간소요량}(S) \cdot \text{1회 주문비용}(O)}{\text{재고 1단위당 유지비용}(C)}} \quad (11.3)$$

경제적 주문량은 현재의 재고수준과 사용량을 고려하여 재고부족이 발생하지 않도록 하는 최적의 1회 주문량에 대한 정보를 제공한다. 그러나 경제적 주문량은 주문시점에 대한 정보는 제공하지 못한다. 경제적 주문량에 대한 주문시점을 적절히 결정할 필요가 있는데, 이를 재주문점(ROP : re-order point)이라 한다.

경제적 주문량의 모형을 도출하기 위해서는 ① 발주비용은 발주량의 크기와 관계없이 매 주문마다 일정할 것, ② 재고유지비는 발주량의 크기와 정비례하여 발생할 것, ③ 구입단가는 발주량의 크기와 관계없이 일정할 것, ④ 수요율과 조달기간이 일정한 확정적 모델일 것, ⑤ 단일품목을 대상으로 할 것 등의 가정이 요구된다.

예제 11.2

(주)동양의 연간 소요량이 500,000개이고 재고 1단위당 재고유지비용이 5,000원이며, 1회 주문비용이 100,000원일 경우 경제적 주문량은 얼마인가?

해답

$$Q = \sqrt{\frac{2 \times 500{,}000 \times 100{,}000}{5{,}000}} = 4{,}472\text{개}$$

연습문제

1. 순운전자본의 개념에 대하여 설명하시오.

2. 유동자산 보유에 따른 기회비용이 발생하는데, 기회비용을 명시적 비용과 암묵적 비용으로 나누어 설명하시오.

3. 운전자본관리가 중요한 이유는 무엇인가?

4. 운전자본조달정책 중 공격적 정책에 대하여 설명하시오.

5. 기업에서 현금관리를 할 때 고려해야 할 요인은 무엇인가?

6. 재고자산과 관련된 비용에 대하여 설명하시오.

CHAPTER

12

인수합병(M&A)

12.1 인수합병(M&A)이란 무엇인가

12.1.1 M&A의 개념

M&A(Mergers & Acquisition)는 투자기업이 피투자기업의 지배력을 획득하는 것(인수 : 피투자기업 지분의 50% 초과분을 투자기업이 매수)과 아예 두 기업이 법적으로 하나의 기업이 되는 것(합병)을 의미한다. 즉, '인수(Acquisition)'란 한 기업이 다른 기업의 주식을 취득하면서 경영권을 획득하지만 법적으로는 별개의 기업으로 남게 되는 것을 의미하며, '합병(Mergers)'은 두 개 이상의 기업이 법률적으로도 하나의 기업이 되는 것으로 흡수합병, 분할합병 등의 형태가 있다.

M&A는 자본의 효율성이 높은 기업이 자본의 효율성이 낮은 기업을 인수하는 방식으로 이루어지는 것이 보통이다. 이 과정에서 효율성이 낮은 기업은 도태되고 효율성이 높은 기업만 살아남는 자본주의의 적자생존 원리가 나타난다. M&A의 결과가 긍정적으로 이루어진다면 '1+1=3'이 될 수 있는 시너지효과를 기대할 수 있게 된다.

M&A는 크게 우호적 M&A와 적대적 M&A로 구분된다. 적대적 M&A는 피인수기업이 인수합병당하는 것을 원하지 않음에도 불구하고 인수기업이 강제로 M&A를 수행하는 것이다. 과거에는 이러한 적대적 M&A는 부도덕한 것으로 보고 실제로 M&A가 되는 경우는 드물었다. 우리나라의 경우에도 전통적으로 창업과 그에 따른 경영권을 존중했으며, 정부정책도 대주주와 경영진의 기득권을 인정하고 경영권을 보유한 측의 의사에 반해서 기업을 인수하는 행위를 부도덕한 것으로 보았다. 그러나 세계화의 진전 속에 기업의 경쟁력을 강화시키는 차원에서 기업의 경영효율성을 증대시키고 사회적 부가가치를 제고하는 대안으로서 M&A가 부각되고 있다.

12.1.2 M&A의 동기

M&A의 동기는 M&A의 형태, 경제적인 환경, 정부의 규제, 기업문화에 따라 다음과 같이 다양하게 나타난다.

① 성장의 동기 : 새로운 기업을 창업하여 처음부터 차근차근 성장해나가는 것보다 짧은 시간, 낮은 비용, 낮은 위험으로 성장할 수 있다. M&A를 통해 보다 용이하게 기업규모 확장, 제품다양화, 시장다변화 등을 꾀할 수 있다.

② 시장지배력 증대 동기 : 동종산업에 속한 기업들간에 기업결합이 이루어질 경우 시장점유율 확대를 통해 시장에서 지배적인 위치를 확보할 수 있다.

③ 원가절감 및 관리능력개선을 통한 경영합리화 동기 : M&A를 할 경우 일단 기업의 규모가 증가한다. 이때 발생하는 규모의 경제(Economy of Scale)를 통해 원가절감과 관리능력향상에 기여할 수 있다.

④ 영업위험 및 자본비용 감소를 위한 재무적 동기 : M&A를 통하여 기존 기업의 주기적·계절적인 수익 불안정성을 줄여 영업위험이 분산되는 수익안정화 효과가 발생한다. 또한, 파산위험이 감소되며 대외공신력도 증가하여 낮은 자본비용으로 자금조달이 가능해진다.

⑤ 인수대상기업의 시장가치 과소평가 : 기업내부경영자나 시장이 가치파악을 제대로 하지 못한 기업들이 있을 수 있다. M&A 전문가들이 이런 저평가된 기업들을 찾아 시장에서 낮은 가격으로 주식을 구입하여 경영권을 획득한 후, 이 기업을 다른 기업에 합병시키거나 기업의 각 부문들을 쪼개서 팔 때 더 높은 이익을 얻을 수 있다.

12.1.3 M&A의 유형

(1) 결합형태에 의한 분류

M&A를 수직적 결합, 수평적 결합, 그리고 혼합적 결합으로 분류할 수 있다.

수직적 결합은 한 기업의 생산과정이나 판매경로상에서 이전 또는 이후의 단계에 있는 기업의 결합으로 기술적 결합, 판매경로 확장 등을 이유로 하여 이루어진다.

수평적 결합은 동일한 영업계열이나 동일한 시장에 있는 기업간 결합으로 시장점유율 극대화, 시장경쟁 최소화 등 시장지배를 목적으로 하여 이루어진다.

혼합적 결합은 생산이나 판매 면에서 서로 관계가 없는 기업간의 결합형태이지만 자원배분의 효율성, 경영통합의 시너지효과 등을 목표로 하여 이루어진다.

(2) 거래의사에 의한 분류

M&A는 당사자간의 거래의사에 따라 우호적 M&A와 적대적 M&A로 분류할 수 있다. 우호적 M&A란 인수기업이 사업다각화 등을 위한 차원에서 피인수기업의 경영진과 사전에 협의한 후 이루어지는 기업결합을 의미한다.

반대로, 적대적 M&A는 인수기업의 경영진이 피인수기업의 동의 없이 강압적 수단으로 주식을 인수하는 것을 말한다. 즉, 피인수기업이 M&A를 반대함에도 불구하고 강제적으로 M&A를 시행하는 경우이다.

(3) 교섭방법에 의한 분류

M&A의 교섭방법에 의한 분류로는 개별교섭과 공개매수의 방법이 있다. 개별교섭은 대부분 우호적 M&A에서 이용되고 공개매수방법은 적

대적 M&A에서 이용된다. 개별적인 교섭은 대부분 우호적 M&A에서 이루어지지만 경우에 따라서는 비우호적 M&A에서도 나타난다.

12.2 적대적 M&A의 유형 및 전략

적대적 M&A는 인수기업이 피인수기업의 경영권을 획득하려 하지만, 피인수기업이 경영권을 유지하려 대항하는 경우 발생한다. 적대적 M&A는 주식시장에서 주요한 이슈가 되곤 한다. 적대적 M&A가 발생할 경우 인수기업과 피인수기업 간에 주식을 더 많이 보유하고자 주식 매집이 발생하고, 이 경우 주가가 폭등하는 경향이 있기 때문이다.

12.2.1 적대적 M&A의 유형

적대적 M&A를 성공시키기 위해서는 피인수기업의 경영권을 취득할 수 있을 정도로 주식을 매집하는 과정이 필요하다. 피인수기업의 반대에도 불구하고 주식을 매집하는 과정이 나타나는데, 그 방법으로는 다음과 같은 것들이 있다.

(1) 주식공개매수

주식공개매수(TOB : Take-over Bid)는 단기간에 대량의 주식을 사들이기 위하여 매수가격과 매수기간을 공표한 후 장외시장에서 불특정 다수인을 대상으로 피인수기업의 주식을 대량 매입하는 방법이다.

(2) 곰의 포옹

곰의 포옹(Bear's Hug)이란 곰이 몰래 뒤에서 껴안듯이 공포분위기를 조성하면서 M&A의 매수가격과 조건을 제시하는 방법이다. 즉, 사전에 연락을 하지 않고 있다가 갑자기 매수 제의를 하고 신속한 의사결정을 요구하여 M&A의 목표가 된 기업이 대응할 시간을 주지 않는 대표적인 적대적 M&A 수단이다.

(3) 새벽의 기습

새벽의 기습(Dawn Raid)은 일시에 상당량의 주식을 매입해 놓고 어느 날 기습적으로 M&A의 의사를 M&A의 위험에 처한 기업에 전달하는 방법을 말한다. 이 방법 역시 M&A의 위험에 처한 기업이 대응할 만한 여유를 주지 않기 위한 방법이다. 유사한 경우로, 토요일 밤 기습(Saturday Night Special)이라는 방법이 있는데, 이는 주식매매가 끝나가는 주말이나 토요일 저녁 황금시간대에 TV를 통해 전격적으로 공개매수를 선언하여 상대방이 방어할 틈을 주지 않는 방법이다.

(4) 녹색편지

녹색편지(Green Mail)는 기업사냥꾼(Hunter)이 시장에서 M&A의 위험에 처한 기업의 주식을 대량으로 매입한 이후 그 기업의 경영진을 위협해, 적대적 M&A를 포기하는 대가로 자신들이 확보한 주식에 높은 프리미엄을 붙여 시가보다 훨씬 높은 값에 되사들이도록 강요하는 행위이다. 여기서 기업사냥꾼을 Green Mailer라고 하며, 경영진이 자신들의 요구에 응하지 않을 경우에는 실제로 공개매수를 하기도 한다.

(5) 벌 처

벌처(Vulture)는 파산기업의 채무증권을 집중적으로 매입하여 주 채무자가 된 다음 기업을 정비해 되팔아 넘기는 기법이다. Vulture는 '썩은 고기를 먹고 사는 독수리'라는 의미로 헤지펀드[1)]의 성격이 강하기 때문에 비판도 받는다. 그러나 법정관리업체 등의 경우 시중금리보다 싼 자금을 지원받을 수 있는 데다 과거 채무에 대한 상환유예혜택까지 받을 수 있다는 점을 감안하여 이러한 방식의 M&A가 적극적으로 이루어지기도 한다.

➤ 참고 법정관리

부실화된 회사에 대하여 회사정리법에 의하여 법정관리제도가 인정되고 있다. 해당 회사나 주거래은행이 신청할 수 있으며, 법원은 회사대표나 경리담당자, 은행관계자, 변호사 등을 호출, 심문하고 회사의 재기가능성을 검토하여 법정관리의 전단계인 '재산보전처분' 여부를 결정한다. 재산보전처분이 내려지면 회사의 모든 채무가 동결되고 자산처분이 금지되며 배당금지급이나 일정액 이상의 채무변제에 법원의 동의가 있어야 한다. 재산보전처분 이후 이사회나 주주총회의 권한이 정지되고 법원의 지휘, 감독하에 회사를 운영, 관리하는 재산관리인을 선임한다. 법정관리절차를 실행하기 위해 관계인(채권자, 담보권자, 주주) 집회가 개최되어 회사실태(신고채무현황 등), 법원의 정리안 제의, 법원의 정리안에 관한 의결 등을 진행한다. 법정관리로부터 얻게 되는 혜택은 부채동결, 경우에 따라 세제상의 혜택, 주거래은행으로부터의 추가자금지원 등이 있다. 이러한 이유로 법정관리기업들이 M&A의 대상이 되는 경우도 있다.

12.2.2 적대적 M&A에 대항하는 방어전략

적대적 M&A에 대항하여 M&A의 위험에 처한 기업의 주주나 경영진들이 대응할 수 있는 전략은 다음과 같다.

(1) 백지위임장

백지위임장(Proxy Fight)은 일부 주주들이 주주총회에서 자신의 의사를 관

1) 헤지펀드는 일정규모의 투자자들로부터 자금을 모아 투자하여 단기이익을 올리는 투자신탁 형태의 펀드를 말한다.

철하기 위하여 다른 주주의 의결권을 위임받아 대리행사하는 것을 말한다. 어느 누구도 지분의 50% 이상을 장악하는 것이 사실상 어려운 경우 주주총회에서 표결이 이루어진다. 이때 평소 투자자관리에 철저했던 기업들은 우호적 소수주주들을 확보하여 경영권을 지킬 수 있다. 반대로 주주관리에 소홀했던 기업을 공략하면 M&A에 성공할 수 있을 것이다.

(2) 백기사

백기사(White Knight)는 적대적 M&A의 시도를 좌절시키기 위하여 현재의 경영진에게 우호적인 제3자를 끌어들이는 방법이다. 백기사는 우호적인 제3자를 의미하는데, 만일 이들이 M&A 방어에 실패할 경우 큰 손해를 볼 수도 있다. 따라서 M&A 방어에 참여하는 대가로, 방어하려는 기업이 백기사에게 자기 회사의 유무형자산이나 주식을 우선 매입할 수 있도록 우선매입권 등을 제공하는 경우도 있다. 한편, 공개매수를 당하는 기업을 돕는 금융기관을 총칭하는 용어로 Killer Bees가 있는데, 이들은 자산가치나 자본구조를 변경시켜 공격자의 의지를 약화시키는 방법으로 적대적 M&A에 대항한다.

(3) 왕관의 보석

왕관의 보석(Crown Jewels)은 M&A 대상기업이 자신의 핵심적인 사업부분을 매각함으로써 상대방의 매수의도를 저지하는 방법이다. M&A 대상기업은 저평가된 부동산이 있다거나 주가가 자산가치에 비해 낮게 형성되어 있는 경우가 대부분이며, 이와 같이 저평가된 기업의 부동산이나 영업권, 기술력, 인지도, 브랜드, 시장점유율 등은 기업사냥꾼의 좋은 표적이 된다. 이때 이런 저평가된 자산들을 매각하면 인수기업의 관심이 떨어질 수 있다.

(4) 황금낙하산

황금낙하산(Golden Parachute)은 M&A 방어에 실패하더라도 기존 경영진의 신분을 보장하도록 하는 규정, 또는 기존 경영진을 강제로 물러나게 하려면 거액의 퇴직금을 지급하도록 하거나 주식매수청구권을 획득할 수 있는 조항 등을 정관에 미리 삽입해 두는 방법이다. 이 전략은 적대적 M&A가 발생할 수 있는 가능성을 줄이기는 하지만, 실제로 M&A가 일어났을 경우에는 경영진에게만 큰 혜택이 돌아갈 가능성이 크다. 즉, 경영진에게는 유리한 조항이지만 주주에게는 불리한 조항이 될 수 있다. 유사한 방법으로 Tin Parachute가 있는데, 이는 종업원의 퇴직금을 이용한 기법으로 적대적 인수 때 일시적으로 거액의 자금이 들게 하여 매수동기를 약화시키는 방법이다.

(5) 독소증권

독소증권(Poison Pill)은 적대적 M&A 시도가 있을 경우에 대비하여 미리 기존 주주들에게 M&A 대상기업 주식을 매우 낮은 가격으로 매수할 수 있는 권리를 부여해 두거나 전환우선주[2]를 발행하는 방법이다.

(6) 불가침협정

불가침협정(Standing Agreement)은 시장에서 M&A 대상기업의 주식을 매입하여 일정한 지분을 확보하고 있는 투자자(Green Mailer)에게 높은 가격으로 주식을 매입하는 대신 특정한 기간 동안 해당 M&A 대상기업의 주식매입을 금지하는 협정이다. 한편, 적대적 인수시도가 있을 경우를 대비해, 우호적 투자자와 M&A 대상기업 경영진에게 의결권을 위임할 수 있다는 협정을 사전에 체결하기도 한다.

2) 보통주로 전환가능한 전환우선주를 발행하면, 적대적 M&A 시도가 있을 경우 전환우선주를 보유한 주주가 M&A 대상기업에 고가로 우선주를 매각할 수도 있고, 보통주로 전환하여 M&A를 시도하는 세력에 부담을 줄 수도 있다.

(7) 정관개정

정관개정(Charter Amendments)은 적대적 M&A를 어렵게 만들기 위한 조치를 회사의 정관에 규정하는 방식으로 상어격퇴법(Shark Repellents)이라고도 한다. 예를 들어, 적대적 M&A로 인한 이사진의 교체 등 지배권 변동에 관한 사항의 경우 특별결의보다 더 높은 정족수의 찬성을 얻도록 하는 내용을 정관에 규정하거나 이사진의 임기만료가 서로 교차되게 함으로써 적대적 인수자가 일시에 기업지배권을 획득하지 못하도록 할 수 있다.

(8) 주식감시

주식감시(Shark Watcher)란 M&A 위협에 처한 기업이 사전에 주식시장에서 자사의 주식이 거래되는 형태를 체크하여 적대적 공개매수 가능성을 확인하는 것이다. 즉, 지분변동사항, 비정상적인 매매행위 등을 감시하여 적대적 M&A에 대한 정보를 확인하는 방법이다.

➤ 참고 M&A 협상과 주식매입

적대적 M&A에서는 해당 기업의 공정한 가치를 먼저 계산하고 영업권으로 얼마나 더 지불할 수 있는가에 대하여 계산의 근거를 갖고 협상에 임하거나 아니면 주식시장에서 경쟁적으로 주식매수를 한다. 주식시장에서 집중적으로 주식을 매입하면 주식의 수요와 공급균형이 깨지게 되어 주가는 지속적으로 상승할 것이기 때문에 단계적인 주식매수전략과 협상전략을 수립하는 것이 일반적이다. 예컨대, M&A세력이 45%의 주식을 가지고 있고, 원래 최대주주 측이 45%의 주식을 가지고 있다고 하자. 결국 나머지 10%의 제3자 지분이 어느 쪽으로 우호적으로 행동하는가에 따라 이 회사의 소유권과 관련된 미래가 달라지는 것이다. 일반적으로 국내에서는 이러한 극단적 상황에서의 10%의 소유자가 금융기관 등의 기관투자자일 가능성이 높으나, 외국에서는 일반인들을 중심으로 한 소액투자자일 가능성이 높다. 이 경우, 최종적으로 M&A세력과 기존 최대주주세력은 서로 이들 소액주주들을 자기편으로 끌어들이기 위하여 진지한 설득작업에 들어갈 것이다. 이 경우 주가는 크게 상승할 수 있으며, 소액주주들의 중요성이 높아진다.

(9) 역공개매수전략 또는 자기주식취득

역공개매수전략(Pac-Man Strategy)은 매수를 시도하는 기업을 역으로 공개매수하는 전략이다. 국내에는 상호주 보유에 대해 의결권을 제한하는 규정이 있어 효율적으로 활용할 수 있다.

자기주식취득(Buy Back)은 자기회사 주식을 취득하여 시장에서 유통되는 주식수를 줄임으로써 공격위험을 감소시키는 기법이다.

12.3 M&A의 주요 단계

M&A의 절차를 하나로 정형화 또는 표준화하기는 힘들다. 실무적인 M&A 절차 중 가장 기본적 사항을 [그림 12.1]과 같이 사전단계, 실행단계, 사후단계로 나누어 설명한다.

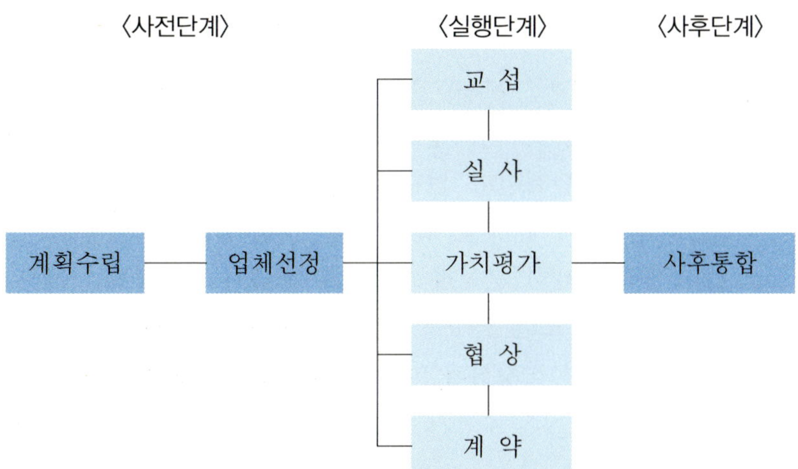

[그림 12.1] M&A의 절차

12.3.1 사전단계

M&A의 절차 중 사전단계는 M&A의 계획을 수립하고 M&A 후보 대상 기업을 선정하는 단계이다.

(1) M&A의 계획단계

M&A의 계획단계에서는 기업의 목표를 바탕으로 M&A의 전략을 수립한다. 즉, 기업은 내부적 성장 또는 외부적 성장, 경영자원과 핵심역량 강화, 경영의 다각화, 신규분야 진출 등 다양한 목적을 가지고 있을 수 있는데, M&A가 이러한 목적을 달성할 수 있는 보다 용이한 방법이 될 수 있다.

효율적 M&A를 위한 전략수립과정에서는 M&A의 기본 목적과 효과에 대한 정확한 이해가 필요하다. M&A 전략은 M&A의 제반 절차와 M&A의 가능성을 검증하기 위하여 산업분석, 경쟁사와 기업의 관계분석, 시장점유율과 고객평가, SWOT분석 등 다양한 요소를 검토해야 한다. 또한 이를 추진할 실무 추진팀도 구성되어야 한다.

(2) M&A의 업체 선정

업체 선정 단계는 M&A 대상기업들에 대한 기준을 작성하여 후보기업들을 발견하고, 그 기업들에 대한 개괄적 평가를 수행한 후에 목표기업을 선정하는 단계이다. 인수후보군은 상호보완적인 경영자원의 존재 유무, 기업문화의 유사성, 법적 제한 등을 검토하고, 핵심사업 및 인접사업의 영역에 대한 분석과 대상기업에 대한 소유구조, 재무사항 등을 분석해야 한다. 또한 인수대상기업의 사전적 가치평가를 통하여 해당 기업의 인수가격 적정성과 지분취득의 용이성 등을 검토한다.

12.3.2 실행단계

M&A 실행단계는 교섭, 실사, 가치평가, 협상, 계약 등의 절차로 이루어진다.

(1) 교섭과 실사

M&A를 위한 접촉과 교섭 과정에서는 인수가격, 지급방법 등이 주요한 사항이 된다. 그리고 이 교섭과정에서 M&A는 공개적으로 논의되지 않으며 비밀이 유지된다. M&A를 위한 초기접촉은 대상기업에 대한 관심도 및 투자안내서 등 인적 접촉을 통하여 파악하는 절차로 이를 태핑이라고 한다. 태핑단계 이후 M&A 당사자간에 기밀유지계약을 체결한다. 기밀유지계약을 체결한 이후에는 보다 상세한 정보를 교환하는데, 이러한 교섭과정에서 인수대상업체의 가격범위와 지급방법에 대한 의사를 타진할 수 있다.

실사는 M&A에서 매도대상자산의 실제 존재여부, 수익창출가능성, 부외부채 등 M&A에 따르는 위험 또는 문제점들을 파악하는 절차이다. 즉, 인수기업이 인수대상기업에 대한 재무, 영업, 법적인 현황 및 활동에 대해 조사하는 과정이다. 실사는 매각대상기업의 규모, 거래의 복잡성에 따라 그 기간이나 범위가 달라지며, M&A 당사자인 매도인과 인수자의 협의를 거쳐 실사기간, 실사범위가 정해진다. M&A에서 실사를 통해 파악해야 하는 사항에는 보유자산 및 관리 현황, 영업, 투자, 재무 활동에 따른 현금흐름, 회계에 대한 검토, 사업계획의 전망에 대한 검토, 과거의 각종 거래내역, 우발채무 및 부외부채 등이 있다.

(2) 가치평가

가치평가는 피인수기업의 실제 가치를 평가하는 것으로서 성공적인 M&A의 의사결정에 있어서 결정적인 요인이다. 가치평가는 미래현금흐름의 추정 및 가치평가, 시장가치와 상대가치의 평가, 장부가치의 평가, 비재무적인 요소에 대한 평가 등으로 이루어지게 된다. 상세한 가치평가가 이루어진 이후 조세, 법률, 사업성 등에 대한 다각적인 검토가 이루어진다.

(3) 협상과 계약

일반적으로 실사가 시작되는 시점부터 매도인과 우선협상대상자는 본 계약협상을 시작한다. 협상은 실사가 끝난 후 계약체결을 위해 대상기업과의 교섭을 하는 단계이다. 협상에서는 대상기업과의 인수가격, 인수형태, M&A 관련된 제반의 법적 문제 및 절차 등을 협의하게 된다. 협상이 이루어진 이후에는 계약서를 체결하게 되는데, 계약서에는 거래의 조건과 거래구조, 거래가액의 결정방법, 매도 및 매수 측 기업의 진술 및 보증조항, 거래완료일, 매도 및 매수 측 기업의 실행의 이행조건, 면책 및 배상조항과 경합금지의 내용을 담고 있어야 한다.

12.3.3 사후단계

사후단계에서 중요한 것은 인수기업과 피인수기업 간에 실질적인 통합을 이루는 것이다. 이를 사후통합이라 한다. 사후통합은 M&A의 모든 과정이 종결된 이후, 즉 합병 이후의 기업가치 극대화를 위하여 필요한 과정이다.

M&A 이후 새로운 경영이 시작되면, 성공적인 M&A가 되기 위하여 M&A 이후 경영전략에 대한 확실한 비전 제시와 이해, M&A 동기 제시 등을 통한 임직원의 안정감을 제공해야 한다. 또한 서로 상이한 기업의 통합으로 인한 이질감 해소를 위하여 기업통합의 공감대를 형성하고 합병 전 기업의 문화차이를 극복할 수 있도록 전사적으로 노력할 필요가 있다.

12.4 M&A 대상기업에 대한 평가

M&A 협상과정에서 인수가격이나 주식의 교환비율 등을 통해서 합리적인 인수가격을 결정하게 된다. M&A 대상기업에 대한 가치평가는 협상 및 합병의 결과를 달라지게 할 수 있기 때문에 매우 중요하다.

12.4.1 영업권

M&A 이후 결합된 기업의 가치는 인수기업의 가치와 피인수기업의 가치 그리고 합병에 따른 시너지효과의 가치를 합한 것과 같다. 이때 M&A에 따른 비용보다 수익이 크면 그 차액을 M&A의 프리미엄 또는 영업권(goodwill)이라고 한다.

인수기업이 M&A로 인해 프리미엄을 누릴 수 있을 때 피인수기업의 주주들은 자신의 현재 기업가치 외에 별도의 프리미엄을 요구할 수 있다. 영업권은 무형자산의 대표적인 형태로 특정기업이 동종산업에 종사하는 타 기업에 비하여 정상적인 투자수익률 이상의 이윤을 획득할 수 있는 잠재력(초과이윤 창출능력), 즉 초과수익력을 보유했다고 가정하고 이를 화폐가치로 표시한 것이다. 영업권을 발생시키는 요인은 회사의 좋은 이미지, 우수한 경영진, 뛰어난 판매조직, 양호한 신용, 원만한 노사관계 등 동종의 타 기업에 비해 특별히 유리한 사항들이 포함된다.

영업권은 다소 추상적이고 주관적인 개념이기 때문에 이를 정확히 측정하는 것은 어렵다. 따라서 회계기준에서는 합병이나 영업양수 혹은 전세권을 취득하는 경우에 기업이 실제 그 대가를 지급하고 유상으로 취득한 부분만을 영업권으로 인정하도록 규정하고 있다.

$$\text{영업권} = \text{피인수기업의 주주에게 지불한 대가} - \text{공정가치로 평가한 피인수기업의 순자산가액} \quad (12.1)$$

영업권의 평가는 피인수기업의 주주에게 지불한 대가에서 취득한 순자산의 공정가치를 차감한 금액으로 인식한다. 만일, P사가 S사에 인수대가로 지급한 금액은 1,600,000원이고, S사의 자산의 공정가치가 3,000,000원, 부채의 공정가치가 2,000,000원이었다면 영업권은 1,600,000−(3,000,000−2,000,000)=600,000원이 된다.

현대 사회에서는 경제환경이 급속도로 변화하고 기업의 가치를 결정하는 요인 중에 지식자산, 특허 및 상표, 정보기술 등의 눈에 보이지 않는 무형의 가치가 중요해지고 있다. 이러한 무형자산의 가치는 장기적으로 기업의 생존, 발전과 밀접하게 연관되어 있으며 핵심적인 기업가치평가의 부분이다. 그러나 객관성을 상실한 무형자산 평가는 오히려 많은 투자자를 오류에 빠지게 할 수 있으며, M&A의 성패에 영향을 미칠 수도 있다.

12.4.2 주식교환비율의 결정방법

M&A가 주식교환에 의해 이루어질 경우에는 인수대상기업(피인수기업)의 주식 1주에 대해서 인수기업의 주식 몇 주를 교환해 줄 것인가 하는 교환비율의 결정이 중요하다. 주식교환비율을 결정하는 방법으로는 다음과 같은 방법들이 있다.

(1) 주당이익의 평가방법

주당이익을 기준으로 교환비율(ER)을 정할 수 있다. 주당이익을 기준으로 교환비율을 정하는 경우에는 식 12.2와 같이 피인수기업의 주당이익을 인수기업의 주당이익으로 나누어 산출한다.

$$ER = \frac{\text{피인수기업의 주당순이익}}{\text{인수기업의 주당순이익}} \tag{12.2}$$

그런데 식 12.2와 같이 산출된 주식교환비율은 주당이익(EPS)을 기준으로 인수조건을 평가하는데, EPS를 M&A에서 본격적으로 이용하기에는 한계가 있을 수 있다. 주당이익(EPS)은 과거자료인 회계적 수치에 의하여 측정되기 때문에 합병에 따른 성장성과 시너지효과 등의 경제적 효과를 적절하게 반영하지 못하며, 화폐의 시간적 가치, 성장성, 위험성 등을 적절히 고려한 측정치가 되지 못한다.

이러한 EPS 사용시 한계점을 극복하기 위하여 인수 후에 변화하게 될 미래이익을 반영한 기대주당이익을 기준으로 평가하기도 한다. 인수기업과 피인수기업의 성장률이 다르고, 기업인수로 인한 시너지효과가 존재할 경우에는 이러한 기대주당이익의 개념을 활용하는 것이 더 적절할 수 있다.

기대주당이익으로 주식교환비율을 산정할 때에는 인수기업의 합병 후 기대주당이익이 인수기업의 합병 전 주당이익보다 같거나 크다는 것을 가정한다. 이를 식으로 나타내면 다음과 같다.

$$E(EPS_{AB}) = \frac{E_A + E_B + \text{시너지효과}}{N_A + N_B \times ER} \geq EPS_A \qquad (12.3)$$

$N_{A,}\ N_B$: 인수기업, 피인수기업의 인수 전 발행주식수
$E_{A,}\ E_B$: 인수기업, 피인수기업의 인수 전 이익

(2) 시장가격의 비교방법

기업이 공개되어 주식시장에서 해당 주식이 활발히 거래되면 해당 주식의 시장가격은 그 회사의 기대이익, 위험, 자산가치 등을 종합적으로 반영하고 있다고 볼 수 있다. 시장가격의 비교방법은 이러한 주식시장에서의 주식가격을 고려하여 주식교환비율로 결정하는 것이다.

시장가격의 비교방법에 의한 주식교환비율은 피인수기업의 주식가격을 인수기업의 주식가격으로 나눈 값으로 식 12.4와 같다. 여기서 주식가격은 주당이익(EPS)에 주가수익비율(PER)을 곱하여 산출한다.

$$ER = \frac{\text{피인수기업의 주식가격}}{\text{인수기업의 주식가격}} \tag{12.4}$$

그런데 식 12.4와 같이 산출된 주식교환비율은 현재 주식가격만을 바탕으로 산출되기 때문에 인수로 인한 시너지효과, 인수 후의 성장성 등을 반영하지 못하는 한계가 있다. 이러한 시너지효과 등을 고려한다면 인수 후의 주가는 단순히 현재 주가를 합한 것과 달라질 수 있기 때문에, 인수비율도 달라질 수 있다. 따라서 인수 후에 변화하게 될 미래 이익을 반영한 기대주당이익과 PER을 기준으로 평가하는 방법이 더 합리적이라고 할 수 있다.

인수 후의 주가수준에 의한 주식교환비율을 산정할 때 기본적인 가정은, 인수기업의 주주는 인수 후의 주가수준이 최소한 인수 전의 주가수준과 같거나 높아야 인수에 찬성하리라는 것이다. 따라서 다음과 같은 식이 성립한다.

$$P_{AB} = \frac{E_A + E_B + \text{시너지효과}}{N_A + N_B \times ER} \times PER_{AB} \geq P_A \tag{12.5}$$

연습문제

1. 주식시장에서 M&A 활동이 활발하면 기업의 경쟁력이 강해진다는 주장이 있다. 그 이유를 간단히 설명하시오.

2. 다음 명제들의 옳고 그름을 가리고 틀린 것을 바로 고치시오.

(1) 법정관리기업의 경우 자금을 지원받거나 과거 채무에 대한 상환유예혜택 등을 받을 수 있다는 점을 감안하여 M&A가 이루어지기도 한다.

(2) 주식을 경쟁적으로 매입하여 M&A를 하는 것을 우호적 M&A라 한다.

(3) M&A 방어전략 중 하나로 기업이 종업원에게 자사지분을 매입하게 하거나 기업 스스로 자사주를 취득하여 대응하는 방법이 있다.

(4) M&A를 방어하는 방법으로 White Knight가 있는데, 이는 우호적 제3자의 도움으로 M&A를 방어하는 방법을 말한다.

(5) Poison Pill의 방법은 공격받는 기업이 대규모의 채무를 지거나 자사의 자산을 처분하는 등 M&A를 시도하는 측이 매수를 하더라도 손해를 보게 함으로써 M&A 대상으로서의 매력을 떨어뜨리는 기법이다.

(6) Killer Bees는 종업원에게 지급될 거액의 퇴직금 조항을 두어 M&A 대상이 되더라도 매력이 떨어지도록 하는 방어적 수단이다.

(7) 적대적 M&A의 유형 중 황금알(Crown Jewels)이란 파산기업의 채무증권을 집중매입해 주 채무자가 되어 기업을 정비해 되팔아 넘기는 기법이다.

(8) 위임장 대결에서, 평소 투자자관리에 철저했던 기업들은 우호적 소수주주들을 확보하여 매수자보다 적은 지분으로도 경영권을 보장받게 된다. 반대로 주주관리에 소홀했던 기업은 쉽게 M&A 대상기업으로 주목받을 가능성이 높다.

(9) M&A를 전문으로 하는 회사들은 시장가치가 저평가된 회사의 주식을 지배력 가능한 수준까지 매입한 후 경영 및 생산에 개입하여 수익성을 높인 후 비싼 값에 주식을 다시 매각하거나, 해당 기업의 자산을 분할 판매함으로써 수익성을 올리는 행동을 한다.

(10) M&A 대상기업으로 노출되지 않기 위하여 경영합리화를 꾀하고 주가수준을 적정수준으로 유지하기 위하여 노력할 필요가 있는데, 이렇게 함으로써 기업의 주가가 대폭 하락할 수 있다.

(11) 적대적 M&A란 두 회사가 서로 필요에 의하여 합병을 하는 것이 아니고, 자금력 있는 회사 혹은 M&A 전문회사들이 시장가치가 저평가된 회사의 주식을 지배력 가능한 수준까지 매입한 후 경영 및 생산에 개입하여 수익성을 더 높이도록 한 후 비싼 값에 주식을 다시 매각하는 일련의 행위를 포함한다.

(12) Vulture란 파산기업의 채무증권을 집중매입해 주 채무자가 되어 기업을 정비해 되팔아 넘기는 기법이다.

CHAPTER

13

파생상품을 이용한 재무관리

13.1 파생상품을 이용한 재무관리

자본시장은 언제나 불확실성하에 놓여 있다. 특히, 일정규모 이상의 기업들은 이러한 불확실성에 직면할 위험이 더 높다. 제품 가격이나 원재료 가격이 회사에 유리하게 변동될 때에는 큰 이익을 얻을 수도 있지만, 반대의 경우 회사는 엄청난 손실을 볼 수도 있다. 즉, 재료의 가격이 높아지거나 제품의 가격이 낮아지는 경우, 대규모 제품을 생산하는 대기업은 큰 위험에 직면하게 되고 존립의 위기를 겪을 수도 있다. 회사 입장에서는 가격변동으로 인해 큰 이익을 얻는 것보다, 최소한 큰 손실을 겪지 않는 것에 더 집중해야 한다.

제품이나 원재료 가격뿐 아니라 환율도 회사의 이익에 큰 영향을 미친다. 환율 움직임에 의해 이익을 얻을 수도 있지만 손실을 볼 위험성도 있다. 회사 입장에서는 환율상승이든 환율하락이든 회사 자신들의 영업과 상관없는 변수에 노출되는 위험 자체를 피하고 싶어 한다. 따라서 회사 입장에서는 환율이 일정한 패턴을 유지하며 안정적인 것이 가장 최선이 된다.

이런 위험을 최소화하기 위해서 기업이 취하는 금융상품 기법이 헤지(Hedge)이다. 즉, 헤지란 위험에 노출된 자산이나 부채에 대하여 해당 자산과 부채의 노출위험과 상관관계가 높은 상품의 반대 포지션을 취함으로써 위험을 극소화하는 행위이다. 상관관계가 (−)인 상품들로 포트폴리오를 구성하는 것도 헤지의 한 예이다.

헤지의 목표는 현물거래에 따른 손익변동위험을 완전히 제거하는 데 있는 것이 아니라 예측 불가능한 손익의 범위를 통제가능한 적절한 범위로 줄여 준다는 데 있다. 헤지할 경우의 기대수익은 헤지하지 않은 경우의 기대수익보다 낮은데, 이것이 헤지에 따른 비용이라 할 수 있다. 즉, 위험을 줄인 만큼 기대수익은 작아지기 때문에 회사 입장에서는 적당한 수준의 비용을 들여 적당한 수준에서 헤지를 하게 된다. 헤지하지 않을 경우의 잠재적 손실가능성 및 이익가능성 축소 등에 대한 전반적인 고려를 하고 나서, 헤지 수단을 선택하는 것이 바람직하다.

헤지에 사용되는 대표적인 금융상품은 선물과 옵션이다. 주가, 환율 등은 늘 변화하면서 위험을 투자자에게 부담시키는데, 선물, 옵션은 이러한 위험을 회피하도록 만들어진 상품이다. 금융시장에서는 상품의 수가 증가될수록 투자자들도 더 많이 증가하는 경향이 있다. 그래서 기존의 주식 등과 약간 다른 종류의 상품으로 선물과 옵션이 개발되어 20세기를 대표하는 상품으로 등장하였다. 기존에 존재하는 상품을 기반으로 새로운 상품을 만들어낸 것이기 때문에 파생상품이라고 부른다.

이하에서는 헤지와 파생상품의 대표적인 것이라 할 수 있는 선물과 옵션의 기본적 개념들을 살펴보도록 한다.

13.2 선 물

13.2.1 선물의 개요

선물(Futures)거래란 미래의 일정시점에서 현물을 인수 또는 인도하겠다는 약속(계약)을 매매하는 거래를 말한다. 즉, 현재 현물이 없이도 매도할 수 있으며, 매입하는 경우에도 즉시 상품을 인수하는 것이 아니기 때문에 상품대금을 전액 지급할 필요가 없다. 즉, 선물거래를 위해서는 상품대금 중 최소한의 증거금(Margin)만 예치하면 자유롭게 매입 또는 매도할 수 있다.

이런 선물시장이 존재할 경우 위험의 배분이 잘 이루어진다. 따라서 현물시장만 존재하는 경우보다 가격이 안정화되고 유동성이 확대되는 장점이 있다. 선물거래에서는 미래의 일정시점에 일정량의 특정상품을 '계약시 결정한 가격'으로 인수하거나 인도하기로 약속하게 된다. 만일, 지금 환율이 '1달러=1,200원'이라고 하자. 3개월 뒤에는 환율이 어찌 바뀔지 모르지만, 수출을 한 업체가 3개월 뒤에 대금을 받기로 했다. 그런데 3개월 후 환율이 1달러=1,000원이 되었다고 하면 이 수출업체는 결국 지금 1,200원짜리 수출을 하고 3개월 후에 1,000원밖에 못 받는 결과가 된다. 이 상품의 원가가 1,100원이었다면, 처음에는 상품당 100원의 이익을 보는 것으로 계약을 했는데, 대금이 들어올 때에는 상품당 100원의 손실을 보게 된다. 자신의 영업이나 능력과 전혀 상관이 없는 이유로 이익이 손실로 변화될 수가 있는 것이다.

물론, 3개월 후 환율이 1달러=1,400원이 되면 200원의 예상외 이익이 생기게 된다. 그러나 회사 입장에서는 200원의 이익이 증가하는 것보다 200원의 손실 발생을 줄이는 것이 더 중요할 수 있다. 이익을 희생하더라도 손실을 보지 않는 것이 회사 운영 과정에서는 더 필요하다. 따라서 이 회사는 환율로 인해 손실을 볼 가능성을 줄이고자 하게 되고, 이런 위험을 피하기 위해서 기존 수출거래와는 별도로 선물시장에서 선물계약을 체결할 수 있다. 3개월 후에 1달러를 무조건 1,200원에 교환하겠다(지금의 환율)는 계약을 하는 것이다.

이런 계약은 거래상대방이 있어야 계약이 성립할 수 있다. 그런데 선물시장이 발전된 경우에는 주식시장과 유사한 선물거래소가 형성되어 있다. 이 선물거래소에는 수많은 투자자들이 있고, 그중에 3개월 후에 이 수출업체와는 반대로 원화를 달러로 바꾸어야 하는 투자자가 존재할 수 있다. 그 투자자도 환율변동의 위험을 피하고 싶으면 이 계약에 응할 것이다.

또한, 어떤 투기적인 투자자가 있어서 이 투자자가 생각하기에는 3개월 후에 1달러=1,400원이 될 것 같다면, 이 수출업체의 선물거래에 응하게 된다. 이 수출업체는 무조건 3개월 뒤에 1달러를 1,200원에 주겠다고 계약을 했는데, 만약 이 투기적인 투자자의 생각대로 3개월 뒤에 1달러=1,400원이 되었다면, 200원을 벌게 된다. 그리고 이때 수출업체는 원래 생각했던 돈(1,200원)을 받게 되었으니 손해는 보지 않았다고 생각하게 된다.

13.2.2 선물의 종류

많은 상품들에 대해서 선물거래가 이루어지고 있다. 대표적 선물거래의 대상인 철강, 비철금속, 농산물 등이 거래되는 LME(London Metal Exchange) 시장, Chicago선물거래소 등이 세계적으로 유명한 선물시장이다.

선물은 그 거래대상물에 따라 크게 상품선물과 금융선물로 나눌 수 있다. 상품선물은 농산물(대두, 소맥, 옥수수)선물, 귀금속(금, 은, 백금)선물, 에너지(석유)선물, 비철금속(니켈, 아연, 전기동)선물이 있다. 그리고 선물에는 상품에 대한 선물거래만이 아니고, 통화에 대한 선물, 주가지수에 대한 선물 등도 존재한다. 이러한 상품 외에 금융의 움직임에 대해 선물거래를 하는 것을 금융선물이라 한다. 금융선물은 금리(T-Bond, T-Note)선물, 통화(일본 엔, 독일 마르크, 스위스 프랑)선물, 주가지수(S&P 500, KOSPI 200)선물 등이 있다.

〈표 13.1〉 각국의 주요 선물거래시장

국 가	선물거래시장의 명칭
미국	CBOT(Chicago Board of Trade) CME(Chicago Mercantile Exchange)
영국	LIFFE(London Int'l Financial Futures Exchange) LME(London Metal Exchange, 금속선물시장)
일본	TIFFE(Tokyo Int'l Financial Futures Exchange) TCE(Tokyo Commodity Exchange)
독일	DTB(Deutsche Terminborse)
싱가포르	SIMEX(Singapore Int'l Monetary Exchange)

* 이 외에 캐나다의 TSE, 브라질의 BM&F, 네덜란드의 AEX, 프랑스의 MATIF, 홍콩의 HKFE 등이 유명한 선물거래시장이다.

13.2.3 선물거래와 선도거래

선물의 거래방식에는 선물거래와 선도거래가 있다. 선물거래는 공인된 거래소에서 표준화된 상품을 대상으로 공개경쟁입찰방식에 의해 거래가 이루어진다. 이 거래는 청산소(Clearing House)라는 공식기구에 의해 계약의 이행이 보증된다. 선물거래에서는 계약의 만기일에 상품을 인수하고 대금을 결제하게 되는데, 만기 이전이라도 언제든지 반대매매를 통해 계약을 청산하고 매매가격의 차액을 정산함으로써 계약을 종결시킬 수 있다.

선도거래는 거래당사자간의 개별적인 계약에 의해 자유롭게 거래가 이루어지며, 청산소라는 공식기구가 개입하지 않는다. 이때의 계약이행 여부는 오직 거래당사자간의 신용에 의해 결정된다.

13.2.4 거래소와 청산소

선물거래소는 매입자와 매도자가 만나서 공개입찰방식에 의해 특정선물에 대한 가격을 결정하는 장소를 제공한다. 또한 거래소는 선물가격에 관한 정보를 제공하고 거래된 선물계약의 이행을 보증하는 책임을 진다.

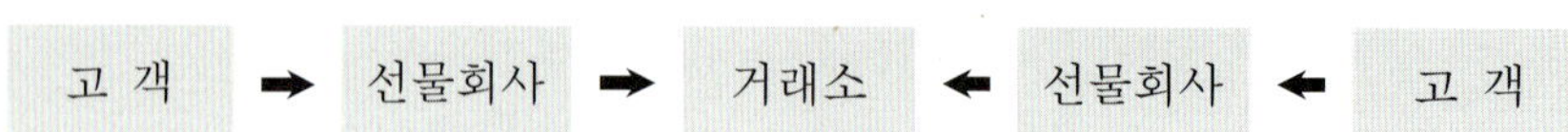

[그림 13.1] 선물거래소의 역할

청산소는 선물거래소에서 이루어지는 모든 거래에 대한 계약이행 보증, 거래결과의 등록 및 계정관리, 증거금의 징수와 유지, 현물의 인수도 관장 및 자금결제 등 청산업무를 담당하며, 선물거래에서 각 거래당사자의 거래상대방의 역할을 담당한다. 즉, 선물을 매도한 회원에 대해서는 매입자로서, 매입한 회원에 대해서는 매도자로서의 역할을 담당한다. 이에 따라 선물계약의 매입자와 매도자는 상호간에 재무상 의무를 직접 지지 않고 자기들이 거래하는 청산회원사를 통해서 청산소에 대해 의무를 지게 된다. 미국의 경우, 모든 거래에 대한 청산업무를 거래소의 부속기구인 청산소 또는 별도의 독립기관인 청산회사에서 담당한다.

예제 13.1

A와 B는 각각 20,000원씩 증거금을 예치하고, 3일 후 A가 100달러를 주면 B가 80,000원을 주는 거래(달러당 800원)를 하기로 하는 선물계약을 체결하였다. 1일 경과시점에 이 선물계약의 선물가격이 달러당 810원에, 2일 경과시점에는 달러당 750원에 시장가격이 형성되었다. 손익계산을 하시오.

해답

개시일 A와 B는 증거금만 예치한 상태이므로 잔고는 다음과 같다.

(개시일) A : 20,000원, B : 20,000원

* 1일 경과시점에 A는 인도해 주어야 할 기초자산의 가격(선물가격)이 상승하였으므로 달러당 10원(=810원-800원)의 손실을 입게 되고, B는 인수받을 자산가격이 상승한 것이므로 반대로 이익을 얻게 된다.
  A : 20,000원-1,000원=19,000원
  B : 20,000원+1,000원=21,000원
* 2일 경과시점에 선물가격이 하락하였으므로 A가 달러당 60원의 이익을 얻고, 반대로 B는 손실을 보게 된다.
  A : 19,000원+6,000원=25,000원
  B : 21,000원-6,000원=15,000원

13.2.5 스왑거래

스왑(Swap)거래는 선물거래와 마찬가지로 미래의 불확실성을 완화시키기 위하여 현재의 자신과 정반대의 상황에 있는 다른 당사자를 찾아 서로의 채무를 교환하는 두 당사자의 헤지거래이다.

예컨대, 현재 환율을 1달러=1,000원이라 가정하고 100만 달러를 6개월 뒤 미국의 거래처에 지급해야 하는 상황에 처해 있다고 하자. 이러한 위험을 회피하기 위하여 선물로 헤지를 할 수도 있지만, 6개월 뒤 한국의 어떤 기관에 10억원을 지급해야 하는 미국의 어떤 회사를 알 수만 있다면 서로 채무거래를 교환하기로 약정하는 것이 편리하고 완전한 헤지가 될 수 있다. 이러한 당사자간 채무거래 교환을 스왑이라 부른다. 초기에는 이러한 조건을 충족하는 상대방을 찾기가 어려운 관계로 스왑

거래가 활성화되기 힘들었지만, 이후 여러 금융기관, 스왑전문투자기관들이 중개역할을 그들의 업무영역으로 포함시키면서 활성화되었다. 이후에는 외환관련 스왑계약 외에 금리수준을 가지고도 스왑계약이 이루어지는 등의 시장확대가 이루어졌다.

13.2.6 주가지수선물

현재 주가지수선물이 자본시장의 중요한 상품으로 자리를 잡고 있다. 3월, 6월, 9월, 12월에 만기가 되는 상품들이 있고, 이들에 대해 매수/매도가 이루어지며, 근시일 내에 만기가 도래하는 상품의 거래가 특히 많다. 만일, 지금 주가지수선물거래를 한다면, 기준시점의 KOSPI 200(Korea Stock Price Index, 기준연도 : 1990년 1월 3일)을 100으로 놓고, 앞으로의 KOSPI 200이 어떻게 움직일 것인가를 걸고 게임을 하는 것과 같다. 5월 시점이라면, 6월물이 활발히 거래가 될 것이며, 9, 12, 3월물은 아직 만기가 오래 남아 있어 거래빈도가 6월물보다 낮다. 하지만 6월이 지나면, 새로운 6월물(다음 해 6월 만기)은 거래가 한산할 것이며, 가장 가까운 선물상품인 9월물의 거래가 활발해질 것이다. 이런 식으로 4개 종목이 최장 1년간 거래된다. 주식시장에서는 기업이 발행한 주식에 한해서 투자자들끼리 매수/매도하는 것인데, 선물은 기존의 규칙하에서 누구나 매수/매도의 당사자가 된다는 특징이 있다.

선물의 가격은 이론적으로 볼 때 현재의 KOSPI 200 현물가격보다 약간 높아야 한다. 몇 개월 후에 기대되는 KOSPI 200의 가격은 지금보다 적어도 금리 정도만큼은 높아야 하고, 배당으로 인하여 KOSPI 200이 감소하는 만큼 낮아야 한다. 하지만 보통 금리효과가 배당효과보다 더 크므로 KOSPI 200 선물가격은 현물가격보다 약간 높은 게 정상인 것이다.

KOSPI 200 선물에 적용하는 이론가격 산출산식은 식 13.1과 같다.

$$\text{이론적 선물가격} = \text{현물지수} \times \left(1 + \text{금리} \times \frac{\text{잔존일수}}{365} - \text{배당수익률}\right) \quad (13.1)$$

예컨대, KOSPI 200의 현물가격이 100원이라면, 선물가격은 102원이라든지 이런 식으로 이론가격을 설정한다. 그리고 여기서부터 미래의 전망을 좋게 보아 몇 개월 후에는 그것보다 주식가격이 더 오르리라고 예상하는 사람은 그 이상의 가격으로 사려 할 것이고, 몇 개월 후 주식의 가격이 떨어질 것으로 예측하는 사람들은 그 이하의 가격으로 사려 할 것이다. 이와 같이 이론적 선물가격이 정해지면, 그 다음부터는 향후 몇 개월 후 주식가격이 어떻게 될 것인가를 예측하여 선물가격이 형성된다.

선물거래에서 중요한 개념으로 증거금이 있다. 선물거래는 현물이 없이도 매도할 수 있으며, 선물을 매입하는 경우에도 즉시 상품을 인수하는 것이 아니기 때문에 상품대금을 전액 지급할 필요가 없다. 즉, 선물거래를 위해서는 최소한의 증거금(Margin)만 예치하면 자유롭게 매입 또는 매도할 수 있다. 즉, 선물거래에서는 처음에 자금을 많이 가지고 있지 않아도 큰 규모의 거래가 가능하기 때문에 레버리지효과가 상당히 크다. 물론 레버리지효과가 크기 때문에, 큰 이익을 내는 만큼 큰 손실을 겪는 경우도 많이 존재한다.

➤ 참고 선물의 프로그램매매

주식시장의 지속적인 하락세 혹은 지속적인 상승세에 제동을 거는 역할을 하는 중요한 요인 중 하나가 프로그램매매이다. 프로그램매매는 일반적인 투자와는 달리 미리 입력된 컴퓨터 프로그램을 통해 주식을 매매하는 것이다.

프로그램매매에서는 주가지수선물과 현재 주식 중 주가지수에 영향을 크게 미치는 종목들(예컨대, 삼성전자, 포스코, 현대자동차, 기타 은행 등) 중 상대적으로 가격이 높은 것을 팔고 동시에 가격이 낮은 것을 산다. 즉, 선물지수가 낮으면 선물을 팔고 현물주식을 사게 되며 어느 정도 시간이 흐른 후 선물지수의 가격과 현물의 수준이 비슷해지면 반대방향으로 팔고 사서 차익을 실현하는 것이다. 선물과 현물의 가격차이가 발생하면 누구나 비싼 쪽을 팔고 싼 쪽을 사려 할 것이므로 결국 비싼 쪽의 가격은 하락하고 싼 쪽의 가격은 상승하여 두 가격은 같아질 것이다. 이런 차익거래는 선물시장의 가격과 현물시장의 가격을 일치시키는 역할을 하여 시장의 효율성을 높여준다.

선물가격과 현물가격에 차이가 존재하는지를 몇 분 만에 바로바로 판단하고 거기에 따라 거래를 실행하는 것은 사람의 즉각적 판단으로는 쉽지 않다. 프로그램매매는 이 과정을 프로그램에 따라 자동적으로 이루어지게 한 것이다. 프로그램매매에서는 선물가격과 현물가격이 1초 정도 시간에서 차이가 나더라도 바로 그 차이에 대해서 차익거래가 이루어질 수 있도록 해준다. 거래시간이 중요하기 때문에 최근에는 수십 분의 1초 내에서도 가격차이가 존재하기만 하면 바로 거래가 이루어지도록 프로그램이 개발되곤 한다.

13.3 옵 션

13.3.1 옵션의 의의

옵션이란 일정한 자산을 미래 약정된 기간이나 그 이전에 약정된 가격으로 사거나 팔 수 있는 권리를 일정한 수수료를 대가로 사거나 파는 계약이다. 옵션은 최근에 활성화된 금융상품이지만, 역사적으로 옵션거래는 항상 이루어져 왔다.

아리스토텔레스의 『정치학』에는 한 철학자가 옵션과 비슷한 거래를 했다는 이야기가 나온다. 그는 천문에 밝았고 다음 해에 풍년이 들 것을 예측하였다. 그래서 돈을 모아 농산물을 가공할 기계를 사용할 수 있는 권리를 사들였고, 이후 결국 풍년이 들어 농산물 수확기에 기계사용료로 큰돈을 벌 수 있었다고 한다. 이 외에 BC 1200년경의 에게해를 중심으로 아랍상과 그리스 무역업자 간에 물건을 미리 사거나 팔 권리를 예약한 것에 대한 기록이 있으며, 16세기 초 네덜란드 튤립 재배업자와 거래자 간에 옵션과 유사한 거래가 있었다. 주식과 관련해서는 1690년경 영국 런던의 주식시장에 주식옵션거래가 나타났다고 한다.

현재와 같은 수준의 옵션거래의 모태는 19세기 말 뉴욕의 월가(Wall Street)에서의 주식옵션거래로 볼 수 있다. 1920년대 옵션거래가 주가조작에 이용되는 사례가 많아짐에 따라 1930년대에는 옵션거래를 금지하는 것을 고려하였으나 옵션의 보험기능 및 주식시장의 안정화 기능이 인정됨에 따라 옵션거래가 계속 허용되었다. 금융시장이 발달하고 시장위험이 증가됨에 따라 옵션거래의 경제적 필요성과 위험관리를 하는 기능의 중요성이 증대되었다. 따라서 현재에는 옵션에 대한 상업적 수요 및 투기적 수요가 폭발적으로 증가했다. 현재 주식옵션, 주가지수옵션, 금리옵션, 통화옵션 등이 전 세계에서 거래되고 있으며, 금융거래에서 큰 비중을 차지하고 있다. 우리나라에서도 주가지수옵션, 주식옵션 등의 상품이 개발되어 있다.

옵션거래는 선물거래에 비하여 시장상황에 따라 보다 더 다양한 전략을 구사할 수 있다는 장점을 가지고 있다. 옵션거래의 주요 장점들을 살펴보면 다음과 같다.

① 손실수준의 조절이 가능 : 옵션은 보험료의 성격인 프리미엄의 지급에 대한 대가로 미래 발생가능한 가격변동위험을 커버할 수 있다.
② 거래기법의 다양성 제공 : 가격의 방향만이 아니라 가격변동성을 이용한 거래도 할 수 있다. 선물에서는 만기만이 선택대상으로 고려되지만 옵션에서는 행사가격 차이까지 선택의 대상이 될 수 있다.
③ 옵션행사의 임의성 : 현재 확정되지 않은 현물거래의 위험을 효과적으로 커버할 수 있다.

13.3.2 옵션 관련 주요 용어

옵션은 일정한 자산을 미래 약정된 기간에 약정된 가격으로 사거나 팔 수 있는 권리를 수수료를 주고 계약하는 것이다. 여기에서 일정한 자산을 기초자산, 약정된 기간을 만기, 약정된 가격을 행사가격 혹은 집행가격(Exercise Price), 살 수 있는 권리를 콜옵션(Call Option), 팔 수 있는 권리를 풋옵션(Put Option)이라 하며, 일정한 수수료를 프리미엄(Premium)이라고 한다.

옵션의 기초자산은 거래대상 상품을 의미하며 주식, 채권, 통화, 이자율, 주가지수 등을 기초자산으로 하는 금융옵션과 귀금속, 비철, 농산물, 상품지수 등을 기초자산으로 하는 상품옵션이 있다. 만기까지 행사되지 않은 옵션은 무효화되며 자동적으로 소멸된다. 옵션의 행사가격은 옵션계약시 거래당사자가 선택하는 기준물의 집행가격으로 옵션권리자가 권리행사 때 취하는 가격이 되며 옵션의무자가 의무를 이행해야 하는 가격을 말한다.

콜옵션은 매입할 수 있는 권리에 대한 거래계약이다. 콜옵션의 매입자는 일정한 수수료를 지불하고 약정기간 내에 언제든 권리행사를 통해 옵션행사가격으로 기초자산을 매입할 수 있는 권리를 갖게 된다. 즉, 권리행사시 행사가격에 기초자산을 매입한 상태가 된다. 콜옵션의 매도자는 일정한 수수료를 받고 콜옵션 매입자가 권리행사시 이에 응해야 할 의무를 갖게 된다.

풋옵션은 매도할 수 있는 권리에 대한 거래계약이다. 풋옵션의 매입자는 일정한 수수료를 지불하고 약정기간 내에 언제든지 권리행사를 통해 옵션행사가격으로 기초자산을 매도할 수 있는 권리를 갖게 된다. 즉, 권리행사시 행사가격에 기초자산을 매도한 상태가 된다. 풋옵션의 매도자는 일정한 수수료를 받고 풋옵션 매입자가 권리행사시 이에 응해야 할 의무를 갖게 된다.

옵션의 수수료는 프리미엄이라 하며 옵션가격을 의미한다. 옵션은 권리이기 때문에 권리를 행사하여 이익을 볼 수 있는 기회가 부여되므로 어느 정도의 가격을 갖게 된다. 콜옵션의 경우 프리미엄은 옵션의 발행자가 행사시점에서 시가 이하인 행사가격으로 기초자산을 팔 수도 있기 때문에 이에 대한 보상으로 지급받는 대가이다.

풋옵션의 경우 프리미엄은 옵션의 발행자가 행사시점에서 시가 이상인 행사가격으로 기초자산을 살 수도 있기 때문에 이에 대한 보상으로 지급받는 대가이다. 매입자의 경우는 프리미엄이 최대 손실가능금액인 반면 매도자의 경우 프리미엄이 최대의 이익이 된다. 옵션은 권리이기 때문에 매입자가 반드시 행사해야 할 필요가 있는 것은 아니다. 즉, 권리행사시 이익이 발생될 때에만 권리를 행사하면 된다.

13.3.3 옵션의 종류

옵션은 유럽형 옵션(European Option)과 미국형 옵션(American Option)으로 구분될 수 있다. 유럽형 옵션은 만기일에만 행사가 가능하며, 미국형 옵션은 만기 이전 언제든지 행사가 가능하다. 버뮤다옵션(Bermuda Option)

은 유럽형과 미국형의 혼합형으로 일정기간 동안에는 행사가 안 되나 일정기간 이후에는 행사가 가능한 형태의 옵션을 말한다.

〈표 13.2〉 옵션의 종류

	미국형	유럽형
권리행사	만기 전 언제라도 가능	거래최종일에만 가능
Premium	비교적 높음	비교적 낮음
권리행사 가능성	높음	낮음

(1) 콜옵션

콜옵션(Call Option)은 행사가격으로 일정시점 또는 그 이전에 기초자산을 살 수 있는 권리를 의미한다.

예를 들어 A사 주식에 대하여 발행된 콜옵션의 행사가격이 50,000원이고 이러한 콜옵션을 사기 위해 지불한 금액이 3,000원이라 하자. 행사시점이 되어 A사 주식의 가격이 60,000원이 되었다고 하자. 콜옵션 투자자가 옵션권리를 행사하여 1주를 50,000원에 사서 60,000원에 팔면 콜옵션가격이었던 3,000원을 제외하고 주당 7,000원의 수익을 얻게 된다. 만약 A사의 주식가격이 50,000원 이하이면 투자자는 옵션을 행사할 수 있는 권한을 포기할 것이다.

따라서 옵션투자수익은 초기 투자한 금액보다 낮을 수 없다. 콜옵션은 기초자산의 가격이 행사가격보다 높을 때에만 행사하고 기초자산가격이 행사가격보다 낮으면 행사할 필요가 없기 때문이다. 이 경우 옵션투자자의 비용은 처음 권리를 살 때 지불한 콜옵션가격뿐이다.

위의 예를 표로 나타내면 다음과 같다.

〈표 13.3〉 콜옵션 매입시(Long Call)의 옵션가치

A사 주가	45,000원	51,000원	60,000원
옵션가치	−3,000원(행사 안 할 것)	−2,000원	7,000원

행사시점에서 콜옵션의 가치는 기초자산이 1원씩 증가함에 따라 정확하게 1원씩 증가하는 것을 알 수 있다. 이를 그림으로 나타내면 다음에서 실선에 해당한다.

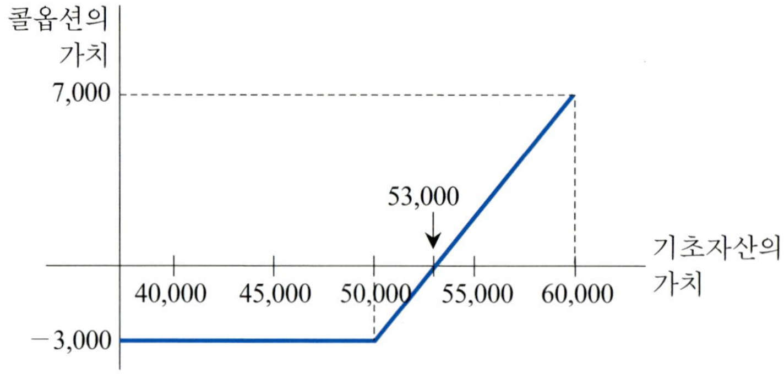

[그림 13.2] **콜옵션 매입시(Long Call)**

이때, 콜옵션 투자자의 이익은 수익에서 옵션 매입시 지출한 옵션가격을 뺀 차액이 된다. 예를 들어 A사 주식의 콜옵션을 3,000원에 매입하였다고 하면 콜옵션의 손익은 위의 직선이 된다. 이 경우 손익분기점은 53,000원이 된다.

반대로 콜옵션 발행시(Short Call) 발행자는 기초자산의 가격이 높을수록 손해를 본다. 콜옵션 투자자가 권리를 행사하게 되면 발행자는 시가보다 낮은 행사가격을 받고 기초자산을 팔아야 한다. 콜옵션 발행자는 기초자산의 가격이 행사가격 이하이면 콜옵션 판매가만큼 이익을 보게 되나 행사가격 이상으로 기초자산이 상승하면 손실을 입게 된다.

〈표 13.4〉 **콜옵션 매도시(Short Call)의 옵션가치**

A사 주가	45,000원	51,000원	60,000원
옵션가치	3,000원	2,000원	−7,000원

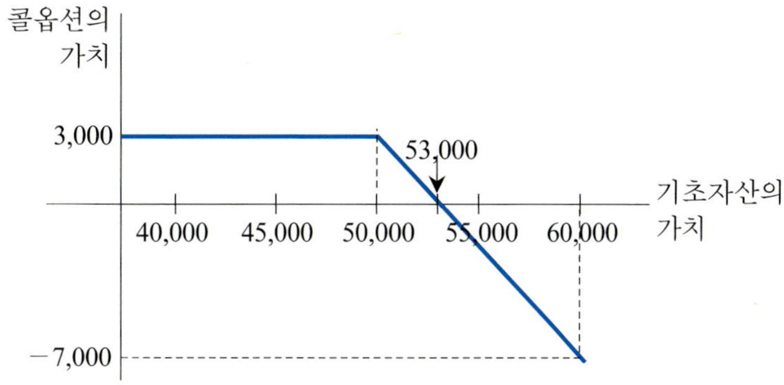

[그림 13.3] 콜옵션 매도시(Short Call)

(2) 풋옵션

풋옵션(Put Option)은 행사가격으로 일정시점 또는 그 이전에 기초자산을 팔 수 있는 권리이다. 이 경우 옵션을 매입한(Long Put) 투자자는 기초자산의 가격이 행사가격보다 높으면 행사할 필요가 없지만 낮으면 반드시 행사할 것이다. 예를 들어 행사가격이 50,000원인 A사 주식의 풋옵션을 이전에 3,000원을 주고 샀다고 하자. 만기일에 A사 주식의 가격이 45,000원인 경우 풋옵션 투자자는 A사 주식을 시장에서 45,000원에 사서 당장 거래상대방에게 50,000원에 팔아 이익을 얻을 수 있다.

〈표 13.5〉 풋옵션 매입시(Long Put)의 옵션가치

A사 주가	45,000원	49,000원	60,000원
옵션가치	2,000원	−2,000원	−3,000원(행사 안 할 것)

풋옵션 발행자는 기초자산의 가격이 낮을수록 손해를 보게 된다. 풋옵션 투자자가 권리를 행사하게 되면 발행자는 시가보다 높은 행사가격을 받고 기초자산을 받아야 할 수 있다. 풋옵션 발행자는 기초자산의 가격이 행사가격 이상이면 풋옵션 판매가격만큼의 이익을 보게 되나 행사가격 이하로 기초자산이 하락하면 손실을 입게 된다.

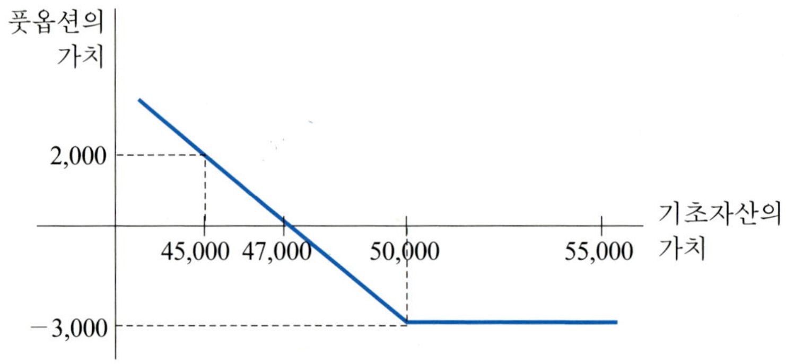

[그림 13.4] **풋옵션 매입시(Long Put)**

A사 주가가 50,000원 이상이면 애초에 풋옵션을 매입했던 투자자는 권리를 행사하지 않고 옵션 매입시 지불한 가격만큼만 손실을 볼 것이다. 그만큼 풋옵션 발행자는 수익을 올리게 된다. 그러나 주가가 50,000원 이하이면 옵션이 행사되어 풋옵션 투자자가 수익을 보게 되고 풋옵션 발행자는 옵션매도대금을 제외한 금액만큼 손실을 입게 된다.

〈표 13.6〉 **풋옵션 매도시(Short Put)의 옵션가치**

A사 주가	45,000원	49,000원	60,000원
옵션가치	−2,000원	2,000원	3,000원(옵션가격)

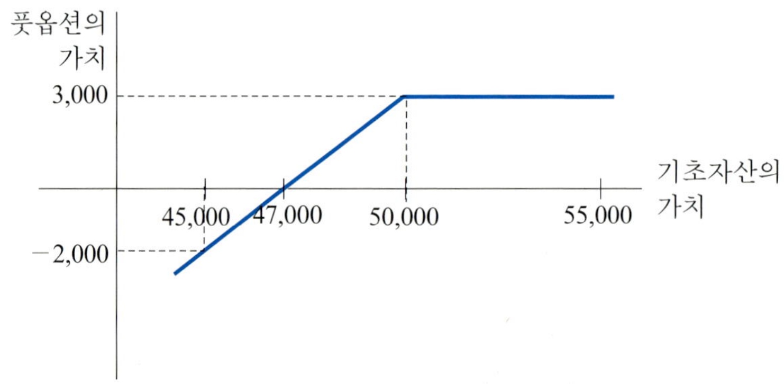

[그림 13.5] **풋옵션 매도시(Short Put)**

13.3.4 프리미엄의 성격

옵션거래의 가격은 옵션상품의 수수료인 프리미엄이라 할 수 있다. 선물거래에서 기준이 선물가격이듯, 옵션거래의 기준은 이 프리미엄이 된다.

프리미엄은 모든 상황의 현 가치를 반영하고 있다. 즉, 선물가격이 단순히 장래 실물가격을 반영하는 것에 비하여 옵션의 가격인 프리미엄은 만기까지의 잔존기간, 기준이 되는 기초자산의 가격과 옵션행사가격, 기초자산가격의 변동성, 이자율 등을 고려한 가격이라고 할 수 있다.

옵션거래시 옵션거래자는 항상 서로 직접적으로 상반된 입장을 취한다. 콜옵션의 경우 매입자(권리행사자)는 가능한 한 낮은 행사가격과 잔존기간이 길며 기초자산의 가격변동성이 큰 상태에서 상대적으로 낮은 프리미엄을 지불하고 구입하는 것이 유리한 반면, 매도자의 경우는 높은 행사가격과 잔존기간이 짧으며 기초자산의 변동성이 낮은 옵션을 상대적으로 높은 프리미엄을 받고 매도하는 것이 유리하다.

풋옵션의 경우 매입자(권리행사자)는 가능한 한 높은 행사가격과 잔존기간이 길며 기초자산의 변동성이 큰 상태에서 상대적으로 낮은 프리미엄을 지불하고 구입하는 것이 유리한 반면, 매도자의 경우는 낮은 행사가격과 잔존기간이 짧으며 기초자산의 변동성이 낮은 옵션을 상대적으로 높은 프리미엄을 받고 매도하는 것이 유리하다. 이같이 계약 당사자들간 서로 상반된 입장에서 옵션시장을 통해 경쟁적으로 형성되는 것이 옵션의 가치인 프리미엄이다.

특히, 기초자산의 가격의 변동성은 옵션의 프리미엄에 결정적인 영향을 미친다. 기준물의 가격의 등락이 심하면 향후 시세변화에 따른 위험-헤징과 투기적 옵션 수요가 늘어나게 됨에 따라 옵션의 프리미엄은 올라가게 된다.

13.3.5 옵션의 이론가치

옵션의 기대수익과 이론적 가치를 쉽게 살펴보기 위해 주사위 게임과 룰렛 게임의 기대수익과 이론적 가치를 살펴본다.

만약 주사위를 던져서 숫자가 나오는 대로 그 숫자에 해당하는 돈을 받는다고 가정한다면, 그때의 기대수익과 이론적인 참가비는 얼마가 적당할까? 즉, 주사위를 던져서 나온 숫자당 1,000원을 곱한 금액을 받는다고 한다면 이 게임을 무수히 많은 횟수로 반복할 때 평균수익은 얼마나 될 것인가?

1에서 6까지 숫자가 나올 확률이 동일하다는 전제하에 1에서 6까지 더한 숫자인 21을 6으로 나누면 그 결과치는 3,500원이 된다. 따라서 무한히 많은 횟수로 반복 시행할 경우 기대수익은 3,500원이 된다.

이때 만약 딜러가 참가비로 3,000원을 받고 이 게임을 주도할 경우 이 게임의 참가자는 기대수익 3,500원보다 적은 돈을 투자한 셈이 되기 때문에 게임 참가자에게 장기적으로 유리한 게임이다. 반대로 4,000원을 참가비로 지불하고 참가할 경우에는 기대수익 3,500원보다 많은 돈을 투자하였기에 장기적으로 게임 참가자가 손해를 보고 딜러가 이익을 본다. 만약 3,500원을 지불하고 게임에 참가한다면 딜러와 게임 참가자 둘 다 손실과 이익의 기댓값이 동일하기 때문에 공정한 게임이 될 수 있다.

룰렛 게임을 예로 들어 보자. 룰렛에 38개의 슬롯이 있으며 각각의 숫자가 나올 확률이 같다고 가정하자. 게임에 참석한 사람이 시작 전에 숫자를 고르고 그 숫자가 나올 때 38,000원을 받고 만약 그 숫자가 나오지 않으면 전혀 받지 못한다고 하자. 이때의 기대수익과 참가비는 얼마가 적당하겠는가? 이 게임에서 38,000원을 받을 수 있는 확률은 1/38이므로, 1,000원이 기대수익이 되며 적당한 참가비가 된다. 만약, 1,000원보다 적은 돈을 지불하고 이 게임에 참가한다면 참가자에게 장기적으로 유리한 반면에, 1,000원보다 많은 돈을 지불하고 이 게임에 참가하면 장기적으로 불리한 게임이 된다. 물론 카지노는 1,000원 이상의 참가비를 요구할 것이다.

옵션거래 역시 일종의 게임이고, 누군가 손해를 본다면 누군가 이득을 보는 zero-sum이다. 따라서 옵션가치 평가를 위해서는 모든 관련 요인들을 고려한 이론적 모델을 이용하여 옵션의 이론적 가치와 실제 거래되고 있는 가격을 비교해야 한다. 만약 이론적 가치에 비하여 저평가되어 거래되고 있다면 그 옵션을 매입해서 이익을 취할 수 있으며, 고평가되어 있다면 옵션을 매도하여 이익을 취할 수 있다.

이론적 옵션가격결정모형으로 대표적인 것은 1973년 블랙과 숄즈가 발표한 블랙숄즈 모델을 들 수 있다. 블랙숄즈 모델은 1973년 물리학의 열확산 속도를 계산하는 공식을 응용하여 개발된 옵션가격이론이다. 이 모형은 기초자산의 가격변동이 무작위 운동을 한다는 일곱 가지의 가정을 기초로 도출되었다. 즉, 옵션의 가격은 기초자산가격, 행사가격, 만기까지의 잔존기간, 이자율, 가격변동성 등의 함수로 볼 수 있는데, 이 중 기초자산의 가격변동성을 제외한 다른 변수는 이미 확정되어 있다는 것이다. 따라서 기초자산의 가격변동성 예측에 따라 옵션의 가치가 크게 달라질 수 있다는 주장을 하였다.

예제 13.2

동양기업의 현재 주가는 50,000원이고 이에 대한 콜옵션(만기 1년, 행사가격 50,000원)의 가격은 4,000원이다. 1년 후 동양기업의 주가가 60,000원이 되었다고 할 때, 주식을 구입한 투자자와 옵션을 구입한 투자자의 투자성과를 비교하시오.

해답

- 주식투자자의 투자이익 → 60,000－50,000＝10,000원
- 옵션투자자는 만기에 옵션행사로 주식을 50,000원에 구입하고 60,000원에 매각할 수 있으므로 옵션행사에 따른 이익은 주식투자자와 마찬가지로 10,000원이다. 그러나 투자원금을 감안한 투자수익률은 다음과 같다.
  - 주식투자자 : 10,000/50,000＝0.2＝20%
  - 옵션투자자 : (10,000－4,000)/4,000=1.5=150%

연습문제

1. 다음의 물음에 대하여 약술하시오.

(1) 옵션이란 무엇이며, 왜 필요한가?

(2) 선물이란 무엇이며, 왜 필요한가?

2. 주식 X에 대한 풋옵션이 있다. 행사가격이 40원이고 2원의 프리미엄이 있다. 한편, 이 주식에 대한 콜옵션의 행사가격은 40원이고, 프리미엄은 3.5원이다. Put 발행자의 최대손실과 Call 발행자의 최대이익은 각각 얼마인가?

3. ABC주식에 대한 두 개의 Call과 한 개의 Put을 샀다. 행사가격은 모두 45원이다. Call의 가격은 각각 5원이었고, Put의 가격은 4원이었다. 만기일에 ABC주식의 주가는 55원이었다. 총손익은 얼마이겠는가?

4. 25원이 행사가격이고 4원의 가격이 매겨져 있는 콜옵션을 샀다. 그리고 동시에 행사가격 40원, 옵션가격 2.5원의 콜옵션을 발행하였다. 만기에 주가가 50원으로 증가했다면, 총손익은 어떻게 되는가?

5. 투자자가 주식을 38원에 구입하였다. 그리고 그 주식에 대한 콜옵션을 3원의 프리미엄과 40원의 행사가격 조건으로 팔았다. 만기 때 이 투자자가 벌어들일 수 있는 최대의 이익은 얼마인가?

6. S전자 주식에 대한 콜옵션과 풋옵션이 있다. 두 옵션의 행사가격은 모두 30,000원이고 프리미엄(옵션을 사기 위하여 지불한 수수료금액)은 모두 1,000원이었다. A는 콜옵션을 구입했고, B는 풋옵션을 구입했다. 만기가 되었을 때, S전자 주식의 주가가 31,000원이라면 A와 B는 각각 어떠한 선택을 하게 될 것인가?

7. 1) A주식에 대한 콜옵션(행사가격 45원)을 5원을 지급하고 샀으며, 2) B주식에 대한 풋옵션(행사가격 45원)을 4원을 받고 팔았다. 만기일에 A와 B의 주가는 모두 55원이었다. 만기시점에 총손익은 얼마인가?

8. 김동양 씨는 A주식을 38원을 지급하고 구입함과 동시에, A주식에 대한 콜옵션(행사가격 35원)을 3원을 받고 팔았다. 이 투자와 관련하여 만기에 최악의 경우가 발생한다면, 김동양 씨의 투자에 따른 총최대손실은 얼마인가?

9. 자본시장에 주식만이 있는 경우와 비교해서, 선물과 옵션이 있으면 좋은 이유를 제시해 보시오. 한편, '옵션과 선물은 필요 없다'는 주장은 왜 나오는 것일까? 간단히 설명하고, 자신은 어떤 주장이 옳다고 생각하는지 견해를 약술하시오.

10. 최동양 씨는 Long Call을 취했고, 최서양 씨는 Short Put을 취했다. 두 옵션의 행사가격은 모두 30,000원이고 프리미엄은 1,000원이다. 만기가 되었을 때, 기초자산(주식)의 가격이 35,000원이라면 최동양 씨와 최서양 씨는 각각 얼마의 손익을 얻겠는가?

11. 45원이 행사가격이고 4원의 가격이 매겨져 있는 콜옵션을 샀다. 그리고 동시에 행사가격 45원, 옵션가격 4원의 콜옵션을 발행했다. 그리고 주식을 47원에 구입했다. 만기에 주가가 55원으로 증가했다면, 이 투자자의 손익은 어떻게 되는가?

12. 맞고 틀린 것을 구분하고 틀린 부분을 맞게 고치시오.

(1) 최동양 씨는 Short Put을 취했다. 이 옵션의 행사가격은 30,000원이고 프리미엄은 1,000원이다. 만기가 되었을 때, 기초자산의 가격이 25,000원이라면 최동양 씨는 1,000원의 이득을 보고 더 이상의 의무는 없다.

(2) a주식의 분산은 10이고, b주식의 분산은 20이다. 다른 조건이 모두 같다면, a주식을 기초자산으로 하여 형성된 콜옵션의 프리미엄이 b주식을 기초자산으로 하여 형성된 콜옵션의 프리미엄보다 높을 것이다.

(3) 금융시장을 활성화시키기 위하여 금융시장에서 다양한 종류의 상품을 투자자에게 제공할 필요가 있고, 따라서 옵션, 선물, 스톡옵션 등이 존재한다. 하지만 이들은 사실상 기업에 직접적으로 자금을 공급해 주는 것은 아니다.
(4) 최동양 씨는 Short Call을 취했다. 이 옵션의 행사가격은 30,000원이고 프리미엄은 1,000원이다. 만기가 되어 기초자산의 가격이 35,000원이라면 최동양 씨는 1,000원의 이득을 보고 더 이상의 의무는 없다.
(5) a주식의 β는 1이고, b주식의 β는 1.5이다. 다른 조건이 모두 같다면, b주식을 기초자산으로 하여 형성된 풋옵션에 대하여 Long Put을 취하는 사람은 a주식을 기초자산으로 하여 형성된 풋옵션에 대하여 Long Put을 취하는 사람보다 더 높은 프리미엄을 지불해야 한다.
(6) 최동양 씨는 Long Call을 취했다. 이 옵션의 행사가격(만기가 되었을 때 권리를 주장할 수 있는 가격)은 30,000원이고 프리미엄(옵션의 가격)은 1,000원이다. 만기가 되었을 때, 기초자산의 가격이 35,000원이라면 최동양 씨는 1,000원의 손해를 볼 뿐이다.
(7) a주식의 β는 0.5이고, b주식의 β는 1이다. 다른 조건이 모두 같다면, a주식을 기초자산으로 하여 형성된 풋옵션의 가격은 b주식을 기초자산으로 하여 형성된 풋옵션의 가격보다 비쌀 것이다.
(8) a주식의 주가변동성이 b주식보다 높다. 다른 조건이 모두 같다면, a주식을 기초자산으로 하여 형성된 풋옵션의 가격(premium)은 b주식을 기초자산으로 하여 형성된 풋옵션의 가격보다 비쌀 것이다.
(9) 주가의 변동성이 높은 주식을 기초자산으로 하여 형성된 풋옵션에 대하여 Long put을 취하는 사람은 변동성이 낮은 주식을 기초자산으로 하여 형성된 풋옵션에 대하여 Long Put을 취하는 사람보다 더 높은 프리미엄을 지불해야 한다.
(10) 행사가격보다 주가가 높으면 콜옵션이 행사될 것이고, 행사가격보다 주가가 낮을 때 풋옵션이 행사될 것이다.
(11) 풋옵션의 행사가격이 40원이고 프리미엄이 3원일 때, Short Put을 취한 사람의 최대이익은 3원이며, 최대손실은 이론상 무한대이다.
(12) 옵션을 통하여 직접적으로 기업에 자금유입이 되는 것은 아니지만, 자본시장을 활성화시켜 궁극적으로 기업자금조달에 도움을 주므로 필요하다.

(13) 헤지(Hedge)의 목표는 현물거래에 따른 손익변동위험을 완전히 제거하는 것이다.

(14) 선물은 미래 일정시점에 일정량의 특정상품을 '계약시 결정한 가격'으로 인수/인도하기로 약속하는 거래이다.

13. 한 투자자가 A사 주식에 대한 콜옵션을 샀는데, 행사가격 50원, 프리미엄 5원이었다. 동시에 행사가격 60원, 옵션가격 6원인 풋옵션(A사 주식에 대한 것)을 발행했다. 그리고 55원짜리 A사 주식을 별도로 직접 샀다.

(1) 투자자의 최대이익과 최대손실은 각각 얼마까지 가능한가?

(2) 만기일에 A사 주가가 60원이 되었다면, 투자자의 총손익은 얼마인가?

(3) 만기일에 A사의 주가가 40원이 되었다면 이 투자자의 총손익은 얼마로 바뀌겠는가?

연습문제 해답

제 1 장 재무관리의 목표 및 금융시장에 대한 이해

1. 재무관리는 자금을 효율적으로 조달하고 효율적으로 투자(운용)함으로써 기업가치를 극대화하는 데 필요한 제반 사항을 다루는 학문이다.

2. 재무관리의 목표로 제시되는 것으로 이익 및 시장점유율 극대화, 지속적인 이익성장의 유지 등이 있고, 이를 한마디로 표현하면 현대 재무관리의 목표는 기업가치의 극대화라고 할 수 있다.

3. 기업의 목표는 기업가치 극대화이지만 기업이 수단과 방법을 가리지 않고 기업가치를 극대화할 경우 비정규직 문제, 하청업체와의 불평등한 관계, 독과점 유지 등이로 인한 문제점이 발생하게 된다. 만약, 기업이 이러한 사회적 책임을 무시하면서 기업가치를 극대화할 경우 사회적 갈등이 심화되고 이로 인하여 기업가치가 하락할 가능성이 존재할 수 있다. 따라서 기업들은 개별 경제주체로서 기업가치의 극대화를 추구하는 동시에 사회적 책임을 다할 것을 요구받게 된다.

4. 대리인 문제(Agency Problem)란 기업의 소유와 경영이 분리되어 있을 경우 발생한다. 즉, 전문경영인이 주주의 이익보다는 자신의 이익을 먼저 추구함으로써 발생되는 문제이다. 궁극적으로 대리인 문제는 감시비용 등과 같은 대리인 비용(Agency Cost)을 발생시켜 기업가치를 감소시키는 결과를 가져온다.

5. 대리인인 경영자가 주주의 이익을 위하여 행동하도록 유도할 수 있다. 승진, 연임, 보너스, 스톡옵션 등의 보상책과 주주총회에서 경영자의 책임을 추궁하거나 경영자를 교체하는 이사회의 견제기능 등이 있다.

6. 금융시장은 자금의 공급자와 자금의 수요자가 모여서 자금거래를 하는 장소이다. 재무관리 측면에서 금융시장은 여유자금을 시장에 모이게 하여 자금을 필요로 하는 기업에 자금을 공급하는 중개기능을 해주는 역할을 한다는 특징이 있다. 이 과정에서 금융시장에는 자금의 유동성이 확보되며, 여러 이해관계자들이 신뢰할 수 있고 자본조달결정 및 투자결정에 도움을 주는 시장이자율이 형성된다. 궁극적으로 저렴한 거래비용으로 다양한 금융거래의 기회를 제공함으로써 금융시장에 참여하는 각 이해관계자의 자본조달 및 투자에 따르는 위험을 분산시키거나 감소시킬 수 있다.

7. 간접금융시장은 은행, 보험사와 같은 금융중개기관들이 개인들로부터 자금을 위탁받아 기업에 빌려주는 역할을 수행하는 시장인 반면, 직접금융시장은 주식이나 채권을 거래할 때 자금을 공급하는 투자자와 기업 간에 자금이 직접 전달되는 시장을 말한다. 과거에는 기업자금의 조달이 은행차입과 같은 간접금융시장 중심이었으나, 증권시장의 발달로 주식과 회사채 발행 등 기업이 투자자로부터 직접 자금을 조달할 수 있는 직접금융시장이 중요한 위치를 차지하게 되었다. 간접금융시장과 직접금융시장의 상이한 특성들로 인해 기업은 당면한 상황과 목적에 따라 다양한 경로의 자금조달을 모색할 수 있게 되었다.

8. 주식시장의 부분적인 효율성 부족으로 인하여 투자자는 손실을 경험하게 되고, 그 결과로 주식시장에 부정적인 견해를 가질 수 있다. 그러나 주식시장을 통해 불특정 다수로부터 자금을 모아 거액의 투자를 할 수밖에 없는 성장가능성 높은 중소기업들에게 주식시장은 반드시 필요한 기능을 제공한다.

9. 금융시장의 붕괴는 금융시장의 효율적 자원배분이라는 기능의 실패를 의미한다. 즉, 금융시장이 효율적으로 작동되지 않아 투자자들이 높은 수익률을 발생시킬 수 있는 투자기회를 파악하지 못하고 자금이 조달되지 못한다면 투자자 개인의 기회상실은 물론 경제 전반에 손실이 발생하게 된다. 이 경우, 금융시장의 축소보다는 금융시장의 본래적 기능인 효율적 자원배분에 대한 기능이 활성화될 수 있도록 제도정비 등을 해야 한다.

10. 파마(Fama)는 금융시장을 세 가지 유형으로 분류하여 효율적 시장가설을 제시하였다. 첫째, 약형 효율성(Weak Form Efficiency)이란 주식 등의 가격이 과거의 가격 및 거래량으로부터 얻을 수 있는 정보에 대해 효율적으로 반응을 보인다는 것이다. 둘째, 준강형 효율성(Semi-strong Form Efficiency)이란 과거 가격정보만이 아니라 현재 이용가능한 공적 정보에 대해 효율적으로 반응을 보인다는 것이다. 셋째, 강형 효율성(Strong Form Efficiency)이란 투자자들이 개인적으로 얻는 정보에 대해서도 가격이 효율적으로 반응을 보인다는 것이다. 참여하려는 시장이 이들 중 어느 유형에 가까운지를 사전에 분석해 보고 자금조달 및 투자의사결정을 내리는 것이 바람직할 것이다.

제 2 장 재무의사결정을 위한 기본지식 : 재무비율분석

1. 재무관리 측면에서 재무제표는 여러 의사결정에 가장 기본이 되는 정보이다. 재무제표는 기업의 가치평가를 위한 기본적인 정보로 활용되며, 이로써 금융시장에서 자원배분의 효율성에 영향을 미친다. 회계에서는 재무제표의 작성을 다루는 반면 재무관리에서는 재무제표의 이용방법 등을 학습한다.

2. 회계기준에서 의무적으로 작성하도록 규정하고 있는 재무제표는 재무상태표, 포괄손익계산서, 자본변동표, 현금흐름표 등 네 가지이다.

3. 주 영업과 관련된 이익으로 매출총이익과 영업이익이 있다. 매출총이익은 매출액에서 순전히 물건 만드는 데에만 들어간 비용인 매출원가를 차감해 준 이익이며, 영업이익은 매출총이익에서 판매 및 관리에 관련된 비용까지 차감된 이후의 이익이다.

4. 현금주의란 실제로 현금이 유입되거나 유출된 시점을 기준으로 기록을 하는 방법이다. 발생주의란 실제로 현금 수수가 이루어지지 않았더라도 현금 유입 및 유출의 가능성이 거의 확실하고 그 가치를 신뢰성 있게 측정할 수 있는 시점에서 기록을 하는 방법이다. 포괄손익계산서는 발생주의를 기준으로 수익과 비용을 인식하여 작성된다. 그러나 재무관리적 측면에서 의사결정을 할 때에는 현금주의에 의해 산출된 정보가 중요하게 사용되는 경우도 빈번하다.

5. 현금흐름표는 일정기간 동안에 있어서 기업이 조달한 현금의 내역과 조달된 현금이 어떻게 운용되었는가를 나타내는 재무보고서이다. 현금흐름표에서는 기업의 현금 유입과 유출을 기업의 주요 활동인 ① 영업활동, ② 투자활동, ③ 재무활동으로 분류하여 보고한다.

6. 재무제표를 작성할 경우 대체적인 회계처리방법이 존재함에 따라 기업별 또는 기간별로 비교가능성을 해칠 가능성이 있다. 감가상각방법, 재고자산의 단가결정방법, 대손에 대한 합리적 추정 등은 기업의 상황에 맞는 회계처리방법을 선택할 수 있게 해준다는 장점도 있으나, 회계담당자의 자의적 판단에 따라 선택됨으로써 이해관계자가 회계정보를 오해할 가능성이 있다는 단점도 있다. 재무비율분석을 할 때, 이러한 점을 고려한 합리적 판단을 해야 한다.

7. 재무비율에 대한 평가는 특정한 기준과 비교를 통해 이루어지는데, 비교기준은 분석의 목적에 따라 다음과 같다. 첫째, 분석대상기업의 과거 재무비율을 비교기준으로 삼는다. 둘째, 산업 내 기업간의 비교를 목적으로 하는 경우 동일한 산업에 속해 있는 기업들의 산업평균비율을 기준비율로 사용한다. 셋째, 산업평균을 적용할 수 없는 경우 경쟁기업 또는 유사기업의 재무비율이 비교기준으로 사용된다. 넷째, 기업의 당면 목표나, 여러 가지 환경요인, 경험 등을 기반으로 최적의 목표비율을 설정하고 이와 비교하는 방법이 있다.

8. 레버리지효과는 고정비로 인한 손익확대의 효과를 의미한다. 기업의 비용 중 고정비가 변동비보다 큰 비중을 차지하면 경기변동에 의해 매출액 변동이 있을 때 매출액 변동률보다 영업이익 변동률이 더 크게 나타난다. 고정비가 많을수록 경기변동에 대한 충격이 상대적으로 더 크다는 원리이다.

9. 영업레버리지도가 10일 경우 매출액의 증가가 10% 예상된다면 영업이익의 증가는 100%가 될 것이고, 매출액의 감소가 10% 예상된다면 영업이익의 감소는 100%가 될 것이다.

제 3 장 재무의사결정을 위한 기본지식 : 화폐의 시간가치

1. 유동성 선호는 재산 중에서 유동성이 가장 높은 화폐를 지니려는 욕구로 미래의 현금보다 현재의 현금을 선호하는 현상이다. 유동성을 선호하는 이유는 미래의 불확실성과 위험(Risk) 회피, 인플레이션(Inflation) 회피, 투자활동에 대한 기회 획득 등 때문이라 할 수 있다.

2. 미래가치 또는 현재가치를 결정하는 세 가지 요소는 미래에 받게 될 현금유입액(C_n), 현금이 유입되는 기간(n), 이자율(r)이다.

3. $FV = 20{,}000(1+0.06)^2 + 20{,}000(1+0.06)^1 + 20{,}000 = 63{,}672$원

4. $PV = \frac{20,000,000}{(1+0.05)^5} = 15,670,523$원

5. $PV = \frac{3,000,000}{(1+0.08)^1} + \frac{4,000,000}{(1+0.08)^2} + \frac{5,000,000}{(1+0.08)^3} = 10,176,294$원

6. $PV = \frac{C}{r} = \frac{500,000}{10\%} = 5,000,000$원

7. $r = \left(1 + \frac{0.08}{4}\right)^4 - 1 = 1.0824 - 1 = 0.0824 \Rightarrow$ 즉, 실효이자율은 8.24%이다.

8. 복리계산기간이 6개월인 경우 $FV = 5,000,000\left(1 + \frac{0.08}{2}\right)^{1\times2} = 5,408,000$원 이고, 1개월인 경우 $FV = 5,000,000\left(1 + \frac{0.08}{12}\right)^{1\times12} = 5,414,998$원 이기 때문에 복리계산기간이 1개월인 경우를 선택한다.

제 4 장 채권 및 주식의 가치평가

1. 가치평가란 특정자산을 보유함으로써 실현되는 미래의 현금흐름을 위험이 반영된 할인율로 할인한 현재가치로 정의된다. 즉, 미래의 현금흐름 및 이것이 실현되는 기간, 그리고 위험을 반영한 할인율이 가치평가의 결정요인이다.

2. (1) 15/1.1 + 15/1.21 + 100/1.21 = 109원 (단, $1.21 = 1.1^2$)

(2) 2,000/0.1 = 20,000원

(3) 100/1.1 + 100/1.21 + 100/1.331 + 2,500/1.331 = 2,127원 (단, $1.21 = 1.1^2$, $1.331 = 1.1^3$)

(4) 230/0.1 = 2,300원

3. PER은 현재의 주가(P)를 주당순이익(EPS)으로 나눈 것으로 이익 1단위당 현재의 1주당 주가를 나타낸다. PBR은 주가를 주당순자산으로 나눈 비율이며 순자산(자산-부채) 1단위당 현재의 1주당 주가를 나타낸다. 이를 통해 해당 기업의 장부가치와 시장가치의 괴리 정도를 알 수 있다.

4. 표면이자율은 일정기간마다 지급되는 이자금액의 계산을 위하여 적용된다. 반면, 유효이자율은 채권의 미래현금흐름을 현재가치로 할인하기 위하여 적용된다. 채권의 가격은 유효이자율과 역의 관계에 있게 되는데, 채권의 가격과 액면금액의 관계에 따라 크게 액면발행, 할인발행, 할증발행으로 구분된다. 할인발행은 표면이자율이 유효이자율보다 낮은 경우에 나타나고, 할증발행은 표면이자율이 유효이자율보다 높은 경우에 나타난다. 액면발행은 표면이자율과 유효이자율이 같을 때 이루어진다.

5. (1) 사채발행금액(20×1년 1월 1일) : $1,000/1.08 + 11,000 \div 1.08^2 = 10,357$원
(2) 20×1년 12월 31일 사채의 공정가치 : $11,000/1.12 = 9,821$원

6. (1) 할인발행(3년 만기, 액면 10,000원, 표면이자율 10%, 유효이자율 12%)

구 분	이자비용	지급이자	추가이자액	할인차금잔액	사채금액
20×1. 7. 1	–	–		480	9,520
20×2. 6.30	1,142	1,000	142	338	9,662
20×3. 6.30	1,159	1,000	159	179	9,821
20×4. 6.30	1,179	1,000	179	0	10,000

(2) 할증발행(3년 만기, 액면 10,000원, 표면이자율 10%, 유효이자율 8%)

구 분	이자비용	지급이자	이자액차이	할증차금잔액	사채금액
20×1. 7. 1	–	–		515	10,515
20×2. 6.30	841	1,000	159	356	10,356
20×3. 6.30	828	1,000	172	184	10,184
20×4. 6.30	816	1,000	184	0	10,000

제 5 장 자본예산편성과 투자의사결정

1. 자본예산은 장기적이고 대규모의 비유동자산에 대한 투자를 효율적으로 수행하기 위하여 기업이 수행하는 총괄적인 투자계획과정이다. 장기적이고 대규모 투자이므로, 기업의 경쟁력과 성장에 중요한 영향을 미치게 된다. 따라서 투자에 따른 위험을 충분히 고려해야 하고 기업의 경영전략에 맞는 의사결정이 이루어지도록 해야 한다.

2. 자본예산의 절차는 기업의 업종, 규모 등 개별기업이 처한 상황에 따라 차이가 있지만 일반적인 자본예산의 절차는 ① 투자목적의 설정, ② 투자안 탐색과 분류, ③ 투자안의 분석과 평가, ④ 최적 투자안의 선정과 집행, ⑤ 투자안에 대한 재평가 및 사후관리 등으로 이루어진다.

3. 재무관리 의사결정에서는, 회계적 관점의 수익과 비용이 아닌 현금흐름 관점으로 투자안을 평가해야 한다. 세금을 납부한 이후를 기준으로 측정해야 하고, 감가상각비 등 비현금지출비용을 현금흐름에서 차감하지 않아야 하며, 투자안 채택에 따른 부수효과도 고려해야 한다. 매몰비용은 투자의사결정에 영향을 미치지 않으므로 제외시키고, 기회비용은 투자의사결정에 영향을 미치므로 투자안 평가에 포함시켜야 한다.

4. 화폐의 시간적 가치를 고려하는 방법에는 순현가법과 내부수익률법, 수익성지수법이 있으며, 화폐의 시간적 가치를 고려하지 않는 방법에는 회수기간법과 회계적 이익률법 등이 있다.

5. (1) 110억원 − 100억원 × 5% = 105억원

(2) (80억원 − 30억원) · (1 − 0.2) + 21억원 · 0.2 = 44.2억원

(3) $NPV = -105\text{억원} + \frac{44.2\text{억원}}{(1.1)^1} + \frac{44.2\text{억원}}{(1.1)^2} + \frac{44.2\text{억원}}{(1.1)^3} + \frac{44.2\text{억원}}{(1.1)^4} + \frac{49.2\text{억원}}{(1.1)^5}$

$= 66\text{억원}$

6. (1) A 회계적 이익률 $= \frac{1,500,000}{1,000,000} = 1.5$

B 회계적 이익률 $= \frac{1,200,000}{1,000,000} = 1.2$

(2) A 회수기간 $= 2 + \frac{(1,000,000 - 400,000 - 500,000)}{600,000} = 2.17$년

B 회수기간 $= 1 + \frac{(1,000,000 - 700,000)}{400,000} = 1.75$년

(3) A $NPV = -1,000,000 + \frac{400,000}{(1+0.1)^1} + \frac{500,000}{(1+0.1)^2} + \frac{600,000}{(1+0.1)^3} = 227,648$

B $NPV = -1,000,000 + \frac{700,000}{(1+0.1)^1} + \frac{400,000}{(1+0.1)^2} + \frac{100,000}{(1+0.1)^3} = 42,074$

제 6 장 포트폴리오 이론

1. 위험(Risk)은 미래의 수익규모를 정의하지 못하거나 확실하게 보장받지 못함에 의해 발생하는 미래의 불확실성을 의미한다. 위험은 기대했던 수익의 상실이라는 부정적 경우뿐만 아니라 더 높은 수익이 발생할 수 있는 긍정적인 경우도 포괄하는 수익률의 변동성을 의미한다.

2. 'High Risk, High Return'은 위험-수익의 상충관계를 의미하는 것으로 미래에 발생하는 수익의 불확실성이 커지면 커질수록 위험부담에 대한 대가로 더 많은 수익을 요구하게 되는 것을 말한다.

3. '달걀을 한 바구니에 담지 말라'는 격언은 포트폴리오를 구성하라는 의미이다. 포트폴리오는 투자자가 투자자금을 여러 종류의 자산에 분산투자하게 될 때, 투자자가 소유하는 여러 종류의 자산의 집합을 말한다. 상관관계가 낮은 자산들로 포트폴리오를 구성하면 원하는 수준의 기대수익률에 대하여 위험을 최소화시키거나 부담하고자 하는 위험수준에서 가장 높은 기대수익률을 실현할 수 있게 된다.

4. 개별기업의 수익률 사이의 상관관계가 낮으면 포트폴리오의 수익률에 대한 분산 또는 표준편차가 상쇄되어 일반적으로 위험이 줄어든다고 할 수 있다.

5. $r = \dfrac{(120{,}000 - 100{,}000) + 10{,}000}{100{,}000} = 30\%$

6. (1) $W_X = \dfrac{0.18^2 - 0.25 \times 0.18 \times 0.4}{0.25^2 + 0.18^2 - 2 \times 0.25 \times 0.18 \times 0.4} = 24.45\%$

$W_Y = 1 - 0.2445 = 75.55\%$

(2) $E(r_p) = 0.15 \times 0.2445 + 0.09 \times 0.7555 = 10.46\%$

$\sigma_p = 0.2445^2 \times 0.25^2 + 0.7555^2 \times 0.18^2 + 2 \times 0.2445 \times 0.7555 \times 0.25 \times 0.18 \times 0.4$

$= 0.0288$

7. A주식의 비중 : $[3^2-(-1)\times2\times3]/[2^2+3^2-2\times(-1)\times2\times3]=60\%$ [420,000원]
$\Rightarrow$ B주식의 비중 40% [280,000원]
C주식의 비중 : $[3^2-0.5\times2\times3]/[2^2+3^2-2\times0.5\times2\times3]=85.7\%$ [600,000원]
$\Rightarrow$ D주식의 비중 14.3% [100,000원]

8. 지배원리는 동일한 기대수익률을 갖는 포트폴리오 가운데에서는 가장 낮은 위험을 갖는 포트폴리오가 다른 포트폴리오보다 우월(지배)하며, 동일한 위험을 갖는 포트폴리오 가운데에서는 가장 높은 기대수익률을 갖는 포트폴리오가 가장 우월(지배)하여 이 포트폴리오를 선택하게 된다는 원리이다.

9. 최적포트폴리오는 효율적 투자선 위에서 투자자의 기대효용을 극대화하는 포트폴리오를 의미한다. 최적포트폴리오의 선택은 투자자 개인의 위험에 대한 태도인 효용곡선에 따라 달라지는데, 투자자의 무차별 효용곡선과 효율적 투자선의 접점이 최적포트폴리오가 된다.

제 7 장 CAPM(자본자산가격결정모형)

1. CAPM은 무위험수익률과 위험프리미엄을 나누어 기대수익률을 설명하며 이 과정에서 체계적 위험과 비체계적 위험의 개념을 도입하여 투자의사결정에 도움을 준다. 반면, 포트폴리오 이론은 위험증권을 투자대상으로 평균-분산기준에 의한 투자안 선택을 설명한다.

2. β는 기대수익률 중 무위험이자율 이상인 부분, 즉 위험프리미엄이 시장의 평균수익률 변동에 얼마만큼 민감한지를 의미한다. 즉, β가 1이라면 시장수익률의 움직임에 정비례하는 것이고, β가 1 이상이면 시장수익률에 비하여 더 민감하게 반응한다는 뜻이다. 즉, 위험프리미엄에 얼마나 민감하게 반응하는가를 측정한 β의 차이에 따라 기대수익률이 차이를 보인다.

3. 체계적 위험은 시장고유의 위험이며, 비체계적 위험은 기업고유의 위험이다. 여러 기업에 분산투자를 하더라도 시장고유의 위험은 없어지지 않으나, 기업고유의 위험은 서로 다르므로 분산투자에 의하여 상쇄되어 비체계적 위험이 줄어든다.

4. 금융시장이나 실물시장 중 각각 하나만 존재할 때에는 소비하고 남은 것이 바로 그 시장에서 투자된다. 그러나 금융시장과 실물시장이 모두 존재할 때에는 소비를 하는 과정은 별도이고 차입 등을 통하여 투자의 과정이 별도로 이루어질 수 있다. 이와 같이 소비와 투자의 결정과정이 두 단계로 분리되어 별도로 이루어지는 것을 Fisher의 분리정리라고 한다.

5. (주)동양의 β : $6\times4\times0.5/16=0.75$
(주)테크노의 β : $7\times4\times0.5/16=0.875$
(주)동양의 기대수익률 : $5+(10-5)\times0.75=8.75$
(주)테크노의 기대수익률 : $5+(10-5)\times0.875=9.375$

6. $5\times7\times1/25=1.4$. β가 1보다 크다는 것은 KOSPI수익률보다 민감하게 주가가 움직인다는 의미이다.

7. A기업 : $5\%+(10\%-5\%)\times(-0.5)=2.5\%$
B기업 : $5\%+(10\%-5\%)\times(+0.5)=7.5\%$
C기업 : $5\%+(10\%-5\%)\times(+2.0)=15\%$
이 차이는 β의 크기에 기인한다. 즉, 주가지수에 대한 민감도가 크면 기대수익률도 높아지게 된다.

8. $5\%+(10\%-5\%)\times3=20\%$, 따라서 기대수익률 20%, 위험에 대한 보상 15%

9. (1) $5\%+[(-)7.14\%-5\%]\times3=-31.42\%$
(2) $5\%+[10\%-5\%]\times0=5\%$
(3) 위험프리미엄의 영향을 받지 않고 무위험이자율에 투자한 것과 유사하다고 할 수 있다.

제 8 장 자본비용 및 자본구조이론

1. 자본비용은 자본을 사용하는 대가로 자본공급자에게 지급하는 비용이다. 타인자본비용은 필요한 자금을 은행에서 차입하는 경우 차입금에 대한 이자율에 비례하며, 자기자본비용은 주식발행을 통해 조달한 자금을 사용함에 따라 고려해야 할 기회비용 및 주주들에게 지급되는 배당금액과 비례하여 추정한다.

2. 자기자본비용은 주주들로부터 유입된 재무상태표상의 자본(자기자본)을 사용하는 대가로 측정되어야 한다. 따라서 자기자본의 기회비용을 고려하여 자기자본비용이 산출되어야 한다. 재투자를 위하여 사내에 유보되는 자금의 경우 주식, 채권, 부동산 등의 투자기회를 상실하게 하므로 그만큼 기회비용이 발생한다. 때문에 자금을 다른 곳에 사용하지 않고 현재의 투자에 사용하는 것이라면, 다른 대체투자안에서 벌어들일 수 있었던 대가를 고려하여 자기자본비용을 추정한다.

3. 자본비용은 투자안의 가치를 평가할 때 기준이 되며, 투자에 소요되는 자금의 조달방법과 최적자본구조를 결정하는 기준이 된다. 적정 배당 결정, 다양한 자금조달원천의 비교, 회사채 발행여부 결정 및 운전자본정책 관련 의사결정 등에서 중요한 고려요인이 된다.

4. (1) $k_w = 8\% \times \frac{60억원}{80억원} + 14\% \times \frac{20억원}{80억원} = 9.5\%$

(2) $V = \frac{10억원}{0.095} = 105.26억원$

5. $k_w = 15\% \times (1-0.1) \times \frac{150,000,000}{200,000,000} + 10\% \times \frac{50,000,000}{200,000,000} = 12.625\%$

6. $k_w = 0.07 \times (1-0.22) \times \frac{60억원}{90억원} + 0.21 \times \frac{30억원}{90억원} = 10.64\%$

7. 자본구조는 자기자본과 부채(타인자본)의 구성비율 조합을 의미하는데, 기업가치를 극대화하기 위해서는 자기자본과 타인자본의 최적비율로부터 산출된 최적자본구조를 찾을 필요가 있다. 즉, 자기자본의 기회비용과 타인자본비용은 서로 다르기

때문에 이들의 구성비율에 따라 기업가치를 측정하는 데 필요한 할인율인 가중평균자본비용에 변화를 가져올 수 있으며, 이러한 가중평균자본비용이 최소화되는 점에서 기업가치가 극대화될 것이다.

8. 순이익접근법은 자기자본비용이 타인자본비용보다 크고 타인자본비용의 법인세효과가 상당할 경우, 부채비율이 증가할수록 타인자본비용이 가중평균자본비용을 감소시켜 기업의 가치는 증가한다는 견해이다. 순영업이익접근법은 가중평균자본비용이 부채비율의 증감에 관계없이 항상 일정하여 자본구조가 변화하더라도 기업가치에 영향이 없다는 견해이다.

9. MM이론은 완전자본시장이란 가정하에서 자본구조와 기업가치는 무관하다는 이론이었으나 MM의 수정이론에서는 법인세가 존재하는 불완전시장에서 레버리지가 증가할수록 가중평균자본비용은 감소하고, 기업가치는 증가하게 되므로 부채사용이 높아지면서 기업가치가 증가할 수 있다는 주장을 하였다.

10. 기업이 일정수준 이하의 부채를 사용할 경우에는 파산가능성이 매우 낮으므로 법인세 감세효과만 존재하나 부채비율이 일정수준을 넘어서면 파산위험이 증가함에 따라 기대파산비용의 현재가치가 이자지급의 법인세 절감효과를 능가하게 되고 이에 따라 기업가치는 감소하게 된다.

제 9 장 주주에 대한 배당정책

1. 맞는 표현이다. 주식배당은 재무상태표상에서 자본금과 이익잉여금 사이의 변동만을 가져오므로 기업가치를 변동시키지 않는다.

2. 틀린 표현이다. 현금배당은 기업가치 중 일부분을 주주에게 나누어준 것이므로 현금유출액만큼 기업가치가 감소한다. 하지만 이 현금은 주주들이 수령하고, 기업가치 감소에 의한 주식의 가치감소만큼이 주주들이 수령한 현금배당액과 정확히 일치하여 주주의 부는 그대로이다.

3. 맞는 표현이다. 배당을 받는 만큼 주식의 가치가 하락하여 상쇄되어 배당을 받지 않은 경우의 주식의 가치와 일치하여 주주의 부는 그대로가 된다.

4. 틀린 표현이다. 현금배당은 기업가치를 감소시키며 주식배당은 사외유출이 없으므로 기업가치를 그대로 유지시킨다. 그러나 주주들 입장에서는 현금배당 또는 주식배당을 받은 만큼 주식의 가치가 하락하여 결국 주주의 부는 증대되지 않고 배당받기 이전과 같게 된다.

5. 고객이론이란 자본시장에서 서로 다른 배당성향에 따라 분리된 시장이 형성되어 각각의 수요와 공급에 따라 시장균형가격이 형성되는데, 이러한 균형가격에서 단순한 배당성향의 변경은 기업가치에 영향을 주지 않는다는 이론이다. 투자자들이 배당성향이 다른 여러 기업들의 주식에 투자함으로써 그들의 배당성향에 대한 요구를 완전히 충족시킬 수 있을 때, 배당성향에 따른 주식의 수요와 공급은 균형상태에 이르게 되며, 이러한 균형상태에서는 배당정책이 기업가치에 아무런 영향을 미치지 못한다는 것이다.

6. 배당의 정보효과는 배당정책의 변화를 통해 기업이 우량하다는 신호를 투자자에게 제공하려는 것이다. 경영자가 기업의 실적 또는 미래 전망에 대한 내부정보를 일반투자자에게 전달하기 위한 수단으로 배당을 사용할 수 있다는 것이다.

7. 잔여배당정책은 신규투자의 자본조달은 잉여금이 존재하는 한 유보이익에서 우선적으로 조달하고 배당금은 유보이익에서 투자하고 남은 잔여자금으로 지급한다는 정책이다. 유보이익에 의한 재투자수익률이 동일한 위험의 대체투자안의 수익률보다 큰 경우, 주주는 배당소득보다 유보에 의한 재투자를 선호할 것이다.

8. 배당선호이론은 자본시장의 불안전성과 미래의 불확실성 때문에, 합리적 투자자라면 유보이익 재투자로 인한 미래의 불확실한 현금흐름보다는 현재의 확실한 수입인 배당을 선호한다는 이론이다. 즉, 배당은 '수중의 새'(Bird-In-The-Hand)에 해당하여 이를 선호할 것이며, 유보이익 재투자에 따른 자본이득은 '숲속에 있는 새'(Bird-In-The-Bush)에 해당하므로, 투자자들은 보다 안전한 지금의 배당을 선호한다는 것이다.

9. 배당안정화정책은 주주들에게 매년 일정한 수준의 안정적 배당을 지급할 경우 주주들의 기업에 대한 신뢰도가 높아지므로, 기업 입장에서 목표배당을 정하여 주당배당금 또는 배당성향을 일정하게 유지하려는 정책이다. 궁극적으로 배당의 안정성 유지는 주가 안정과도 연결될 것이기 때문에 배당안정화정책은 많은 회사들이 목표로 하고 있는 정책이다.

10. 자기주식을 매입하면 배당압력이 낮아지고 유통주식수가 적어진다는 심리적인 효과 때문에 주가가 상승할 것으로 기대된다. 주가가 상승할 때 보유주식을 매각하여 자본이득을 올린다면 배당을 받는 효과가 있다고 할 수도 있다. 자본이득세가 배당소득세보다 낮은 경우가 많기 때문에, 기업의 자사주매입은 궁극적으로 주주들의 세금을 절약시켜 준다고 믿어지기도 한다.

제10장 자본조달 의사결정

1. 주식발행을 통하여 자금조달을 하면, 이익이 실현되었을 때 배당을 주면 되고, 이익이 없을 때에는 배당을 주지 않아도 된다. 그러나 차입을 하였을 때에는 이익이 있든 없든 이자를 갚아야 한다. 회사 입장에서는 주식발행을 통한 자금조달이 차입을 통한 자금조달보다 위험이 덜하다는 측면이 있다. 그러나 주식시장이 발달할수록, 이익이 많이 나는 회사에 대해서는 보다 많은 배당을 줄 것을 요구하는 배당압력이 거세지고, 금리는 상대적으로 낮아져 회사의 자금차입에 대한 부담이 적다. 게다가, 차입금에 대한 이자지급은 법인세법상 손금으로 인정받아 절세효과가 있다는 점도 의사결정에 고려해야 한다. 즉, 이론적으로는 배당압력의 정도, 금리의 수준에 따라 두 가지 중 어떤 수단이 유리할 것인지 달라질 수 있다.

2. 인류는 자급자족, 물물교환 등의 과정을 거쳐, 20세기 전후 기업이라는 조직을 통하여 대량생산체제로 돌입하였고 제품의 표준화 및 원가절감을 이루었다. 대량생산체제에 필요한 것은 대규모 자본조달이었고, 이를 가능하게 해 준 것은 금융시장이었다. 이제 금융시장은 자본주의 체제하에서 현 수준의 경제를 유지·발전시키는 데 매우 중요한 요소가 되었다. 만일 이제 금융시장이 없어진다면 자본조달

과 운용의 경색 및 신규투자 감소로 인하여 경제수준은 지금에 비하여 현저히 감소할 수밖에 없다. 결국, 다시 물물교환시대로 돌아갈 수도 있을 것이다.

3. 우선주는 의결권을 주지 않으면서 배당은 더 주는 주식을 말한다. 누적적 우선주는 우선주의 기능 원활화를 위한 대안으로 특정 해에 이익이 없어 배당을 주지 못하더라도 다음 해에 배당을 주는 조건을 부여한 우선주이다. 따라서 누적적 우선주의 주가는 일반우선주에 비하여 높은 경향이 있다.

4. 리스료에는 리스회사의 서비스와 비용에 대한 보상, 자산진부화 위험에 대한 보상 등이 포함되어 다른 수단에 비해 비싼 것이 일반적이기 때문에 리스회사는 단순한 자금 대여보다 높은 수수료를 얻을 수 있다. 한편 리스이용자는 진부화 위험이 큰 자산에 대하여 리스를 이용함으로써 자산 이용의 유연성을 갖게 되고 재무구조를 건전하게 보일 수 있는 여지도 찾을 수 있다는 유리한 점이 있다. 따라서 단순한 자금 대출보다 높은 수수료를 지급해야 할 수 있다.

제11장 운전자본관리

1. 운전자본이란 기업의 경영활동을 위하여 단기적으로 활용되는 자본을 의미하는 것으로 총운전자본과 순운전자본으로 구분된다. 총운전자본은 재무상태표상 1년 이내에 현금화될 것으로 예상되는 유동자산을 의미한다. 포함되는 주요 항목은 현금 및 현금성자산, 매출채권, 재고자산 등 단기간에 현금으로 전환이 이루어지는 자산들이 있다. 순운전자본은 유동자산에서 유동부채를 뺀 금액으로 일반적으로 순운전자본을 운전자본이라고 한다.

2. 기회비용은 명시적 비용과 암묵적 비용으로 구분된다. 명시적 비용은 원재료비, 노무비, 임대료 등 생산요소를 사용하는 대가로 지불하는 비용 등으로 회계적 비용의 개념이다. 반면, 암묵적 비용은 현재의 투자 등을 위하여 선택되지 않고 포기되는 다른 기회에 대한 잠재적 비용을 의미한다.

3. 업종에 따라 다르지만 기업의 총자산에서 운전자본이 차지하는 비중이 상당하다. 운전자본은 일반적으로 기업의 수익성과 유동성 측면에서 상충관계에 있게 된다. 운전자본을 과다보유하면 자금의 조달에 따른 이자 등을 포함하는 기회비용을 유발하므로 기업의 비용이 증가한다. 반면 운전자본의 보유수준이 지나치게 낮은 경우 생산 및 판매 활동의 차질을 초래하여 수익증대 기회를 상실하게 되거나 유동성 상실로 인한 부실화위험 문제를 야기하는 등 암묵적 비용을 유발할 수 있다.

4. 공격적 정책은 만기대응정책보다는 확장된 형태로 변동적 유동자산과 영구적 유동자산 중 일부는 단기부채로 조달하고, 비유동자산과 영구적 유동자산 중 일부는 장기부채나 자기자본으로 조달하는 방법이다.

5. 현금은 기업이 보유하는 자산 중 가장 유동성이 높은 자산으로 기업의 지급수단으로 즉시 사용될 수 있지만 그 자체로는 아무런 수익성을 갖지 못하기 때문에 보유에 따른 기회비용이 발생한다. 따라서 적정수준의 유동성과 수익성을 동시에 고려하면서 최적의 현금보유량을 달성하기 위한 관점에서 현금관리가 이루어져야 한다.

6. 재고자산을 과다보유 또는 과소보유하게 될 경우에는 다음과 같은 상반된 성격의 비용을 발생시킬 수 있기 때문에 재고자산관리를 신경써야 한다. 재고자산을 지나치게 적게 보유하는 과소보유의 경우에는 재고고갈비용과 주문비용이 발생한다. 재고자산을 지나치게 많이 보유하는 과다보유의 경우에는 재고유지비용이 크게 발생한다.

제12장 인수합병(M&A)

1. 주식시장에서 M&A 대상으로 노출된다면, 기업은 경영권을 빼앗길 수 있다. 이를 방어하는 가장 좋은 방법은 기업이 적정주가로 평가받는 일이다. 현재 기업의 가치가 제대로 주식시장에서 평가되고 있다면 기업사냥꾼들이 이러한 기업을 M&A의 대상으로 삼지 않을 것이다. 시장에서 적정 주가로 평가받기 위해서는 기업의 경쟁력이 강화되고 영업실적이 우수해야 하는바, 결국 기업들은 경영효율화에 전력을 기울일 것이다.

2. (1) ○

(2) × 우호적 → 적대적

(3) ○ (4) ○ (5) ○

(6) × Killer Bees → Tin Parachute

(7) × Vulture에 대한 설명이다.

(8) ○ (9) ○

(10) × 경영합리화를 꾀하는 등의 노력과정에서 기업의 주가는 하락하지는 않을 것이다.

(11) ○ (12) ○

제13장 파생상품을 이용한 재무관리

1. (1) 옵션이란 미래에 어떤 상품을 매매할 수 있는 선택권을 현재 거래할 수 있는 파생상품이다. 투자자들에게는 선택가능한 다양한 금융상품 중 하나로 제공되며 이로 인하여 자본시장에 보다 많은 자금을 유입시키는 간접적 효과가 있다. 이렇게 하여 궁극적으로 기업으로의 자금유입도 원활하게 될 수 있다.

(2) 선물이란 미래의 어느 시점에 미리 정해진 가격으로 거래하기로 현재 시점에서 계약하는 것이다. 안정적인 예측에 의한 경영이 필요한 위험회피 목적의 기업에 큰 장점을 제공해 줄 수 있다. 다만, 이들의 거래상대방은 위험회피 목적이 아닌 큰 위험을 부담하는 거래를 해야 하는데 이를 시장에서 인정해야 한다는 부담이 있다. 따라서 선물거래가 금지되거나 규제를 크게 받아 역할이 위축되었던 적도 있다. 하지만 현재 금융시장에서 단점보다 장점이 더 크게 부각되어 선물거래는 매우 중요한 역할을 하고 있다.

2. Put 발행자의 최대손실은 38원이다. Put 구매자는 극단적으로 0원짜리 주식을 갖고 와서 40원에 팔겠다고 할 수 있다. 이미 2원의 프리미엄을 받았으므로 38원이 최대의 손실이다. Call 발행자의 최대이익은 3.5원이다. Call 구매자가 권리를 포기하는 것이 최대의 이익이며 결국 프리미엄인 3.5원이 최대의 이익이 된다.

3. 총 14원을 투자하였다. 주가가 55원이 되었으므로, 풋옵션은 버릴 것이며, 두 개의 Call에 대하여 각각 45원씩을 주고 주식을 사서 각각 55원씩에 시장에서 팔 수 있으므로 20원의 이익을 올릴 수 있다. 즉, 14원 투자하여 20원 수익을 올리므로 6원의 순이익을 실현한다.

4. 우선 콜옵션 발행 및 투자와 관련하여 4원만큼 투자하고 2.5원을 벌었다. 즉, 1.5원만큼 (−) 상태이다. 주가가 50원으로 증가했다면, 보유하고 있는 콜옵션을 행사하여 25원에 주식을 살 것이며, 또한, Short Call 때문에 40원에 팔아야 하는 의무가 있다. 따라서 15원의 이익을 볼 것이다. 결국 13.5원만큼 이익이다.

5. 40원 이상에서 이 투자자는 38원에 사서 보유하던 주식을 40원에 팔아야 한다. 대가로 받은 3원의 프리미엄을 합하면 5원이 이 투자자의 최대이익이다. 만일 주가가 40원 이하가 되면 보유주식의 가치가 하락하므로 5원 이하로 이익이 떨어지게 될 것이다.

6. A는 (−)1,000 −30,000 +31,000이므로 손익이 없이 0이다. B는 (−)1,000이므로 옵션권리를 포기할 것이다.

7. (−)5+10(콜옵션의 성과)+4(풋옵션의 결과)=9원

8. 주가가 무한대로 갈 때 38원에 구입한 주식을 35원만 받고 콜옵션 매입자에게 팔아야 한다. 따라서 손익은 (−)38+3+35=0이며,
주가가 0으로 갈 때 손익은 (−)38+3(콜옵션은 포기될 것)=(−)35원이다.

9. 선물과 옵션은 금융시장에 대규모 자금을 유입시키는 효과를 가져온다. 다만, 직접 기업으로 자금유입이 되는 것은 아니므로 옵션과 선물은 필요 없다는 주장이 있을 수 있다. 그러나 일반적으로 금융시장에 일단 유입된 자금은 주식 등의 상품으로 옮겨갈 가능성이 있으므로 옵션과 선물이 간접적으로는 기업의 자금조달에 도움을 줄 여지가 있다. 기업 스스로 위험을 회피할 수 있는 순기능도 존재한다.

10. 최동양 씨는 1,000원을 투자하여 30,000원에 주식을 사고 35,000원에 팔 것이기 때문에 4,000원의 이익이 발생하고 최서양 씨는 구매자의 권리포기로 1,000원의 이익을 실현한다.

11. 4원을 들여 Call을 사고, 4원을 받고 Call을 발행하였다. 그리고 47원짜리 주식을 직접 샀다. 만기에 주가가 55원이 되었다면 콜옵션을 행사하여 45원에 주식을 사서 55원에 팔 것이고, 발행했던 콜옵션 소유자에게는 기 보유하고 있던 47원짜리 주식을 45원만 받고 넘기면 될 것이다. 따라서 10원의 이득과 2원의 손해를 보게 되고 최종 8원의 이익을 얻게 된다.

12. (1) × 25,000원짜리를 30,000원에 사주어야 하는 의무가 있다. 즉, 1,000원의 이익을 차감하여 4,000원의 손해를 볼 것이다.

(2) × 콜옵션은 주식매입의 선택권을 가지고 있으므로 분산이 높은 주식인 경우가 Long Position을 취한 자에게 유리하다. 따라서 분산이 높은 옵션의 가격이 높다. b주식을 기초자산으로 형성된 콜옵션의 프리미엄이 더 높을 것이다.

(3) × 옵션과 선물의 경우에만 기업에 직접 자금을 공급해 주는 것이 아니다.

(4) × 콜옵션 보유자는 30,000원에 사서 35,000원에 팔려고 할 것이다. 최동양씨는 35,000원에 사서 30,000원에 팔아야 하므로 최초의 프리미엄 1,000원을 제외한 4,000원의 손해가 발생한다.

(5) ○ 주식의 변동성이 커야 구매자는 이득을 볼 확률이 높아지므로.

(6) × 30,000원에 사서 35,000원에 팔 것이다. 프리미엄 1,000원을 제외한 4,000원의 이득을 실현할 것이다.

(7) × b주식의 주가변동성이 클 것이므로 b가 옵션가격이 비쌀 것이다.

(8) ○ (9) ○ (10) ○

(11) × 무한대가 아니고 37원이다.

(12) ○

(13) × 완전히 제거하는 것이 아니고 손익의 범위를 통제가능한 적절한 범위로 줄여준다.

(14) ○

13. (1) 최대손실은 주가가 0일 때. Call 포기, Put 행사(상대방의 행사), 주식손실

$\Rightarrow -5+(+6-60)-55 \Rightarrow$ 최대손실 114원

최대이익은 주가가 무한대일 때. Call 행사, Put 포기(상대방의 포기), 주식이익

$\Rightarrow$ 최대이익은 무한대

(2) 만기일에 주가가 60원인 경우 Call 행사, Put 포기(상대방의 포기), 주식이익

$\Rightarrow (-5+10)+(+6)+(+5) \Rightarrow$ 16원 이익

(3) 만기일에 주가가 40원인 경우 Call 포기, Put 행사(상대방의 행사), 주식손실

$\Rightarrow -5+(+6-20)-15 \Rightarrow$ 34원 손실

찾아보기

저자약력

서강대학교 경영학과 및 동 대학원 경영학과 졸업(경영학박사)
(주)장은경제연구소 선임연구원(Financial Analyst)
University of Houston Visiting Scholar
현) 동양미래대학교 경영학부 교수

재무관리원론

2022년 8월 20일 제 1 판 1쇄 인쇄
2022년 8월 25일 제 1 판 1쇄 발행

저　　자 황 규 진
발 행 인 권 영 섭
발 행 처 (주)신 영 사

저자협의
인지생략

경기도 파주시 심학산로 12(출판문화단지)
등　　록 : 1988. 5. 2 / 제406-1988-000020호
전　　화 : 031-946-2894(代)
F A X : 031-946-0799
e - mail : sys28945@naver.com
홈페이지 : http://www.shinyoungsa.co.kr

정가 **25,000**원　　ISBN 979-89-5501-802-8